古代歷史文化 研究輯刊

十一編

王明蓀 主編

第 **8** 冊

宋遼外交研究

蔣武雄 著

國家圖書館出版品預行編目資料

宋遼外交研究／蔣武雄 著 — 初版 — 新北市：花木蘭文化出版社，2014〔民 103〕

序 2+ 目 4+238 面；19×26 公分

（古代歷史文化研究輯刊 十一編；第 8 冊）

ISBN：978-986-322-567-6（精裝）

1. 外交史　2. 宋史　3. 遼史

618　　　　　　　　　　　　　　　　103000938

ISBN-978-986-322-567-6

古代歷史文化研究輯刊

十一編　第八冊　　　　　ISBN：978-986-322-567-6

宋遼外交研究

作　　　者　蔣武雄
主　　　編　王明蓀
總 編 輯　杜潔祥
副總編輯　楊嘉樂
編　　　輯　許郁翎
出　　　版　花木蘭文化出版社
社　　　長　高小娟
聯絡地址　235 新北市中和區中安街七二號十三樓
　　　　　　電話：02-2923-1455／傳真：02-2923-1452
網　　　址　http://www.huamulan.tw 信箱 hml810518@gmail.com
印　　　刷　普羅文化出版廣告事業
初　　　版　2014 年 3 月
定　　　價　十一編 24 冊（精裝）新台幣 46,000 元

宋遼外交研究

蔣武雄　著

作者簡介

蔣武雄，1952 年生。1974 年畢業于東海大學歷史學系；1978 年畢業于政治大學邊政研究所；1986 年畢業于中國文化大學史學研究所博士班；現為東吳大學歷史學系教授。主要研究領域為中國災荒救濟史、中國古人生活史、中國邊疆民族史、宋遼金元史、明史。先後在《東方雜誌》、《中華文化復興月刊》、《中國邊政》、《中國歷史學會史學集刊》、《空大人文學報》、《東吳歷史學報》、《中國中古史研究》、《玄奘佛學研究》、《史匯》、《中央日報長河版》等刊物發表歷史學術論文一百二十餘篇。

提　　要

　　宋遼外交關係長達一百多年，在此期間兩國互動頻繁，而且涉及事務多元、寬廣，頗有研究的空間，因此筆者近年先後尋思下列宋遼外交諸項史實進行探討：

一、宋遼歲幣外交與國運之關係——論述宋對遼歲幣外交的背景、交涉過程，以及宋人誤以為邊患已消，而疏於武備的情形。

二、從宋人使北詩論使遼行程的艱辛——論述宋使節剛啟程使遼的心情、路途遙遠、地形險惡、氣候嚴寒，以及懷鄉、思親、望歸的情懷。

三、宋遼外交中的詩歌交往——論述宋遼兩國常以詩歌交往的方式，做為交聘活動中的共同語言和溝通橋樑。

四、宋遼外交互贈帝像始末——論述在遼興宗、遼道宗時期，與宋仁宗互贈帝像的曲折過程。

五、宋遼對兩國使節病與死的處理——論述宋遼兩國在對方使節於本國境內生病或死亡時，予以細心診治或隆重飾終的情形。

六、宋對遼用諜幾個問題的探討——論述宋與遼訂盟後，在對遼用諜的工作上，仍很積極的情形。

七、宋遼使節逗留對方京城日數的探討——論述宋遼使節必須遵守逗留於對方京城的日數，不能超過十天的規定，但是有數位使節並未遵守。

八、宋滅北漢之前與遼的交聘活動——論述宋國在尚未滅北漢，進而轉攻遼之前，宋太祖、宋太宗與遼建立外交關係的經過，以及在短短六年中雙方所進行的交聘活動。

九、宋臣在對遼外交中辱命與受罰的探討——論述少數宋臣和使節在對遼外交中違背外交禁令與規定而受罰的情形。

十、遼皇帝接見宋使節的地點——論述遼皇帝接見宋使節的地點，常隨著其駐在地的不同而不固定，根據史書記載，約有十幾處。

十一、宋使節在遼的飲食活動——論述遼招待宋使節酒宴的種類、宋使節在遼酒宴中的言行，以及宋使節在遼境內所吃食物和水土不服的情形。

十二、宋遼外交言行交鋒初探——論述宋遼君臣或使節在交聘過程中，偶爾會有拒絕對方要求某事，或要求對方配合某事，或以言語、詩文折服對方驕盛之氣，或為某事據理力爭，造成理虧或失禮等情形。

自　序

　　在民國八十七年，我對遼與五代外交的研究告一段落之後，我將研究的觸角延伸至宋遼外交，這是一塊相當重要的研究領域，而且尚有很大的研究空間，值得我們繼續加以開拓。尤其是宋遼的外交史長達一百多年，不僅對於宋遼兩國的歷史和國運有很大的影響，而且每年的交聘活動或偶發交涉事件，均有許多大臣參與，雙方也制定了很多項辦法，這些都是我們研究宋遼外交必須加以了解和探討的史實。

　　因此至今我思考了許多相關的題目，也發表二十多篇宋遼外交方面的論文，約涵蓋兩大方向，一是著重於宋遼交聘活動的各種情形；另一是著重於宋遼人物與兩國外交，而這一本書的出版，即是收錄我多年來關於宋遼交聘活動情形研究的論文。在此我必須強調，前輩學者所研究的宋遼外交，往往比較針對重大的外交事件或整個外交制度，但是我所探討的則是比較偏重於宋遼交聘活動中屬於細節的情形。相信這樣的研究，應該也是有助於讀者對宋遼外交能有進一步的了解。

　　最後我要特別感謝系上的教授陶晉生院士，他是研究宋遼外交關係史的專家，在我寫作這些論文的過程中，經常向他請教，使我受益良多。至於本書如有錯誤之處，則是自己才疏學淺所致，尚請讀者不吝予以指正。

蔣武雄　謹識　　於民國一〇二年五月十四日

東吳大學研究室

目

次

第一章　宋遼歲幣外交與國運之關係

摘　要

　　宋與遼訂立澶淵盟約之後，雖然雙方建立起和平之外交關係，但是宋每年必須給遼大量歲幣，因此本文除了論述宋對遼歲幣外交之背景、交涉過程，也論及宋人誤以爲邊患已消，而疏於武備，以致於讓遼與西夏日後有聯合制宋之機會。

　　關鍵詞：宋、遼、歲幣、外交。

一、前　言

宋代爲吾國史上頗爲特殊之朝代，尤其就邊患與外交而言，其特徵更爲顯著，宋神宗言及邊患予宋廷之困擾，曾曰：

> 唐明皇晚年逸豫，以致禍亂，如本朝無前世離宮別館，游豫奢侈之事，非特不爲，亦無餘力可爲也。蓋北有強敵，西有點羌，朝廷汲汲枝梧不暇，然二敵之勢，所以難制者，有城國，有行國。自古外裔，能行而已，今兼中國之所有，比漢唐，尤強盛也。〔註1〕

趙翼則將此一情勢歸之於天數，其曰：

> 蓋其（指宋朝）兵力素弱，而所值遼金元三朝皆當勃興之運，天之所興，固非人力可爭。〔註2〕

然而在此種非人力所能爭之情勢下，宋人爲求國運之延續，勢必另尋一賴以生存之途徑。故基於此背景，以和議爲手段，以歲幣爲工具，來安撫邊患之策略，乃應運而生。趙翼又曰：

> 宋眞宗與遼銀十萬兩，絹二十萬匹，仁宗加歲幣銀絹各十萬兩匹。夏元昊既納款，又賜銀絹茶綵各二十五萬，南渡後，高宗與金和，歲幣銀絹二十五萬兩匹。開禧用兵，既敗，增爲三十萬兩匹。至金哀宗時，宋停其歲幣，元太宗曾來徵歲幣，宋不與。〔註3〕

故吾人可言兩宋三百年間，誠是端賴和約與歲幣而生存。今本文即是欲從宋遼關係中，就歲幣一項試論其與宋代國運之關係。

二、宋予遼歲幣之背景

契丹人興起，建立遼國後，從中原朝廷取得歲幣，並非自宋代始。早在五代時期，遼太宗耶律德光即曾以武力支持石敬瑭，使其推翻後唐，建立後晉，而換取燕雲十六州及大量之歲幣。《舊五代史》〈外國傳契丹傳〉言及此事曰：

> 德光……冊晉高祖爲大晉皇帝，約爲父子之國，割幽州管內，及新、武、雲、應、朔州之地，以賂之，仍每歲許輸帛三十萬。〔註4〕

〔註1〕李燾，《續資治通鑑長編》（以下簡稱《長編》）（台北：世界書局，民國63年9月），卷三二八，宋神宗元豐五年七月乙未條，頁3391。

〔註2〕趙翼，《廿二史箚記》（台北：世界書局，民國45年2月），和議條，頁343。

〔註3〕書同前，歲幣條，頁341。

〔註4〕薛居正，《舊五代史》（台北：鼎文書局，民國66年9月），卷一三七，外國

《新五代史》〈四夷附錄契丹條〉 亦曰：

> 晉高祖每遣使聘問，奉表稱臣。歲輸絹三十萬匹，其餘寶玉、珍異，
> 下至中國飲食諸物。使者相屬於道，無虛日。〔註5〕

及宋興，「太祖受命，務保境息民，不欲生事邊境」〔註6〕，故尤其「痛恨開運之禍，華人百萬，皆沒于契丹。自即位，專務節儉，乘輿服用，一皆簡素，別作私藏，以貯供御羨餘之物，謂左右曰：『俟及三百萬貫，我當移書契丹，用贖晉朝陷沒百姓。』」〔註7〕蓋其對遼之策略，即有意以幣帛解決邊患之問題。

至宋太宗時期，雖一意主戰，然而當高梁河一役失敗後，即轉而欲以幣帛以換取和平。《遼史》〈聖宗本紀〉曰：

> 乾亨四年（982）十二月辛酉，南京留守荊王道隱奏：「宋遣使獻犀
> 帶，請和。」詔以無書卻之。〔註8〕

且太宗認為對遼議和之條件，僅能以財帛予之，而不能割地，李燾《續資治通鑑長編》（以下簡稱《長編》）卷二六曰：

> 雍熙二年（985）二月丙戌，上謂宰相曰：「朕覽史書，見晉高祖求
> 援于契丹，遂行父事之禮，仍割地以奉之，使數百萬黎庶陷于契丹。
> 馮道、趙瑩位居宰相輔，皆遣令持禮，屈辱之甚也。敵人貪婪，啗
> 之利可耳，割地甚非良策，朕每思之，不覺歎惋。」〔註9〕

然而未久，太宗又因大臣之進言，再度下令北伐，遂復有岐溝關之失敗。至端拱年間，太宗詔羣臣各陳禦遼備邊之策，其中戶部郎中張洎奏議曰：「前

列傳第一，契丹傳，頁1833。

〔註5〕歐陽修，《新五代史》（台北：鼎文書局，民國65年11月），卷七二，四夷附錄第一，契丹條，頁894。

〔註6〕李攸，《宋朝事實》（台北：台灣商務印書館，民國57年3月），卷二十，頁315。

〔註7〕書同前，頁317。
論及此一事之史書頗多，例如王闢之，《澠水燕談錄》（台北：台灣商務印書館，民國54年12月），卷一、葉夢得，《石林燕語》）（台北：台灣商務印書館，民國64年10月）卷三、彭百川，《太平治蹟統類》（台北：成文出版社，民國55年4月），卷二九，以及陳均，《皇朝編年綱目備要》（台北：成文出版社，民國55年4月），卷三等書，所言均大多相同。

〔註8〕《遼史》（台北：鼎文書局，民國64年10月），卷十，本紀第十，聖宗一，頁108。

〔註9〕《長編》，卷二六，宋太宗雍熙二年二月丙戌條，頁291。

史有言曰：『聖人以天下爲度者，不以私怒而傷公義焉。』今北敵內侵，兵連禍結，以權濟用，蓋有前聞，請陛下稍抑至尊，與通和之策。」〔註10〕

太宗對此一通和之議似頗爲贊成，故當契丹遣使以求通好時，曾令許之。且兩度遣使至契丹求和，可是均未成功。《宋會要輯本》〈蕃夷一契丹〉，記之曰：

> 太宗淳化二年（991），虜遣人至雄州求通好，總管劉福以聞，帝遣中使麥守恩謂之曰：「朕以康民息戰爲念，固無辭予屈己，後有來使當厚待之，勿拒其意。」既而，使不復至。〔註11〕

《文獻通考》〈四裔考〉卷三四六，亦曰：

> 明年，虜遣人至雄州求通好，部署劉福以聞，上令許之，既使卒不至。〔註12〕

《遼史》〈聖宗本紀〉則曰：

> 統和十二年（994）八月乙酉，宋遣使求和，不許。九月辛酉，宋復遣使求和，不許。〔註13〕

論至此，吾人可知當時宋遼雙方在長期對峙之下，皆已漸有通和之意，尤其是在太宗幾次伐遼失敗後，其態度已由主戰轉爲主和，故宋廷願以幣帛予遼，以示友好之誼。然而促成此一「好事」之轉機，至此時卻仍未出現。及至宋眞宗時期，宋遼瀛州之戰，遼之前鋒部隊失利，以及在宋廷畏戰、厭戰之情勢下，宋遼「澶淵之盟」方得成功。

三、宋遼關係中歲幣之探討

澶淵之盟乃是宋遼關係中之一件大事，至於導致此一盟約訂立之因素，固然很多〔註14〕，本文僅就眞宗之態度，以及當時有關歲幣之問題，予以論之。

〔註10〕書同前，卷三十，宋太宗端拱二年春正月癸巳條，頁321。
〔註11〕徐松，《宋會要輯本》，蕃夷一之二二，遼，頁7683。
〔註12〕馬端臨，《文獻通考》（台北：鼎文書局，民國64年1月），四裔類八，頁306。
〔註13〕《遼史》，卷一三，本紀第一三，聖宗四，頁145。
〔註14〕有關澶淵盟約訂立之經過，可參考下列之文章：
　　（一）樓桐蓀，〈一件困難外交的史實——寇準澶淵之役〉，《東方雜誌》，卷23第4期，民國25年4月。
　　（二）王民信，〈澶淵締盟的檢討〉，《食貨半月刊》，卷5第3期，民國64年7月。
　　（三）王民信，〈遼宋澶淵盟約締造的背景〉，《書目季刊》，卷9第2、3、4

起初，眞宗即有主和之意，《宋史》〈何承矩傳〉曰：

> 眞宗嗣位，復遣知雄州，賜承矩詔曰：「朕嗣守鴻業，惟懷永圖，思與華夷，共臻富壽。而契丹自太祖在位之日，先帝繼統之初，和好往來，禮幣不絕。其後克復汾晉，疆臣貪地，爲國生事，信好不通。今者聖考上仙，禮當訃告。汝任居邊要，洞曉詩書，凡有事機，必能詳究，輕重之際，務在得中。」承矩貽書契丹，諭以懷來之旨，然未得其要。〔註15〕

《長編》卷四四曰：

> （咸平二年夏四月，999）乙巳，幸曹彬，問疾，賜白金萬兩。先是知雄州何承矩奏，敵謀寇邊，上以問彬，對曰：「太祖英武定天下，猶委孫全興經營和好，陛下初登極時，承矩嘗發書道意，臣料北鄙終復成和好。」上曰：「此事朕當屈節爲天下蒼生，然須執綱紀，存大體，即久遠之利也。」〔註16〕

吾人由此段話，可知當時眞宗已非常了解太宗伐遼之失策，及戰敗後對宋代所產生之影響，故即位後，其對遼之策略，早有通和之意。但是又受太宗主張之影響，其態度亦只允予以幣帛，而絕不允以割地。故當遼遣使者韓杞報聘，並求關南地時，眞宗對宋臣曹利用即有如是之指示。《長編》卷五八曰：

> 韓杞入對於行宮之前殿……杞外殿跪奏云：「國母令臣上問皇帝起居。」其書以關南故地爲請。上謂輔臣曰：「吾固慮此，今果然，唯將奈何？」輔臣等請答其書，言：「關南故地，久屬朝廷，不可擬議，

期，民國 64 年 9、10、11 月。

（四）趙之蘭，〈澶淵之盟以前宋遼之外交關係〉，《國學叢刊》，第 13 期，民國 32 年 8 月。

（五）程師光裕，〈澶淵之盟與天書〉，《大陸雜誌》，卷 22 第 6、7 期，民國 50 年 3、4 月。

（六）蔣師復璁，〈宋眞宗與澶淵之盟〉，《大陸雜誌》，卷 22 第 9、10 期，民國 50 年 4、5 月。

（七）禚夢庵，〈寇準·畢士安與澶淵之盟〉，《中國世紀》，第 145 期，民國 58 年 11 月。

（八）田村實造，〈澶淵の盟約とその史的意義〉，《史林》，卷 20 第 1 期，1935 年。

〔註15〕脫脫，《宋史》（台北：鼎文書局，民國 67 年 9 月），卷二七三，列傳第三十二，何承矩，頁 9329。

〔註16〕《長編》，卷四四，宋眞宗咸平二年夏四月乙巳條，頁 428。

或歲給金帛助其軍費，以固歡盟，惟陛下裁度。」上曰：「書不必具言，但令曹利用與韓杞口述茲事可也。」……上又面戒利用以地不可得，若邀求貨財，則宜許之。〔註17〕

曹利用既承眞宗如此之訓示，故至遼地即謂予幣帛猶可議，而割地之要求則不可議，《長編》卷五八曰：

曹利用與韓杞至契丹寨，契丹復以關南故地爲言，利用輒沮之，且謂曰：「北朝既興師尋盟，若歲希南朝金帛之資以助軍旅，則猶可議也。」其接伴政事舍人高正始遽曰：「今茲引眾來，本謀關南之地，若不遂所圖，則本國之人負媿多矣。」利用答以：「稟命專對，有死而已。若北朝不恤後悔，恣其邀求，地固不可得，兵亦未易息也！」其國主及母聞之，意稍息，但欲歲取金帛，利用許遺絹二十萬匹，銀一十萬兩，議始定。〔註18〕

《宋史》〈曹利用傳〉亦記此事曰：

利用再使契丹，契丹母曰：「晉德我，畀我關南地，周世宗取之，今宜還我。」利用曰：「晉人以地畀契丹，周人取之，我朝不知也。若歲求金帛以佐軍，尚不知帝意可否？割地之請，利用不敢以聞。」其政事舍人高正始遽前曰：「我引眾以來，圖復故地，若止得金帛歸，則媿我國人矣！」利用曰：「子蓋爲契丹熟計，使契丹用子言，恐連兵結釁，不得而息，非國利也。」契丹度不可屈，和議遂定。〔註19〕

曹利用之許遼銀絹三十萬兩匹，此一數目之決定，其實另有原因。《東都事略（以下簡稱《事略》）》〈曹利用傳〉曰：

……（利用）而與報使韓杞同至，復致書以往，許其和好，仍歲遺銀絹三十萬。使還，眞宗在帷宮，方進食，未之見，使內侍問所遺。利用曰：「此機事，當面奏。」眞宗復使問之曰：「姑言其略。」利用終不肯言，而以三指加頰。內侍入曰：「三指加頰，豈非三百萬乎？」眞宗失聲曰：「太多！」既而曰：「姑了事，亦可耳。」帷宮淺迫，利用具聞其語。既對，眞宗亟問之，利用再三稱死罪曰：「臣許之銀絹過多。」眞宗曰：「幾何？」曰：「三十萬。」帝不覺喜甚。利用

〔註17〕《長編》，卷五八，宋眞宗景德元年十二月庚辰朔條，頁564。
〔註18〕《長編》，卷五八，宋眞宗景德元年十二月癸未條，頁565。
〔註19〕《宋史》，卷二九〇，列傳第四十九，曹利用，頁9706。

之行也，面請所以遺虜者，眞宗曰：「必不得已，雖百萬可也。」寇
準謂利用曰：「雖有旨，許百萬，若過三十萬，當斬汝。」至是果以
三十萬成約而還。〔註20〕

由此可知當時眞宗實在殷望和議能儘速達成，故降旨允以百萬亦可也，
未料利用竟能依寇準之議，以三十萬達成和議，難怪眞宗心中甚喜。然而尙
有宋臣認爲所遺遼之銀絹實在過多。《長編》卷五八記之曰：

大宴行宮，宰臣畢士安先以疾留京師，是日來朝，議者多言歲賂契
丹三十萬爲過厚。士安曰：「不如此，則契丹所顧重，和事恐不能久
也。」〔註21〕

《事略》〈畢士安傳〉亦曰：

及契丹請和，遺曹利用使於兵間，議和事，歲遺虜銀絹三十萬，是
時朝論皆以爲過，士安曰：「不如此，虜所顧不重，和事恐不能久。」
眾未爲然也。然自景德以來，百有餘年，自古和好所未嘗有，議者
以士安之言爲得焉。〔註22〕

澶淵盟約所發揮之作用極大，使宋遼兩國維持長期之和平。然而宋代國
勢並未趁此時機而振作起來，故至仁宗慶曆二年（1042），契丹乘西夏反叛之
釁，再求瓦橋關以南十縣之地，此時宋廷迫於情勢，終於許以歲增銀絹各十
萬兩匹，以遂其心，並以「納」字與之。《宋史》〈富弼傳〉記之頗詳，曰：

會契丹屯兵境上，遺其臣蕭英、劉六符來求關南地。……（呂）夷
簡因是薦（富）弼。……弼即入對，叩頭曰：「主憂臣辱，臣不敢愛
其死。」帝爲動色，先以爲接伴。……弼開懷與語，英感悅，亦不
復隱其情，遂密以其主所欲得者告曰：「可從，從之；不然，以一事
塞之足矣。」弼具以聞。帝唯許增歲幣，仍以宗室女嫁其子。……
遂爲使報聘。既至，……弼見契丹主問故，契丹主曰：「南朝違約，……
將以何爲？羣臣請舉兵而南，吾以謂不若遣使求地，求而不獲，舉
兵未晚也。」弼曰：「……且北朝與中國通好，則人主專其利，而臣
下無獲；若用兵，則利歸臣下，而人主任其禍。故勸用兵者，皆爲

〔註20〕王稱，《東都事略》（台北：文海出版社，民國56年1月）卷五十，列傳三三，
曹利用，頁746。
〔註21〕《長編》，卷五八，宋眞宗景德元年十二月癸巳條，頁567。
〔註22〕《東都事略》，卷四一，列傳第二四，畢士安，頁630。

身謀耳。」……契丹主曰：「微卿言，吾不知其詳。然所欲得者，祖宗故地耳。」弼曰：「晉以盧龍賂契丹，周世宗復取關南，皆異代事。若各求地，豈北朝之利哉？」既退，六符曰：「吾主恥受金帛，堅欲十縣，何如？」弼曰：「本朝皇帝言，朕爲祖宗守國，豈敢妄以土地與人。北朝所欲，不過租賦爾。朕不忍多殺兩朝赤子，故屈己增幣以代之。若必欲得地，是志在敗盟，假此爲詞耳。……」明日，契丹主……又言得地則歡好可久。弼反覆陳必不可狀，且言：「北朝既以得地爲榮，南朝必以失地爲辱。兄弟之國，豈可使一榮一辱焉？」……六符曰：「吾主聞公榮辱之言，意甚感悟。今惟有結婚可議耳。」弼曰：「婚姻易生嫌隙。本朝公主出降，齎送不過十萬緡，豈若歲幣無窮之利哉？」……契丹不復求婚，專欲增幣，曰：「南朝遺我之辭當曰「獻」，否則曰「納」。」……弼曰：「自古唯唐高祖借兵於突厥，當時贈遺，或稱獻納。其後頡利爲太宗所擒，豈復有此禮哉？」……弼歸奏曰：「臣以死拒之，彼氣折矣，可勿許也。」朝廷竟以「納」字與之。〔註23〕

　　此一不允割地、和親，僅允曾歲幣之交涉，竟然能夠成功，固然由於富弼之膽識過人，及其言鋒犀利，能使契丹主折服。然而從其交涉之過程觀之，契丹主起初似乎即無眞正欲得土地之意，僅欲以此手段爲要挾，而達增幣之目的，故當其割地之請，未能獲允時，即另提和親之事，但是又經富弼將和親與歲幣之錢財數目作一比較後，契丹主乃專就歲幣方面加以爭取，而此時宋廷欲速息事寧人，遂許以「納」字與之。

　　其實富弼早先之構想，本欲連增幣之請亦不應允，故歸奏曰：「臣以死拒之，彼氣折矣，可勿許也。」〔註24〕，並曰：「增歲幣非臣本心，特以方討元昊，未暇與角，故不敢以死爭，其敢受（指歸來後將被擢昇之官位）乎！」〔註25〕且富弼認爲此一歲幣形式之外交，並非長久之計，故特請仁宗引以爲恥，迅圖振作。而曰：「契丹既結好，議者便謂無事，萬一敗盟，臣死且有罪。願陛下思其輕侮之恥，坐薪嘗膽，不忘修政。」〔註26〕

〔註23〕《宋史》，卷三一三，列傳第七二，富弼，頁 10250～10252。
〔註24〕書同前，頁 10252。
〔註25〕同註 24。
〔註26〕同註 23，頁 10252～10253。

四、結　論

　　觀之宋代予遼歲幣之情形，吾人可言宋邊之安綏，實在是以錢財布帛換得。然而對當時急欲求得和平之宋國而言，確實是一頗為值得之辦法，因其所費並不多，近人方豪先生有言：

> 依宋當時財政情形而言，每年予遼銀十萬兩，絹二十萬匹，並不為多。據三司使報告：真宗咸平六年（1003），收入六千零二十六萬六千零二十貫，即六百零二億六千六百零二萬（石、匹、斤）；景德三年（1006，即澶淵之盟後二年），收入六千三百七十三萬一千二百二十九貫，即六百三十七億三千一百二十二萬九千（石、匹、斤），四年內增三百四十六萬五千二百零九貫，即增三十四億六千五百二十萬九千（石、匹、斤）；真宗天禧五年（1021），稅入之錢二千六百五十三萬貫，即二百六十五億三千萬，金四千四百兩、銀八十八萬三千九百兩、絹一百五十五萬二千匹，故當時付二十萬絹（後增為三十萬匹），為數亦少。其時每三年一次之效祀費達一百五十萬，可知每年對契丹之支出，於宋之財政影響並不大。〔註27〕

　　然而吾人如再就整個宋代之國運與情勢細加探討，則可發現經由宋人以幣帛換得之和平，卻產生極大之不良影響，其中尤以軍政方面為最。《長編》卷一五〇，有曰：

> 真宗皇帝嗣位之始，專用文德，於時舊兵宿將，往往淪沒，敵驕深入，直抵澶淵，河朔大騷，乘輿北幸，於是講金帛啗之之術，以結歡好。自此河湟百姓，幾四十年不識干戈，……而所可痛者，當國大臣，論和之後，武備皆廢，以邊臣用心者，謂之引惹生事；以縉紳慮患者，謂之迂闊背時；大舉忌人談兵，幸時無事，謂敵不敢背約，謂邊不必預防，謂世常安，謂兵永息，恬然自處，都不為憂。西北二敵，稔知朝廷作事如此之失也，於是陰相交結，乘虛有謀，邊臣每奏敵中事宜，則曰探候之人，妄欲希賞，未嘗聽也。〔註28〕

《長編》卷二〇四亦曰：

〔註27〕方豪，《宋史》（一）（台北：中華文化出版事業委員會，民國43年7月），頁94～95。

〔註28〕《長編》，卷一五〇，宋仁宗慶曆四年六月戊午條，頁1518。

參知政事歐陽修嘗奏西邊事宜曰：「自眞宗景德二年盟於澶淵，明年
始納西夏之款，遂務休兵。至寶元初，元昊擾叛，蓋三十餘年矣。
上下安於無事，武備廢而不修；廟堂無謀臣，邊鄙無勇將；將愚不
識干戈，兵驕不知戰陳；器械朽腐，城廓隳頹。〔註29〕

同卷又載司馬光之言曰：

太祖皇帝之時，天下兵數，不及當今十分之一，……自景德以來，
中國既以金帛綏懷外服，不事征討，至今六十餘年，是宜官有餘積，
民有餘財，而府庫殫竭，倉廩空虛，水旱小怒，流殍滿野，其故何
哉？豈非邊鄙雖安，而冗兵益多之所致乎？此乃天下所共知，非臣
一人之私言也。〔註30〕

歐陽修〈時論原弊〉亦曰：

國家自景德罷兵，三十三歲矣，兵嘗經用者，老死幾盡，而後來者
未嘗聞金鼓，識戰陣也，生於無事，而飽於衣食也，其勢不得不驕
惰。今衛士入宿，不自持被，而使人持之；禁兵給糧，不自荷而傭
人荷之；其驕如此，況肯冒辛苦以戰鬥乎？〔註31〕

　　凡此所引，皆爲宋代自從以歲幣予遼換得和平後，所產生之不良後果，
尤其顯現在軍政與邊防問題上。固然此種影響之產生，並非宋人所能事先料
及，然而吾人從諸多史料中可知，宋人並未善加利用此一和平時期，力圖振
作，以挽回國運。反而在此種表面和平之情勢下，宋人竟自產生錯覺，誤以
爲邊患已消，邊境已綏，故導致上下苟且偷安，不事武備，甚至將領不識干
戈，兵卒不知戰陣，終予遼與西夏日後有聯合制宋之機。故吾人如轉而以此
一觀點，論述宋代給予遼之歲幣，則其所付出之代價實在大矣！更何況「歲
幣外交」，對宋代之國體尤爲一大侮辱，清人顏元〈宋史評〉曰：

宋歲輸遼夏銀一百二十五萬五千兩，其他慶弔聘問賂遺近倖又倍，
是宋何以爲國？買以金錢，求其容我爲君，宋何以爲名？〔註32〕

故論至此，吾人不禁爲宋代之國運落至如此地步而太息也！

〔註29〕《長編》，卷二○四，宋英宗治平二年正月癸酉條，頁2051。

〔註30〕《長編》，卷二○四，宋英宗治平二年正月壬午條，頁2053。

〔註31〕歐陽修，《歐陽永叔集・居士外集》（台北：台灣商務印書館，民國57年9
月），卷九，仁宗定康元年，歐陽修時論原弊，頁63。

〔註32〕顏元，《宋史評》，轉引自蘇同炳，《涉史載筆》（台北：學生書局，民國64
年10月），〈「正史」中的王安石〉，頁118。

徵引書目

一、史　料

1. 王稱，《東都事略》，台北：文海出版社，民國 56 年。
2. 王闢之，《澠水燕談錄》，台北：台灣商務印書館，民國 54 年。
3. 李攸，《宋朝事實》，台北：台灣商務印書館，民國 57 年。
4. 李燾，《續資治通鑑長編》，台北：世界書局，民國 63 年。
5. 徐松，《宋會要輯本》，台北：世界書局，民國 53 年。
6. 馬端臨，《文獻通考》，台北：鼎文書局，民國 64 年。
7. 脫脫，《遼史》，台北：鼎文書局，民國 64 年。
8. 脫脫，《宋史》，台北：鼎文書局，民國 67 年。
9. 陳均，《皇朝編年綱目備要》，台北：成文出版社，民國 55 年。
10. 彭百川，《太平治蹟統類》，台北：成文出版社，民國 55 年。
11. 葉夢得，《石林燕語》，台北：台灣商務印書館，民國 64 年。
12. 薛居正，《舊五代史》，台北：鼎文書局，民國 66 年。
13. 趙翼，《廿二史箚記》，台北：世界書局，民國 45 年。
14. 歐陽修，《新五代史》，台北：鼎文書局，民國 65 年。
15. 歐陽修，《歐陽永叔集‧居士外集》，台北：台灣商務印書館，民國 57 年。

二、近人著作

1. 方豪，《宋史》，台北：中華文化出版事業委員會，民國 43 年。
2. 蘇同炳，《涉史載筆》，台北：學生書局，民國 64 年。

三、論　文

1. 王民信，《澶淵締盟的檢討》，《食貨半月刊》，卷 5 第 3 期，民國 64 年 7 月。
2. 王民信，〈遼宋澶淵盟約締造的背景〉，《書目季刊》，卷 9 第 2、3、4 期，民國 64 年 9、10、11 月。
3. 田村實造，〈澶淵の盟約とその史的意義〉，《史林》，第 20 卷第 1 期，1935 年。
4. 程師光裕，〈澶淵之盟與天書〉，《大陸雜誌》，卷 22 第 6、7 期，民國 50 年 3、4 月。
5. 糕夢庵，〈寇準、畢士安與澶淵之盟〉，《中國世紀》，第 145 期，民國 58 年 11 月。

6. 趙文藺，〈澶淵之盟以前宋遼之外交關係〉，《國學叢刊》，第 13 期，民國 32 年 8 月。

7. 樓桐蓀，〈一件困難外交的史實——寇準澶淵之役〉，《東方雜誌》，卷 23 第 4 期，民國 25 年 4 月。

8. 蔣師復璁，〈宋眞宗與澶淵之盟〉，《大陸雜誌》，卷 22 第 9、10 期，民國 50 年 4、5 月。

《中華文化復興月刊》第 15 卷第 8 期（民國 71 年 8 月），頁 47～52。

第二章　從宋人使北詩論使遼旅程的艱辛

摘　要

　　宋與遼訂立澶淵盟約之後，兩國聘使往來頻繁，今本文即擬以當時宋使節出使遼國時，所作的使北詩（使遼詩）為主要史料，論述宋使節剛啓程使遼的心情、路途遙遠、地形險惡、氣候嚴寒，以及懷鄉、思親、望歸的情懷，以期使讀者能體會他們使遼旅程的艱辛。

　　關鍵詞：宋、遼、外交。

一、前　言

　　宋遼兩國的外交關係，約有一百六十五年之久（從西元 960 年至 1125 年，金滅遼為止），其間處於交戰狀態的時間短，而屬於和平時期的時間長。〔註1〕尤其是從宋真宗與遼聖宗締結澶淵盟約開始，兩國聘使往來頻繁，交聘活動密集。據傅樂煥〈宋遼聘使表稿〉說：「宋遼約和自澶淵之盟（1005 年）迄燕雲之役（1122 年）凡一百十八年，益以開寶迄太平興國間之和平（974 年～979 年，凡六年），綜凡一百二十四年。估計全部聘使均一千六百餘人，《長編》、《遼史》所載者約一千一百五十人，以其他文籍補苴者一百四十餘人，待考者尚有三百二、三十人。」〔註2〕他們使遼的任務不一，如就名稱來看，約包括賀正旦賀生辰國信使、告哀使、遺留國信使、祭奠國信使、弔慰國信使、皇帝登寶位國信使、賀登位國信使、賀冊禮國信使、回謝禮國信使、答謝國信使，以及因事臨時定名的泛使。〔註3〕

　　由於宋遼兩國都很重視彼此之間的交聘活動，因此宋國對於擔任使節的人選，往往是很慎重地從大臣中加以選派，甚至於有意向遼人炫耀宋國的中原文明，常選派有名的文臣擔任外交使節。〔註4〕而宋國的使臣從遼境回國後，依規定必須將出使遼國期間的應對酬答情形，以及沿途經過的路線、城鎮和所見所聞，著錄成書，上奏於朝廷，稱為「行程錄」、「使遼語錄」、「使北錄」等。另外，這些宋國的文人使臣也都會以其敏銳的觀察力、感受力，寫下許多有關的文章、詩歌，敘述他們在交聘過程中的見聞與感觸。其中有些作品流傳至今，也就成為我們研究宋遼交聘活動以及遼國政治、社會、經濟、軍事、文化等方面的重要史料。尤其是現存的遼代史料比較缺乏，這些使遼的記載正好可以彌補此一方面的不足，〔註5〕並且也可以擴大我們研究宋

〔註 1〕　參閱聶崇岐，〈宋遼交聘考〉，收錄於《宋史叢考》（台北：華世出版社，民國 75 年 12 月），頁 283～286，原載於《燕京學報》第 27 期。

〔註 2〕　傅樂煥，〈宋遼聘使表稿〉，收錄於《遼史彙編》（八）（台北：鼎文書局，民國 62 年 10 月），頁 580，原載於中央研究院《歷史語言研究所集刊》第十四本。

〔註 3〕　參閱聶崇岐，前引文，頁 286～287；黃鳳岐，〈遼宋交聘及其有關制度〉，《社會科學輯刊》，1985 年第 2 期，頁 96～97。

〔註 4〕　參閱聶崇岐，前引文，頁 288；陶晉生，〈從宋詩看宋遼關係〉，《宋遼關係史研究》（台北：聯經出版公司，民國 75 年 7 月），頁 181。

〔註 5〕　聶崇岐，前引文，頁 266，註 2 說：「遼人著述少，失佚又多，今所餘之一鱗半爪，多無助於研究宋遼交聘之事。」

遼史事的範圍。

近兩年來，筆者曾閱讀宋人的文集，以及《全遼詩話》、《全宋詩》、《宋代邊塞詩鈔》三書，〔註6〕其中收錄多位宋國使臣出使遼國所作的使北詩，〔註7〕包括习約、胡宿、余靖、宋祁、韓琦、王珪、劉敞、歐陽修、范鎮、沈遘、呂陶、王安石、鄭獬、陳襄、蘇頌、劉摯、王欽臣、蘇轍、彭汝礪、張舜民、劉跂等人。〔註8〕而就其內容所顯現的史料價值來看，筆者予以分析統計，約涵蓋下列各項：1.遼國政治制度、2.遼國軍事制度、3.遼國經濟情況、4.遼國崇佛情形、5.遼國京城建置、6.遼國宮帳情形、7.遼人遊牧漁獵、8.遼人飲食習俗、9.遼人節慶習俗、10.遼人接觸中原文化情形、11.遼地風光、12.遼地氣候、13.遼地奚人生活、14.遼宋交通路線、15.遼宋貿易情形、16.遼國接待宋使情形、17.宋人使遼旅程的艱辛、18.宋人對遼外交的看法、19.宋人的民族意識、20.宋使個人的人生觀等。〔註9〕可見宋人使北詩的史料價值很高，範圍也很廣，確實值得我們在研究宋遼史事時，予以相當的重視和參考。〔註10〕

今本文即是擬從宋人使北詩來探討宋人使遼旅程的艱辛，因為筆者認為宋遼雙方長期的和平外交關係，固然是靠兩國君主、朝廷、使節的協調、溝通、折衝而得以維持，這一方面也是許多學者曾經深入探討過的論題。但是筆者還注意到當時宋國使臣們在往來於遼境的途中，所遭受的種種身心之苦。例如歐陽修使遼時，撰詩〈書素屏〉說：「君命固有嚴，羈旅誠苦辛」，〔註11〕可見宋國使臣對於宋遼和平關係與國家前途，都曾付出很大的心力。

〔註6〕蔣祖怡、張滌雲編，《全遼詩話》，長沙：岳麓書社，1992年5月；傅璇琮等編，《全宋詩》，北京：北京大學，1998年12月；黃麟書編，《宋代邊塞詩鈔》（上）（中）（下），台北：東明文化基金會，民國78年11月。

〔註7〕筆者在本文中採用「使北詩」一詞，而不採用「使遼詩」，可參閱王祝美《北宋〈使北詩〉研究》（台北：台灣大學中國文學研究所碩士論文，民國86年1月），頁8～9。

〔註8〕參閱《全遼詩話》，頁265～333；《宋代邊塞詩鈔》（上），頁64～398。

〔註9〕除筆者所列各項外，另可參閱張國慶，〈從遼詩及北宋使遼詩看遼代社會〉，《煙台大學學報》（哲社版），1994年第3期，頁76～82。

〔註10〕關於宋人使北詩的史料價值，王民信，《沈括熙寧使虜圖抄箋證》（台北：學海出版社，民國65年12月），說：「與（使遼）語錄俱有同等價值的，是聘使在路途中所酬唱的詩詞，此等詩詞或賦興、或抒情、或吟山川以寄趣、或敘時事以見新。」該書〈宋朝時期留存的契丹地理資料——代序〉，頁2。

〔註11〕歐陽修，〈書素屏〉，《文忠集》，收錄於《文淵閣四庫全書》（台北：台灣商務

而關於此些史實的描述，在官方正式的史料中甚少提及，私人文集雖有記載，但是並不很多，而且不如他們在使北詩中有盡情的抒發，因此在本文中所根據的宋人使北詩，除了藉以探討他們使遼旅程的艱辛之外，也尚有強調其史料價值的用意。

二、使遼啓程時的心情

　　當宋國的朝廷大臣被選派擔任使遼的任務之後，在準備啓程期間，常常會有親人、好友賦以詩文相贈。因為該使臣即將遠行，一別數月半載不能相見，而且料想旅程遙遠、荒寒、險惡，都令這些親人、好友很耽心。因此在他們送人使遼的詩文中，充滿了關切、勉勵，以及盼望平安歸來的心意。例如梅堯臣〈送祖擇之學士北使〉說：「燕山常苦寒，漢使涉窮臘。路長人馬愁，風急沙霰雜。……歸來易輕裘，賜對延英閣。」〔註 12〕司馬光〈依前韻奉送才元和甫使北〉說：「……揚斾踰絕漠，負弩候前塵。出塞風霜苦，歸塗楊柳春。……。」〔註 13〕劉攽〈仲馮北使〉說：「極北空同戴斗星，越疆猶有短長亭。……雪擁旃裘綿欲拆，冰生湩酪酒初醒。我家四世俱持節，送爾皇華卻涕零。」〔註 14〕蘇軾〈謝仲適坐上送王敏仲北使〉說：「衝風振河朔，飛霧失太行。……聚散一夢中，人北雁南翔。吾生如寄耳，送老天一方。……歸期不可緩，倚相宜在傍。」〔註 15〕

　　至於宋國使臣們自身的使遼心態和心情又是如何呢？當時宋國既然愼選朝廷大臣擔任出使遼國的使節，因此他們如果獲得選派，應是深覺光榮才對。而且身負國家外交重任，雖然旅程艱辛，應該也會認為是一件頗值得付出的工作。但是實際上，宋國使遼大臣心中的感受卻是既複雜又矛盾。因為以當

　　　印書館，民國 72 年 10 月），卷六，頁 2，集部三，別集類二。另見《全遼詩話》，頁 281；《全宋詩》，卷二八七，第 6 冊，頁 3632。
〔註 12〕梅堯臣，〈送祖擇之學士北使〉，《宛陵集》，卷五八，頁 11，《文淵閣四庫全書》，集部三，別集類二。另見《全遼詩話》，頁 343；《全宋詩》，卷二五九，第 5 冊，頁 3279～3280。
〔註 13〕司馬光，〈依前韻奉送才元和甫使北〉，《全遼詩話》，頁 346；《全宋詩》，卷五〇九，第 9 冊，頁 6169。
〔註 14〕劉攽，〈仲馮北使〉，《全遼詩話》，頁 348。
〔註 15〕蘇軾，〈謝仲適坐上送王敏仲北使〉，《東坡全集》，卷二一，頁 19，《文淵閣四庫全書》，集部三，別集類二。另見《全遼詩話》，頁 351；《全宋詩》，卷八二〇，頁 9488。

時宋遼兩國的情勢來說，宋國是處於劣勢，必須以歲幣換取和平的外交，因此宋國使臣使遼的心態往往一開始即是不平衡的，〔註16〕再加上即將與親人、好友離別，其心情更是低落。〔註17〕這種心態與心情使他們在啓程初期，因爲面對遙不測的旅程，以及懷念家鄉與親友的情況下，常常顯得抑鬱、沈悶。歐陽修〈奉使契丹初至雄州〉說：「古關衰柳聚寒鴉，駐馬城頭日欲斜。猶去西樓二千里，行人到此莫思家。」〔註18〕沈遘啓程之後不久，思念其妻，在〈道中見新月寄內〉說：「離別始十日，已若十歲長。行行見新月，淚下不成行。念我一身出，萬里使臨湟。王命不得辭，上馬猶慨慷。一日不見君，中懷始徊徨。我行朔方道，風沙雜冰霜。……郵亭苦夜永，燈火寒無光。獨歌使誰和，孤吟詎成章。輾轉不得寐，感極還自傷。思君知何如，百語不一詳。塞雁方南飛，玉音未可望。願君愛玉體，日看庭樹芳。欲知歸期邈，東風弄浮陽。」〔註19〕可見宋國使臣使遼啓程之後不久，往往即開始思鄉情切，懷念起家鄉的種種，以及妻兒、親友們。

三、使遼路程遙遠險惡

據傅樂煥〈宋人使遼語錄行程考〉說：「他們（遼）的君主雖則也有城宮殿，卻絕不像中國君主蟄居不出，而時時到各處去捕漁打獵，於是宋使見他的地方，也隨而漫無定所了」。〔註20〕又據聶崇岐〈宋遼交聘考〉說：「鄰使

〔註16〕 參閱陶晉生，〈北宋朝野人士對於契丹的看法〉，前引書，頁97～130；王祝美〈北宋士人對宋遼關係之態度〉，前引書第三章，頁36～65；蔣武雄，〈宋遼歲幣外交與國運的關係〉，《中華文化復興月刊》，第15卷第8期，頁47～52，民國71年8月。

〔註17〕 宋國使臣在準備啓程使遼之前，面對將與親人、好友暫別，其心中常充滿牽掛、不安的情緒，例如宋仁宗至和二年（1055）八月底，歐陽修被派任賀遼道宗登位國信使，在準備出發期間，歐陽修即將家室搬至距離其薛夫人娘家較近的高橋，以便於內弟薛仲儒能就近幫忙處理家務。另外，在其寫給王君貺的書簡中也說：「家中少人照管，且移高橋，去薛家稍近，然公期管勾，往來須及百餘日，但得回來耳靜，便是幸也。」（《文忠集》，卷一四六，書簡三，與王懿格公（君貺），頁19。

〔註18〕 歐陽修，〈奉使契丹初至雄州〉，《文忠集》，卷一二，頁9～10。另見《全遼詩話》，頁280；《全宋詩》，卷二九三，第6冊，頁3696。

〔註19〕 沈遘，〈道中見新月寄內〉，《西溪集》，卷三，頁3，《文淵閣四庫全書》，集部三，別集類二。另見《全遼詩話》，頁284～285；《全宋詩》，卷六三〇，第11冊，頁7520。

〔註20〕 傅樂煥，〈宋人使遼語錄行程考〉，收錄於《遼史彙編》（八），頁230，原載於

（遼）入境至都，軒車所經，各有定路，……宋之帝后少出都城，受禮之處率在東京，……若遼則不然，其俗好漁獵，帝后居處，年每數徙，故受禮之處不一，若燕京，若中京，若上京，若長泊，若韃淀，若炭山，若神恩泊，若雲中淀，若木葉山，若廣平淀，若西涼淀，若混同江，若北安州，若九十九泉，皆為宋使嘗至之地」。〔註21〕因此梅堯臣〈送韓仲文奉使〉曾謂「行行至穹廬」，〔註22〕而且宋國使臣在出國前並不知道將會在何處被遼帝召見，往往必須等到進入遼境之後，才由遼國的接伴使告知，例如陳襄《神宗皇帝即位使遼語錄》說：「（宋英宗治平四年，1067 年）五月十日，到雄州白溝驛。十一日，（遼）接伴使副泰州觀察使蕭好古、太常少卿楊規中，……請相見，臣等即時過白溝橋北，……臣坦問受禮何處，規中言在神恩泊。此去有三十一程。」〔註23〕由此可知宋國使臣使遼所行的路線並不一致。聶崇岐〈宋遼交聘考〉說：

> 宋使入遼，自白溝起。北行為新城縣，再北經涿州，良鄉縣，而至燕京。若往中京則自燕京東北行，經順州、檀州，出古北口（亦稱虎北口），歷新館，臨如來館、柳河館、打造部落館（簡稱打造館或部落館）、牛山館、鹿兒峽館（簡稱鹿兒館或鹿峽館）、鐵漿館、富谷館、通天館，遂至中京。若往上京，則自中京北行，歷臨都館、松山館、崇信館、廣寧館、姚家寨館、咸寧館、保和館、宣化館、長泰館，遂至上京。若往長泊，則自中京東北行，經殺罐河館、榆林館、訥都烏館（亦稱饑烏館）、香山子館，遂至長泊。若往木葉山，則在香山子館與往長泊之道分，經水泊館、張司空館，遂至木葉館。若往神恩泊，則在廣寧館與往上京之道分，歷會星館、咸熙館、黑崖館、三山館、赤崖館、柏石館、中路館，而至神恩泊。若往炭山，則自燕京北行，經清河館，出居庸關，歷雕窠館、赤城口、望雲縣，遂至炭山。餘若往韃淀等處之使路，則不得知矣。〔註24〕

《國學季刊》，第 5 卷第 4 期。

〔註21〕聶崇岐，前引文，頁 303。

〔註22〕梅堯臣，〈送韓仲文奉使〉，《宛陵集》，卷三十，頁 12。另見《全宋詩》，卷二四八，第 5 冊，頁 2926。

〔註23〕陳襄，《神宗皇帝即位使遼語錄》，收錄於《遼史彙編》（六），頁 65。

〔註24〕聶崇岐，前引文，頁 303～304；另可參閱王民信，《沈括熙寧使虜圖抄箋證》所收錄〈沈括熙寧使虜行程圖〉、〈沙畹繪王曾富弼（即薛映）宋綬許亢宗行程圖〉、〈田村實造繪遼宋交通路線圖〉、〈金毓黻繪宋使入遼金路線圖〉、〈牟

傅樂煥〈宋人使遼語錄行程考〉也提到「其接見地點，是漫無定所的，我們現在所可考知的，便已有十幾處，則路線至少亦在十條以上」。〔註25〕

可見宋國使臣使遼路線確實不一，但是無論如何都是漫漫的長遠路程。因為據路振《乘軺錄》的記載，其自白溝河至遼中京，共行約一六零十餘里。〔註26〕另據沈括《熙寧使虜圖抄》稱「永安山，契丹之北部，東南距京師驛道三千二百十有五里」。〔註27〕而據王民信《沈括熙寧使虜圖抄箋證》統計當時沈括使遼，從白溝關至單于庭全程共計二一五八里。〔註28〕又例如歐陽修〈素書屏〉說：「我行三千里，何物與我親。」〔註29〕〈奉使契丹道中答劉原父桑乾河見寄之作〉說：「歲月坐易失，山川行知遙。回頭三千里，雙闕在紫霄。」〔註30〕蘇頌〈和就日館〉說：「……馬蹄看即三千里，客舍今逾四十程（自注十月五日出都，迨今四十一日矣）。……」〔註31〕彭汝礪〈宿金鈎〉說：「絕域三千里，窮村五七家。……」〔註32〕這都顯示了宋國使臣擔任使遼的任務之後，即須接受數千里路程來回跋涉的考驗。而在旅程中也常遇到高山峻嶺的險惡地勢，更增添了他們使遼的危險性。例如劉敞〈陰山〉說：「陰山天下險，鳥道上稜層。抱石千年樹，懸崖萬丈冰。愚歌愁倚劍，側步怯扶繩。更覺長安遠，朝光午未升。」〔註33〕〈金山館〉說：「出塞二千里，荒亭無四鄰。貪烏饑攫肉，狡兔急投人。短短西隅日，冥冥北路塵。腰間丈二組，空

〔註25〕 傅樂煥，〈宋人使遼語錄行程考〉，收錄於《遼史彙編》（八），頁208～209。

〔註26〕 參閱路振，《乘軺錄》，收錄於《遼史彙編》（六），頁41～53。

〔註27〕 沈括，《熙寧使虜圖抄》，收錄於《永樂大典》（台北：世界書局，民國51年2月），卷一〇八七七，第58冊，頁11。

〔註28〕 參閱沈括，《熙寧使虜圖抄》，頁9～13；王民信，〈宋使入遼行程驛名對照表〉，前引書，頁161。

〔註29〕 歐陽修，〈書素屏〉，《文忠集》，卷六，頁1。另見《全遼詩話》，頁281；《全宋詩》，卷二八七，第6冊，頁3632。

〔註30〕 歐陽修，〈奉使契丹道中答劉原父桑乾河見寄之作〉，《文忠集》，卷六，頁1。另見《全遼詩話》，頁281；《全宋詩》，卷二八七，第6冊，頁3632。

〔註31〕 蘇頌，〈和就日館〉，《蘇魏公文集》，卷一三，頁5，《文淵閣四庫全書》，集部三，別集類二。另見《全遼詩話》，頁296；《全宋詩》，卷五三一，第10冊，頁6416。

〔註32〕 彭汝礪，〈宿金鈎〉，《鄱陽集》，卷八，頁20，《文淵閣四庫全書》，集部三，別集類二。另見《全遼詩話》，頁320；《全宋詩》，卷九〇一，第16冊，頁10566。

〔註33〕 劉敞，〈陰山〉，《公是集》，卷二一，頁17，《文淵閣四庫全書》，集部三，別集類二。另見《全遼詩話》，頁274；《全宋詩》，卷四八一，第9冊，頁5835。

愧漢廷臣。」〔註34〕蘇頌〈奚山道中〉說：「山路縈回極險難，才經深澗又高原。順風衝激還吹面，灩水堅凝幾敗轅。巖下有時逢虎跡，馬前頻聽異華言。使行勞苦誠無憚，所喜殊方識漢恩。」〔註35〕

宋國使臣使遼途中，除了面臨以上所述的高山峻嶺險惡地勢外，有時也必須經過沙磧的地形，使旅程的艱難度又提昇許多。例如蘇頌〈和過神水沙磧〉說：「沙行未百里，地險已萬狀。逢迎非長風，狙擊殊博浪。昔聞今乃經，既度愁復上。幸無漲天災，日月免遮障。」〔註36〕〈贈同事閤使〉說：「山路盡陂陁，行人涉險多。風頭沙磧暗，日上雪霜和。……。」〔註37〕〈沙陁路〉說：「上得陂陁路轉艱，陷輪推馬苦難前。……。」〔註38〕彭汝礪〈大小沙陁（一）〉說：「大小沙陁深沒深膝，車不留蹤馬無跡。曲折多途人盡惑，自上高岡認南北。大風吹沙成瓦礫，頭面瘡痍手皴折。……。」〔註39〕〈尚德〉說：「萬里沙陁險且遙，雪霜塵土共蕭條。……。」〔註40〕顯然這種沙磧的地形，使宋國使臣對於旅程的艱辛更增加許多深刻的感受。

四、使遼時氣候嚴寒

據傅樂煥〈宋遼聘使表稿〉說：「宋遼互賀，雙方遣使，例在賀期前三、二月。如賀正旦使，例遣於九月左右，大體命既下後，受命者尚準備一、二月，期前一月許始啓行。……考《長編》所記賀遼生辰聘使，自興宗之後，統命遣於八、九月間，與賀正旦使同時。則到遼亦應在十二月、一月之間。」〔註41〕因此宋國每年所派遣的賀正旦使、賀生辰使行於路程的時間往往是在

〔註34〕劉敞，〈金山館〉，《公是集》，卷二二，頁 8。另見《全遼詩話》，頁 274；《全宋詩》，卷四八二，第 9 冊，頁 5844。

〔註35〕蘇頌，〈奚山道中〉，《蘇魏公文集》，卷一三，頁 3。另見《全遼詩話》，頁 296；《全宋詩》，卷五三一，第 10 冊，頁 6414。

〔註36〕蘇頌，〈和過神水沙磧〉，《蘇魏公文集》，卷一三，頁 5。另見《全遼詩話》，頁 296；《全宋詩》，卷五三一，第 10 冊，頁 6416。

〔註37〕蘇頌〈贈同閤使〉，《蘇魏公文集》，卷一三，頁 10。另見《全遼詩話》，頁 303；《全宋詩》，卷五三一，第 10 冊，頁 6420。

〔註38〕蘇頌〈沙陁路〉，《蘇魏公文集》，卷一三，頁 11。另見《全遼詩話》，頁 303；《全宋詩》，卷五三一，第 10 冊，頁 6421。

〔註39〕彭汝礪〈大小沙陁（一）〉，《鄱陽集》，卷十，頁 11。另見《全遼詩話》，頁 319～320；《全宋詩》，卷九○三，第 16 冊，頁 10602。

〔註40〕彭汝礪，〈尚德〉，《鄱陽集》，卷七，頁 24。另見《全遼詩話》，頁 320；《全宋詩》，卷九○三，第 16 冊，頁 10552。

〔註41〕傅樂煥，〈宋遼聘使表稿〉，收錄於《遼史彙編》（八），頁 587～588。

寒冬之際，也就是其千里跋涉的過程中，有一段很長的時間是處於嚴寒的氣候環境中。當時遼國朝廷顧及宋國使臣冒著嚴寒使遼的辛苦，有賜以衣裘之舉。韓琦〈中京謝皮褐衣物等表〉說：

> 祇膺恩檢，就賜珍裘，被寵兼常，撫躬增惕中謝，伏念寶鄰胥協，
> 信幣交修，屬冬律之方嚴，眷使軺而加念，式頒寒服，益示至慈，
> 建茲騶隸之行，亦均輕暖之賜。鈞承厚禮，實感丹悰。〔註42〕

因此我們可知宋國使臣使遼時，除了必須面對旅程遙遠和地勢險惡外，也還要遭受嚴寒的侵逼，使他們的身心都倍感艱苦難忍。因而歐陽修〈過塞〉說：「身驅漢馬踏邊霜，……氣候愈寒人愈北，……。」〔註43〕〈雁〉說：「來時沙磧已冰霜，……朔風吹起自成行。」〔註44〕〈馬齧雪〉說：「馬饑齧雪渴飲冰，北風卷地寒崢嶸。……。」〔註45〕鄭獬〈回次媯川大寒〉說：「地風如狂兒，來自黑山旁。坤維欲傾動，冷日青無光。飛沙擊我面，積雪沾我裳。……。」〔註46〕蘇頌〈中京紀事〉說：「邊關本是苦寒地，況復嚴冬入異鄉。一帶土河猶未凍，數朝晴日但凝霜。……。」〔註47〕

五、使遼懷鄉思親與望歸的心情

由於宋國使臣的人選大多是文臣，因此他們常常在使遼期間，將懷鄉、思親、望歸等愁緒抒發於詩文中。今天我們所見到的使北詩內容，也以此一方面的描述為最多。尤其是當宋國使臣離鄉日久，並且隨著旅程愈行愈北、愈遠，懷鄉、思親的愁緒更盈繞於心頭。例如劉敞〈發桑乾河〉說：「……我行亦已久，

〔註42〕韓琦，〈中京謝皮褐衣物等表〉，《安陽集》，卷三九，頁 4，《文淵閣四庫全書》，集部三，別集類二。

〔註43〕歐陽修，〈過塞〉，《文忠集》，卷五六，頁 15。另見《全遼詩話》，頁 280；《全宋詩》，卷三〇一，第 6 冊，頁 3790。

〔註44〕歐陽修，〈雁〉，《文忠集》，卷五七，頁 5。另見《全遼詩話》，頁 280；《全宋詩》，卷三〇一，第 6 冊，頁 3795。

〔註45〕歐陽修，〈馬齧雪〉，《文忠集》，卷六，頁 20。另見《全遼詩話》，頁 281；《全宋詩》，卷二八七，第 6 冊，頁 3632。

〔註46〕鄭獬〈回次媯川大寒〉，《鄖溪集》，卷二三，頁 3，《文淵閣四庫全書》，集部三，別集類二。另見《全遼詩話》，頁 291；《全宋詩》，卷五八〇，第 10 冊，頁 6819。

〔註47〕蘇頌，〈中京紀事〉，《蘇魏文公集》，卷一三，頁 10～11。另見《全遼詩話》，頁 303；《全宋詩》，卷五三一，第 10 冊，頁 6420。

羸馬聲正悲。覽物歲華逝，撫事壯心違。豈伊越鄉感，乃復淚沾衣。」〔註48〕
王安石〈餘寒〉說：「餘寒駕春風，入我征衣裳。……把酒謝高翰，我知思故鄉。」
〔註49〕〈乘日〉說：「……煙水吾鄉似，家書驛使稀。勿勿照顏色，恨不洗征衣。」
〔註50〕陳襄〈黑崖道中作〉說：「陰山窮漠外，六月苦行人。……馬饑思漢草，
僕病臥沙塵。夜夢金華阻，披衣望北辰。」〔註51〕彭汝礪〈途中見接伴曰三得
家書因作是詩寄候〉說：「誰似老胡喜，一朝三得書。去家常念汝，觸事獨愁予。
水凍魚全少，天寒雁更疏。三冬多壅熱，安否比何如？」〔註52〕而且望歸的心
情也因離鄉日久顯得越來越強烈，因此王安石〈寄純甫〉說：「塞上無花草，飄
風急我歸。梢林聽澗落，卷土看雲飛。想子當紅蕊，思家上翠微。江寒亦未已，
好好著春衣。」〔註53〕〈欲歸〉說：「……留連一盃酒，滿眼欲歸心。」〔註54〕
蘇頌〈初至廣平紀事言懷呈同事閣使〉說：「雙節同來朔漠邊，三冬行盡雪霜
天。……光景不停如轉轂，歸心難過似流煙。須將薄宦同羈旅，奔走何時是息
肩。」〔註55〕

　　但是等到宋國使臣完成使遼的任務之後，終於踏上還鄉的歸途時，他們
的情緒也隨之興奮、鼓舞起來。因此當歐陽修離開遼國上京，在回國的路上，
與副使向傳範并轡而行，兩人有說有笑，撰〈奉使契丹回出上京馬上作〉說：
「紫貂裘暖朔風驚，潢水冰光射日明。笑語同來向公子，馬頭今日向南行。」

〔註48〕劉敞，〈發桑乾河〉，《公是集》，卷七，頁4。另見《全遼詩話》，頁273；《全
　　　　宋詩》，卷四六七，第9冊，頁5658。

〔註49〕王安石，〈餘寒〉，《臨川文集》，卷一一，頁12，《文淵閣四庫全書》，集部三，
　　　　別集類二。另見《全遼詩話》，頁287；《全宋詩》，卷五四八，第10冊，頁
　　　　6556。

〔註50〕王安石，〈乘日〉，《臨川文集》，卷一五，頁6。另見《全遼詩話》，頁288；
　　　　《全宋詩》，卷五五二，第10冊，頁6587。

〔註51〕陳襄，〈黑崖道中作〉，《古靈集》，卷二三，頁7，《文淵閣四庫全書》，集
　　　　部三，別集類二。另見《全遼詩話》，頁293；《全宋詩》，卷四一三，頁
　　　　5082。

〔註52〕彭汝礪，〈途中見接伴曰三得家書因作是詩寄候〉，《鄱陽集》，卷八，頁21。
　　　　另見《全遼詩話》，頁320；《全宋詩》，卷九○一，第16冊，頁10566。

〔註53〕王安石，〈寄純甫〉，《臨川文集》，卷一六，頁6。另見《全遼詩話》，頁286；
　　　　《全宋詩》，卷五五三，第10冊，頁6596。

〔註54〕王安石，〈欲歸〉，《臨川文集》，卷一五，頁5。另見《全遼詩話》，頁287；
　　　　《全宋詩》，卷五五一，第10冊，頁6586。

〔註55〕蘇頌，〈初至廣平紀事言懷呈同事閣使〉，《蘇魏公文集》，卷一三，頁12。另
　　　　見《全遼詩話》，頁304；《全宋詩》，卷五三一，第10冊，頁6421。

〔註56〕另外，沈遘〈還家自戲〉說：「憶昨邊城初見春，纖纖垂柳正矜新。不知遠客貪歸意，欲把狂絲繫畫輪。」〔註57〕鄭獬〈離雲中一首〉說：「南歸喜氣滿東風，草軟沙平馬足鬆。料得家人相聚悅，也知今日發雲中。」〔註58〕〈回次嬀川大寒〉說：「……東風十萬家，畫樓春日長。草踏錦靴綠，花入羅衣香。行人卷雙袖，長歌歸故鄉。」〔註59〕〈回至涿州〉說：「來時已犯長安雪，今見春風入塞初。為問行人多少喜，燕山南畔得家書。」〔註60〕蘇頌〈發柳河〉說：「清晨驅馬兩崖間，霜重風高極險艱。前日使人衝雪去，今朝歸客踏冰還。……」〔註61〕〈摘星嶺〉說：「昨日才離摸斗東，今朝又過摘星峰。……出山漸識還家路，驪御人人喜動容。」〔註62〕蘇轍〈十日南歸馬上口占呈同事〉說：「南轅初喜去龍庭，入塞猶須閱月行。漢馬亦知歸意速，朝暘已作故人迎。……。」〔註63〕彭汝礪〈歸次雄州〉說：「雁奴到日人初別，燕子來時我亦還。馳馬直登山絕頂，爭圖先見瓦橋關。」〔註64〕可見宋國使臣在返鄉的途中，其心情是欣喜、激動的。甚至於蘇轍想起他的妻子，撰〈春日寄內〉說：「春到燕山冰亦消，歸驂迎日喜嫖姚。久行胡地生華髮，初試東風脫弊貂。插髻小幡應正爾，點槃生菜為誰挑。附書勤掃東園雪，到日青梅未滿條。」〔註65〕而蘇頌〈使回蹝榆林侵夜至宿館〉說：「使還兼道趣南轅，

〔註56〕歐陽修，〈奉使契丹回出上京馬上作〉，《文忠集》，卷一二，頁 10。另見《全遼詩話》，頁 280；《全宋詩》，卷二九三，第 6 冊，頁 3696～3697。

〔註57〕沈遘，〈還家自戲〉，《西溪集》，卷三，頁 7。另見《全遼詩話》，頁 285；《全宋詩》，卷六三〇，第 11 冊，頁 7523。

〔註58〕鄭獬，〈離雲中一首〉，《郋溪集》，卷二八，頁 11。另見《全遼詩話》，頁 291；《全宋詩》，卷五八五，第 10 冊，頁 6883。

〔註59〕鄭獬，〈回次嬀川大寒〉，《郋溪集》，卷二三，頁 4。另見《全遼詩話》，頁 291～292；《全宋詩》，卷五八〇，第 10 冊，頁 6819。

〔註60〕鄭獬，〈回至涿州〉，《郋溪集》，卷二八，頁 11。另見《全遼詩話》，頁 292；《全宋詩》，卷五八五，第 10 冊，頁 6883。

〔註61〕蘇頌，〈發柳河〉，《蘇魏公文集》，卷一三，頁 7。另見《全遼詩話》，頁 304；《全宋詩》，卷五三一，第 10 冊，頁 6423。

〔註62〕蘇頌〈摘星嶺〉，註同前。

〔註63〕蘇轍，〈十日南歸馬上口占呈同事〉，《欒城集》，卷一六，頁 20，《文淵閣四庫全書》集部三，別集類二。另見《全遼詩話》，頁 313；《全宋詩》，卷八六四，第 15 冊，頁 10052。

〔註64〕彭汝礪，〈歸次雄州〉，《鄱陽集》，卷一一，頁 8。另見《全遼詩話》，頁 322；《全宋詩》，卷九〇四，第 16 冊，頁 10617。

〔註65〕蘇轍，〈春日寄內〉，《欒城集》，卷一六，頁 21。另見《全遼詩話》，頁 314；《全宋詩》，卷八六四，第 15 冊，頁 10052。

朝出沙陁暮水村。……鴉聞宿舍驚如鬧，馬識歸途去似奔。屈指開年到京闕，夢魂先向九重闈。」〔註66〕更寫出了宋國使臣歸心似箭的心情。劉敞則是在歸途中，即已經想著等回到家後，將要做什麼事情，其〈過中京後寄和貢兩弟〉說：「歸鞍蹀躞弄輕塵，滿眼韶光破宿雲。……我欲還家千日飲，益須釀酒張吾軍。」〔註67〕另外，蘇轍〈傷足〉說：「……前日使胡罷，晝夜心南馳。中塗冰塞川，混漾無津涯。僕夫執轡前，我亦忘止之。馬眩足不禁，拉然臥中坻。異域非所息，據鞍幾不支。……」〔註68〕更描述了其在返鄉途中，因爲心情放鬆，以致於稍不留神，造成馬匹摔倒的意外。

六、結　論

　　以上所引述的宋人使北詩，刻劃了宋國使臣們使遼啓程後的心情、路途遙遠、地形險惡、氣候嚴寒，以及懷鄉、思親、望歸的情懷，都使我們深深地感受到當時他們使遼旅程的艱辛，也顯現了宋人使北詩頗具有這一方面記載的特色。王水照〈論北宋使遼詩的兩個問題〉指出其原因，說：「宋代國力屢弱，對遼、西夏有使其臣服之心而無其力，苟安思想已成主流。朝廷重文輕武，厚養大臣，使他們生活優裕，心智成熟而臂力膽氣驟退。這種內斂性影響及使遼詩人（北宋使遼正使大多爲文官）的詩體風格，使之趨向平穩，少有進取精神。這種時代精神導致了北宋使遼詩在內容上多旅思客懷之作。……而北宋使臣們的入遼是受朝廷派遣，旅思與使命之間的矛盾是外加的，詩人們出使並不是自主意願，因而懷鄉思親，成了使遼詩的一大內容，甚至主宰某些詩人，幾乎成爲其詩的唯一主題。……另外，使遼詩還有一個特點，即寫北地風光時，喜歡聯想南方或故鄉的景色。……這種聯想與北宋使臣們強烈的思歸之心是相一致的，無論北南風光的同或不同，這種比較本身就揭示了他們對萬里之外的家園親人深深的眷念。」〔註69〕這樣的分析，

〔註66〕蘇頌，《使回蹕榆林侵夜至宿館》，《蘇魏公文集》，卷一三，頁6。另見《全遼詩話》，頁297；《全宋詩》，卷五三一，第10冊，頁6417。

〔註67〕劉敞，〈過中京後寄和貢兩弟〉，《公是集》，卷二五，頁2。另見《全遼詩話》，頁274；《全宋詩》，卷四八五，第9冊，頁5876。

〔註68〕蘇轍，〈傷足〉，《欒城集》，卷一六，頁20～21。另見《全遼詩話》，頁314～315；《全宋詩》，卷八六四，第15冊，頁10052。

〔註69〕王水照，〈論北宋使遼詩的兩個問題〉，《山西師大學報（社會科學版）》，第19卷第2期，頁41～42，1992年4月。

筆者相當贊同，就是因為宋人使北詩具有這種特殊的內容、意境和風格，使我們更能體認當時宋國使臣使遼旅程的艱辛。甚至於有人在使遼期間因旅途勞累又受不了風寒而死亡，例如宋仁宗明道二年（遼興宗重熙二年，1033年）十一月，「（章）頻時奉使契丹未還，尋卒於紫濛館，契丹遣內侍就館奠祭，命接伴副使吳克荷護其喪，以錦車駕橐駝載至中京，歛以銀飾棺，又具鼓吹羽葆吏士持甲兵衛送至白溝」。〔註70〕因此蘇頌〈山路連日衝冒西風頗覺行役之勞〉說：「卻到深山歲已殘，西風連日作晴寒。塵埃季子貂皮敝，憔悴休文革帶寬。往復七旬人意怠，崎嶇千險馬行難。三關猶有燕山隔，安得陵空縱羽翰。」〔註71〕歐陽修〈書素屏〉也說：「君命固有嚴，羈旅誠苦辛。但苟一夕安，其餘非所云。」〔註72〕其在《文忠集》則說：「使北往返六千里，早衰多病，不勝其勞。」〔註73〕這都顯示了宋國使臣們的使遼確實是一件苦差事。但是為了維持宋遼兩國的外交關係，再怎麼艱苦也是值得的，因此王安石〈飛雁〉說：「……人生何必慕輕肥，辛苦將身到沙漠。漢時蘇武與張騫，萬里生還值偶然。丈夫許國當如此，男子辭親亦可憐。」〔註74〕可見宋國的使臣還是有人能以勇敢、堅毅的態度來承擔這項重任，並且對自己深加期許。

最後，筆者要另外指出的是，假如我們擬從宋人的詩歌來了解當時宋遼的外交，除了可參考前文所提及的送人使北詩與宋國使臣的使北詩之外。尚有遼使至宋國時，宋臣被指派為接伴使、送伴使、館伴使等，他們的職務和行蹤雖然與使遼的宋國使臣不一樣，但是接伴使負責從邊界迎接遼使至京城；送伴使負責從京城護送遼使至邊界回國；館伴使負責遼使在京城期間的

〔註70〕 李燾，《續資治通鑑長編》（台北：世界書局，民國50年11月），卷一一三，宋仁宗明道二年十一月己丑條，頁12。另見脫脫，《遼史‧興宗紀》說：「宋使章頻卒，詔有司賻贈，命近侍護喪以歸。」（卷一八，本紀第一八，興宗一，頁215，台北：鼎文書局，民國67年11月）

〔註71〕 蘇頌，〈山路連日衝冒西風頗覺行役之勞〉，《蘇魏公文集》，卷一三，頁13。另見《全遼詩話》，頁304；《全宋詩》，卷五四七，第10冊，頁6423。

〔註72〕 歐陽修，〈書素屏〉，《文忠集》，卷六，頁21。另見《全遼詩話》，頁281；《全宋詩》，卷二八七，第6冊，頁3632。

〔註73〕 歐陽修，〈答陸學士〉，《文忠集》，卷一五一，書簡八，頁8，《文淵閣四庫全書》，集部三，別集類三。

〔註74〕 王安石，〈飛雁〉，《臨川文集》卷十，頁9。另見《全遼詩話》，頁286～287；《全宋詩》，卷五四七，第10冊，頁6546。

相伴。他們都與遼使有一段相處的時間，而且行程也很長，因此也會將其見聞和感觸抒發於詩歌中。例如蘇頌〈接伴北使至樂壽寄高陽安撫吳仲庶待制〉說：「道路傳聞北守賢，就中清尚是河間。轅門臥鼓軍無警，幕府賡歌筆不閒。只合論思居禁闥，豈宜留滯在邊關。寧容舊客升堂室，擬請新篇滿篋還。」〔註75〕這類詩歌對我們研究宋遼史也有很高的史料參考價值。至於遼國使臣與宋國交聘的過程，本來也應該撰有許多詩歌文章才對，但是遼國書禁很嚴，據沈括《夢溪筆談》說：「契丹書禁甚嚴，傳入中國者，法皆死。」〔註76〕而至遼道宗清寧十年（1064 年）十月，又「禁民私刊印文字」。〔註 77〕至女眞兵起攻遼，遼五京遭受戰爭破壞，均使遼國典籍流傳範圍不廣，佚失者也很多，導致我們無法獲得遼國使臣出使宋國時所撰的使南詩史料，這也是今天我們研究宋遼外交史頗遺憾的地方。

徵引書目

一、史　料

1. 王安石，《臨川文集》，《文淵閣四庫全書》，台北：台灣商務印書館，民國 72 年。

2. 李燾，《續資治通鑑長編》，台北：世界書局，民國 67 年。

3. 沈括，《夢溪筆談》，《文淵閣四庫全書》，台北：台灣商務印書館，民國 72 年。

4. 沈括，《熙寧使虜圖抄》，收錄於《永樂大典》，台北：世界書局，民國 51 年。

5. 沈遘，《西溪集》，《文淵閣四庫全書》，台北：台灣商務印書館，民國 72 年。

6. 梅堯臣，《宛陵集》，《文淵閣四庫全書》，台北：台灣商務印書館，民國 72 年。

7. 陳襄，《神宗皇帝即位使遼語錄》，收錄於《遼史彙編》（六），台北：鼎文書局，民國 62 年。

8. 陳襄，《古靈集》，《文淵閣四庫全書》，台北：台灣商務印書館，民國 72

〔註75〕蘇頌，〈接伴北使至樂壽寄高陽安撫吳仲庶待制〉，《蘇魏公文集》卷八，頁4。另見《全宋詩》，卷五二六，第 10 冊，頁 6368。
〔註76〕沈括，《夢溪筆談》，卷一五，藝文二，頁 3，《文淵閣四庫全書》，子部十，雜家類三。
〔註77〕《遼史》，卷二二，本紀第二二，道宗二，頁 264。

年。

9. 脫脫，《遼史》，台北：鼎文書局，民國 67 年。

10. 彭汝礪，《鄱陽集》，《文淵閣四庫全書》，台北：台灣商務印書館，民國 72 年。

11. 路振，《乘軺錄》，收錄於《遼史彙編》（六），台北：鼎文書局，民國 62 年。

12. 劉敞，《公是集》，《文淵閣四庫全書》，台北：台灣商務印書館，民國 72 年。

13. 鄭獬，《郇溪集》，《文淵閣四庫全書》，台北：台灣商務印書館，民國 72 年。

14. 歐陽修，《文忠集》，《文淵閣四庫全書》，台北：台灣商務印書館，民國 72 年。

15. 韓琦，《安陽集》，《文淵閣四庫全書》，台北：台灣商務印書館，民國 72 年。

16. 蘇頌，《蘇魏公文集》，《文淵閣四庫全書》，台北：台灣商務印書館，民國 72 年。

17. 蘇軾，《東坡全集》，《文淵閣四庫全書》，台北：台灣商務印書館，民國 72 年。

二、近人著作

1. 王民信，《沈括熙寧使虜圖抄箋証》，台北：學海出版社，民國 65 年。

2. 王祝美，《北宋〈使北詩〉研究》，台北：台灣大學中國文學研究所碩士論文，民國 86 年。

3. 陶晉生，《宋遼關係史研究》，台北：聯經出版公司，民國 75 年。

4. 黃麟書，《宋代邊塞詩鈔》（下），台北：東明文化基金會，民國 78 年。

5. 傅璇琮，《全宋詩》，北京：北京大學，1998 年。

6. 蔣祖怡、張滌雲，《全遼詩話》，長沙：岳麓書社，1992 年。

7. 聶崇岐，《宋史叢考》，台北：華世出版社，民國 75 年。

三、論　文

1. 王水照，〈論北宋使遼詩的兩個問題〉，《山西師大學報》，第 19 卷第 2 期，1992 年 4 月。

2. 黃鳳岐，〈遼宋交聘及其有關制度〉，《社會科學輯刊》，1985 年第 2 期。

3. 張國慶，〈從遼詩及北宋使遼詩看遼代社會〉，《煙台大學學報》，1994 年第 3 期。

4. 傅樂煥，〈宋人使遼語錄行程考〉，收錄於《遼史彙編》（八），台北：鼎

文書局，民國 62 年 10 月。

5. 傅樂煥，〈宋遼聘使表稿〉，收錄於《遼史彙編》（八），台北：鼎文書局，民國 62 年 10 月。

6. 蔣武雄，〈宋遼歲幣外交與國運的關係〉，《中華文化復興月刊》，第 15 卷第 8 期，民國 71 年 8 月。

7. 聶崇岐，〈宋遼交聘考〉，收錄於《宋史叢考》，台北：民國 75 年 12 月。

《史學與文獻》（三）（民國 90 年 4 月），99～117。

第三章　宋遼外交中的詩歌交往

摘　要

　　第十一、二世紀宋遼兩國曾有一段長期的和平外交時期，雙方經常派遣使節進行交聘的活動。由於使節的人選往往是由文臣擔任，因此他們以詩歌交往的方式，作為更密切交聘活動的共同語言和溝通橋樑，建立起如同兄弟般深厚的友誼。筆者認為這種以詩歌交往的外交形式，在整個宋遼外交史上所產生的影響，是值得我們予以肯定的。

　　關鍵詞：宋、遼、外交、詩歌。

一、前　言

　　本文並非要討論宋國的外交使節在使遼行程中，對其見聞有感而發所作的詩歌，〔註1〕也不是要討論這些使節在啓程赴遼之前，其友人所作的送人使遼詩。〔註2〕而是要討論宋遼兩國使節與對方國家的皇帝、王公貴族、朝廷大臣、迎送伴使，在宴會中或其他某些場合進行唱酬時所作的詩歌交往。

　　因爲在長達一百多年的宋遼和平外交期間，雖然雙方曾經發生過增幣、畫界兩次交涉的事件，但是大致上來說，宋遼兩國的外交在這一百多年當中還算是維持著相當和睦、友好的關係，因此兩國經常互相派遣外交使節進行交聘的活動。當時宋國使節正使的人選以及遼國使節副使的人選往往是由文臣擔任，因此當他們在執行外交任務時，常常會以詩歌來應對酬答，顯現出另一種形式的外交。

　　基於以上的情形，筆者遂以〈宋遼外交中的詩歌交往〉爲題，撰寫本文。但是記載這一類詩歌交往的史料很少，並且只涵蓋宋國當時少數曾與遼國上層人士進行過詩歌交往的使臣，因此筆者奮力而爲，希望有助於讀者對宋遼外交進一步的瞭解。

二、宋遼外交中詩歌交往的背景

　　宋遼外交爲何會在隆重、嚴肅的氣氛中，摻雜著屬於比較柔性形式的詩歌交往呢？筆者認爲至少有下列三項背景：

（一）宋遼交聘頻繁、出使者眾

　　宋眞宗景德元年（遼聖宗統和二十二年，1004 年）與遼國所訂立的澶淵盟約，就兩國的外交而言，具有相當深遠的意義。因爲自此雙方由戰爭轉爲和平，而且每年透過使節頻繁的交往，建立起如同兄弟般的情誼。當時這種情誼頗爲深厚，因此雙方使節交聘的任務多達十二種，包括 1.賀鄰國皇太后、皇帝或皇后正旦者，稱賀正旦國信使，簡稱正旦使或賀正使。2.賀鄰國皇太后、皇帝或皇后生辰者，稱賀生辰國信使，簡稱生辰使。3.以本國皇太后或皇帝崩

〔註 1〕　可參閱王祝美，《北宋〈使北詩〉研究》（台北：台灣大學中國文學研究所碩士論文，民國 86 年 1 月），頁 1～345。

〔註 2〕　可參閱蔣祖怡、張滌雲，《全遼詩話》（長沙：岳麓書社，1992 年 5 月），頁 341～355。

逝告鄰國者，稱告哀使。4.以本國大行皇太后或皇帝遺留物餽遺鄰國者，稱遺留禮信使或遺留國信使，簡稱遺留使。5.以本國新皇帝即位告鄰國者，稱皇帝登寶位國信使，簡稱告登位使。6.奠祭鄰國大行皇太后或皇帝者，稱祭奠國信使，簡稱祭奠使。7.弔慰鄰國皇太后或皇帝者，稱弔慰國信使，簡稱弔慰使。8.賀鄰國新皇帝登位者，稱賀登位國信使，簡稱賀登位使。9.賀鄰國皇太后受冊者，稱賀冊禮國信使，簡稱賀冊禮使。10.答謝鄰國弔賀者，稱回謝禮信使，簡稱回謝使。11.普通聘問或報告要求於鄰國者，稱國信使，俗稱泛使。12.答聘或因鄰國請求而遣人蹉商者，稱答謝國信使，亦稱回謝使。〔註3〕可見雙方使節交聘的任務很細密，顯現出兩國誠摯的情感，也相對地使兩國交聘的活動趨於頻繁，甚至於常有和本國使節相逢於途中的情形。

　　傅樂煥〈宋遼聘使表稿〉一文中曾約略統計宋遼雙方使節的人數，說：「宋遼約和自澶淵之盟（1005）迄燕雲之役（1122）凡一百十八年，益以開寶迄太平興國間之和平（974～979，凡六年），綜凡一百二十四年。估計全部聘使約一千六百餘人。《長編》、《遼史》所載者約一千一百五十人，以其他文籍補苴者一百四十餘人，待考者尚有三百二十人。」〔註4〕傅氏此項統計只是限於宋遼兩國外交正副使的人數，如果再根據《續資治通鑑長編》（以下簡稱《長編》）卷六四，提到出使遼國的隨從人員，說：「詔入契丹使從人不過百人。」〔註5〕則每次至遼國的使節團應都在七、八十人以上。聶崇岐〈宋遼交聘考〉，也說：「……又使皆有隨員以助瑣事，依其職位分上、中、下三等，是為三節人從，約在百人之數。」〔註6〕另外，當「鄰使及境，例遣人相接，是為接伴使；至都，另易人相伴，是為館伴使；回程，復派人相送，是為送伴使」、〔註7〕「鄰使入境至都，星軺所歷，州縣長貳，皆須迎送，以敦睦誼」。〔註8〕因此如果再

〔註3〕 聶崇岐，〈宋遼交聘考〉，《宋史叢考》（下）（台北：華世出版社，民國75年12月），頁286～287，原載於《燕京學報》，第27期；黃鳳岐，〈遼宋交聘及其有關制度〉，《社會科學輯刊》，1985年第2期，頁96～97。

〔註4〕 傅樂煥，〈宋遼聘使表稿〉，收錄於《遼史彙編》（八）（台北：鼎文書局，民國62年10月），頁580，原載於中央研究院《歷史語言研究所集刊》，第14本。另可參閱該文「宋遼聘使表」，頁540～580；聶崇岐，前引文，「正旦國信使副表」、「生辰國信使副表」、「祭弔等國信使副表」、「泛使表」，頁317～319。

〔註5〕 李燾，《續資治通鑑長編》（以下簡稱《長編》）（上海：上海古籍出版社，1986年2月），卷六四，宋真宗景德三年十一月丙午條，頁8。

〔註6〕 聶崇岐，前引文，頁287。

〔註7〕 註同前，頁304。

〔註8〕 同註6，頁306。

加上這些隨從人員和伴使的人數，則在這一百多年當中，宋遼兩國實際上參與雙方交聘活動的人數至少應達二萬人以上。（此處必須考慮使節、隨從人員和伴使者會有重複派任的情形）

　　筆者認爲宋遼兩國外交中會摻雜著詩歌的交往，應與這種使節交聘頻繁、出使者眾的情形有相當的關係。

（二）宋遼常派文臣擔任使節

　　當時宋遼兩國的外交使節常以具有良好文學素養的文臣擔任，但是兩國的作法稍有不同，宋國使節的正使是文臣，而遼國使節則以文臣擔任副使。對於此種情形，聶崇岐〈宋遼交聘考〉，說：「國信使副，例爲一文一武。……若使副之孰文孰武，兩朝又頗不同。宋初遣使，文武先後，並無定例。……泊澶淵盟後，制乃畫一，大使皆用文，副使皆用武，惟報哀使率以武人應選，百餘年間，相因不改。若遼則不然，其所遣者，大使少非武臣，副使乃多文吏」。〔註9〕路振《乘軺錄》也提到，遼自從和宋「通好已來，歲選人材，尤異聰敏知文史者，以備南使」。〔註10〕至於伴使的人選，「宋之接、送、館伴使副，大致同國信使副，皆以文官充大使，武官充副使，……遼之接送館伴，蓋亦以宗室或后族充正使，以庶姓職官充副使」。〔註11〕可見文人使臣在宋遼交聘的活動上，扮演了相當重要的角色。因此當時宋遼的外交使節，除了在政治方面的互動外，也往往很自然地進行以詩歌互動的另一種形式的外交。

（三）遼國皇帝的文學修養

　　宋遼兩國的外交會形成摻雜著以詩歌交往特殊形式的外交，筆者認爲除了「宋人有意炫耀其文明，以影響契丹人，往往妙選著名文人爲大使」〔註12〕之外，也和遼國皇帝的文學修養有關，尤其是在遼聖宗、興宗、道宗時期。

　　據《遼史》〈聖宗本紀〉，說：「（遼聖宗）幼喜書翰，十歲能詩。既長，精射法，曉音律，好繪畫。」〔註13〕又據《契丹國志》〈聖宗本紀〉，說：「（遼

〔註9〕　同註6，頁289。

〔註10〕路振，《乘軺錄》，收錄於《遼史彙編》（六）（台北：鼎文書局，民國62年10月），頁4。

〔註11〕同註6，頁304～305。

〔註12〕陶晉生，〈從宋詩看宋遼關係〉，《宋遼關係史研究》（台北：聯經出版公司，民國75年7月），頁181。

〔註13〕脫脫，《遼史》（台北：鼎文書局，民國64年10月），卷十，本紀第十，聖宗本紀一，頁107。

聖宗）親以契丹字譯白居易《諷諫集》，召蕃臣等讀之。……喜吟詩，出題詔
宰相已下賦詩，詩成進御，一一讀之，優者賜金帶。又御製曲百餘首。」〔註
14〕當時遼聖宗作詩，師法於白居易，李頎《古今詩話》提到此事，說：「雄州
安撫都監稱宣事云：『遼人好樂天詩，聞遼主（遼聖宗）有詩云：樂天詩集是
吾師。』」〔註15〕遼聖宗所作的詩歌今多已散佚不傳，惟尚可見其《傳國璽詩》，
說：「一時製美寶，千載助興王。中原既失守，此寶歸北方。子孫宜慎守，世
業當永昌。」〔註16〕

遼興宗也很喜歡作詩，據《遼史》〈興宗本紀〉，說：「（遼聖宗）好儒術，
通音律。……重熙五年……四月……甲子，幸后弟蕭無曲第，曲水泛觴賦
詩。……九月癸巳，獵黃花山，獲熊三十六，賞獵人有差。冬十月丁未，幸
南京。……壬子，御元和殿，以〈日射三十六熊賦〉、〈幸燕詩〉試進士于廷。……
六年……六月壬申朔，……上酒酣賦詩，吳國王蕭孝穆、北宰相蕭撒八等皆
屬和，夜中乃罷。……癸未，賜南院大王耶律胡覩袞命，上親爲制誥詞，并
賜詩以寵之。……七月……壬寅，以皇太弟重元生子，賜詩及寶玩器物。……
二十四年……二月己丑朔，召宋使釣魚、賦詩。」〔註17〕可見遼興宗擅於作
詩，也喜歡作詩，因此常和大臣們唱和，或賜詩予大臣。甚至於曾經因司空
大師不肯賦詩，遼興宗以詩挑之，說：「爲避綺吟不肯吟，既吟何必昧眞心。
吾師如此過形外，弟子爭能識淺深。」〔註18〕結果逼得司空大師只好賦和興
宗詩二首，「爲愧荒疏不敢吟，不吟恐忤帝王心。本吟出世不吟意，以此來
批見過深」、「天子天才已善吟，那堪二相更同心。直饒萬國猶難敵，一智寧
當三智深」。〔註19〕從此一事例可知遼興宗確實是一位喜歡作詩的皇帝。

另外，據《遼史》〈道宗本紀〉，說：「清寧二年二月……乙巳，以興宗在
時生辰，宴群臣，命各賦詩。三月……己卯，御製〈放鷹賦〉賜群臣，諭任

〔註14〕葉隆禮，《契丹國志》，收錄於《遼史彙編》（七）（台北：鼎文書局，民國62
年10月），卷七，聖宗紀，頁64～65。

〔註15〕李頎，《古今詩話》，轉引自《全遼詩話》，頁9。

〔註16〕孔平仲，《珩璜新論》，頁63，《文淵閣四庫全書》（台北：臺灣商務印書館，
民國72年10月），子部十，雜家類三。

〔註17〕《遼史》，卷一八，本紀第一八，興宗一，頁211、217、218、219；卷二十，
本紀第二十，興宗三，頁247。

〔註18〕遼興宗，〈以司空大師不肯賦詩以詩挑之〉，陳述輯校，《全遼文》（台北：龍
文出版社，民國80年），卷二，頁31。

〔註19〕海山，〈和興宗詩二首〉，書同前，卷七，頁169。

臣之意。……三年八月辛亥，帝以〈君臣同志華夷同風詩〉進皇太后。……六年夏五月戊子朔，監修國史耶律白請編次御製詩賦，仍命白爲序。……咸雍元年冬十月，幸醫巫閭山。己亥，皇太后射獲虎，大宴群臣，令各賦詩。」〔註 20〕又據陸游《老學庵筆記》，說：「遼相李儼作〈黃菊賦〉獻其主耶律弘基（遼道宗），弘基作詩，題其後以賜之，云：『昨日得卿黃菊賦，碎剪金英填作句，袖中猶覺有餘香，冷落西風吹不去。』」〔註 21〕可見遼道宗作詩的造詣很高，可惜其詩賦集《清寧集》今已不傳。

從以上諸所引，可知遼代詩歌在皇帝的喜好和推動之下，大臣們也常有賦詩唱和的機會，因此當宋國使節至遼國進行交聘活動時，遼國的君臣也就很自然地以詩歌和宋國使節互相交往。例如在遼聖宗太平十年（宋仁宗天聖八年，1030 年）十二月，宋遣梅詢來賀千齡節，聖宗「詔（楊）佶迎送，多唱酬，詢每見稱賞」，〔註 22〕即是一明顯的例子。

三、宋遼外交中詩歌交往的情形

基於以上所論述的三項背景，宋遼兩國的使節遂常在下列幾種情況下，以詩歌來進行交往：

（一）宴會中賦詩

宋遼使節進入對方的國境之後，都有接伴使、館伴使、送伴使分別陪同。所經過的州縣，地方長官也都必須迎送，因此常設筵宴招待，互贈禮物。在對方的京城或行在期間，則有朝見、賜宴、游射、御筵等活動。其賜宴或御筵往往很盛大隆重，先以遼國爲例，據《遼史》卷五一〈禮志〉，說：

> 曲宴宋使儀：昧爽，臣僚入朝，宋使至幕次。皇帝升殿，殿前、教坊、契丹文武班，皆如初見之儀。宋使副綴和林學士班，束洞門入，面西鞠躬。……皇帝出閣，復坐。御床入揖應坐，臣僚、使副及侍立臣僚鞠躬。贊拜，稱『萬歲』，贊各就坐。贊兩廊從人，亦如之。行單茶、行酒，行膳，行果。殿上酒九行，使相樂曲。……。〔註 23〕

〔註 20〕《遼史》，卷二一，本紀第二一，道宗一，頁 253、255、258；卷二二，〈道宗本紀二〉，頁 265。

〔註 21〕陸游，《老學庵筆記》，卷四，頁 7，《文淵閣四庫全書》，子部十，雜家類三。

〔註 22〕《遼史》，卷八九，列傳第一九，楊佶，頁 1353。

〔註 23〕《遼史》，卷五一，志第二十，禮志四，頁 851～852。

又據同書卷五四〈樂志〉，說：

> 曲宴宋國使樂次：酒一行，觱篥起，歌。酒二行，歌。酒三行，歌，
> 手伎入。酒四行，琵琶獨彈。餅、茶，致語。食入，雜劇進。酒五
> 行，闕。酒六行，笙獨吹，合法曲。酒七行，箏獨彈。酒八行，歌，
> 擊架樂。酒九行，歌，角觝。〔註24〕

可見遼國朝廷對於宋使的來聘相當尊重，因此待之以盛宴厚禮。

至於宋國賜宴遼使，據《宋史》卷一一三〈禮志〉，說：

> 曲宴：凡幸苑囿、池籞，觀稼、畋獵，所至設宴，惟從官預，謂之
> 曲宴。或宴大遼使副于紫宸殿，則近臣及刺史、正郎、都虞候以上
> 預。〔註25〕

同書卷一一九〈禮志〉，說：

> 宋朝之制，凡外國使至，及其君長來朝，皆宴于內殿，近臣及刺史、
> 正郎、都虞候以上皆預。太祖……乾德……八年三月晦，宴契丹使
> 于長春殿。（太宗）太平興國二年二月十一日，宴……契丹國信
> 使……于崇德殿，不舉樂，酒七行而罷。契丹遣使賀登極也。五月
> 十一日，再宴契丹使于崇德殿，酒九行而罷，以其貢助山陵也。三
> 年正月十六日，宴……契丹使……于崇德殿，以契丹使來賀正故
> 也。……十月十六日，宴……契丹使……于崇德殿，以乾明節罷大
> 宴故也。是後，宴外國使為常。〔註26〕

以上《宋史》所述，為宋太祖、太宗時期的事例，而至宋眞宗與遼國簽訂澶淵盟約之後，在雙方交聘頻繁的情況下，宴請遼使一事則更為經常之舉。

當時宋國皇帝賜宴遼使的盛況比遼國又盛大很多，據《宋史》卷一四二〈樂志〉，說：

> 每春秋聖節三大宴：其第一、皇帝升坐，宰相進酒，庭中吹觱，以
> 眾樂和之，賜群臣酒，皆就坐，宰相飲，作傾盃樂，百官飲，作三
> 臺。第二、皇帝再飲酒，群臣立於席後，樂以歌起。第三、皇帝舉
> 酒，如第二之制，以次進食。第四、百戲皆作。第五、皇帝舉酒，
> 如第二之制。第六、樂工致辭，繼以詩一章，謂之口號，皆述德美

〔註24〕 《遼史》，卷五四，志第二三，樂志，頁892～893。
〔註25〕 脫脫，《宋史》（臺北：鼎文書局，民國67年9月），卷一一三，志第六六，禮一六，頁2691。
〔註26〕 《宋史》，卷一一九，志第七二，禮二二，頁2803。

及中外蹈詠之情。初致辭，群臣皆起，聽辭畢，再拜。第七、合奏大曲。第八、皇帝舉酒，殿上獨彈琵琶。第九、小兒隊舞，亦致辭以述德美。第十、雜劇罷，皇帝起更衣。第十一、皇帝再坐，舉酒，殿上獨吹笙。第十二、蹴鞠。第十三、皇帝舉酒，殿上獨彈箏。第十四、女弟子隊舞，亦致辭如小兒隊。第十五、雜劇。第十六、皇帝舉酒，如第二之制。第十七、奏鼓吹曲，或用法曲，或用龜茲。第十八、皇帝舉酒，如第二之制，食罷。第十九、用角觗，宴畢。其御樓賜酺同大宴。崇德殿宴契丹使，惟無後場雜劇及女弟子隊舞。〔註27〕

因此宋臣宋庠在其《元憲集》〈正月四日侍宴紫宸殿契丹使預會〉，特別描述宋廷宴請遼使的盛況，說：

> 黼座披天幄，朝簪集玉除。人來重塞表，年是上皇初。萬岫移神島，千門敞微廬。春雲低借幕，瑤斗近臨車。露渥仙杯溢，風和法曲徐。
>
> 劍丸爭獻巧，檀索競凌虛。老柘優詞麗，交竿舞態舒。盤豐行炙數，冠重賜花餘。瑞境儀韶鳳，歡心在鎬魚。太平同樂意，應有史臣書。
>
> 〔註28〕

另外，〈季冬立春日侍宴垂拱殿契丹使預會〉，則說：

> 臘破寒猶在，春融氣已回。千祥隨寶勝，萬壽入天杯。燕駿戎輸贄，虞韶律應灰。樓前風著柳，殿裏雪裝梅。妙戲魚龍出，歡心鳧藻催。
>
> 欲知邦好永，奕世會鈞台。〔註29〕

在這種盛宴的氣氛下，宋遼兩國的使節遂自然地以詩歌助興，形成了一種具有特殊形式的外交。尤其是宋使出使遼國，在遼國筵宴中賦詩助興的舉動竟然逐漸形成為一種風氣，使宋朝皇帝不得不下令加以約束，例如宋仁宗即曾於慶曆二年（遼興宗重熙十一年，1042年）正月，下詔：「奉使契丹，不得輒自賦詩，若彼國有請者，聽之。」〔註30〕此時已是宋遼兩國簽訂澶淵盟約之後近四十年，可見在這一段期間，宋使於遼國的筵宴中常主動賦詩，頗有失禮之嫌，因此宋仁宗特別下令要求宋國使臣稍加節制。至於宋遼使節賦

〔註27〕《宋史》，卷一四二，志第九五，樂一七，頁3348。
〔註28〕宋庠，〈正月四日侍宴紫宸殿契丹使預會〉，《元憲集》，卷七，頁11～12，《文淵閣四庫全書》，集部三，別集類二。
〔註29〕宋庠，〈季冬立春日侍宴垂拱殿契丹使預會〉，書同前，卷七，頁12。
〔註30〕《長編》，卷一三五，宋仁宗慶曆二年正月丙寅條，頁6。

詩的史實，例如《長編》卷一〇三、卷一〇四，說：「（宋仁宗）天聖三年（遼聖宗太平五年，1025年）七月……乙未（十六日），翰林學士承旨李維爲契丹妻蕭氏生辰使，……四年……三月戊寅（一日），……初，塞下訛言契丹將絕盟，故遣維往使。契丹主（遼聖宗）素服其名，館勞加禮，使即席賦〈兩朝悠久詩〉，下筆立成，契丹主大喜。」〔註31〕同書卷一二五，說：「宋仁宗寶元二年（遼聖宗重熙八年，1039年）十一月……戊戌（十一日），兵部郎中知制誥聶冠卿爲契丹生辰使，……及使契丹，契丹主（遼興宗）謂曰：『君家先世奉道，子孫固有昌者。嘗觀所著《蘄春集》，詞極清麗。』因自擊毬縱飲，命冠卿賦詩，禮遇甚厚。」〔註32〕《東都事略》卷第七一，說：「宋仁宗皇祐二年（遼興宗重熙十九年，1050年），（趙槩）館伴契丹泛使，遂報聘焉。契丹請賦〈信誓如山河詩〉。詩成，契丹主（遼興宗）親酌玉杯以勸槩，且以素扇授其近臣劉六符寫槩詩置之懷袖。」〔註33〕趙抃《清獻集》〈奏狀論王拱辰入國辱命乞行黜降〉，說：「……拱辰赴會。至醉，既違宣卷吟詩，乃有『兩朝信使休辭醉，皆得君王帶笑看』之句，……。」〔註34〕吳曾《能改齋漫錄》，說：「（宋徽宗）崇寧三年（遼天祚帝乾統四年，1104年），大遼賀生辰使至，賜宴，且賜柑。有謝表，云：『聘禮適陳，祝帝齡於紫闕；恩華固異，錫仁實於公郵。方厥包未貢之期，捧茲德惟馨之賜。天香滿袖，染湘水之清霜，雲液盈盤，挹洞庭之餘潤。梓里豈逴於遺母，楓朝切願於獻君。感德滋深，諭言罔既。』」〔註35〕從以上各項記載可知，宋遼使臣在筵宴上賦詩應是宋遼外交以詩歌交往中最顯著的例子。

另外，筆者要特別指出的是，以上所提到的〈兩朝悠久詩〉、〈信誓如山河詩〉等，顯現出遼國皇帝對於雙方的和平外交是很珍視的。因此宋國使節能夠即席賦詩，對於維護與加強兩國和平友好的關係應是有正面作用的。

〔註31〕 《長編》，卷一〇三，宋仁宗天聖三年七月乙未條，頁11；卷一〇四，宋仁宗天聖四年三月戊寅條，頁4。

〔註32〕 《長編》，卷一二五，宋仁宗寶元二年十一月戊戌條，頁3。

〔註33〕 王稱，《東都事略》（台北：文海出版社，民國56年1月），卷第七一，〈趙槩傳〉，頁6。

〔註34〕 趙抃，〈奏狀論王拱辰入國辱命乞行黜降〉，《清獻集》，卷七，頁2，《文淵閣四庫全書》，集部三，別集類二。

〔註35〕 吳曾，〈大遼使謝賜柑表〉，《能改齋漫錄》，卷一四，頁10，《文淵閣四庫全書》，子部十，雜家類二。

（二）對　聯

宋遼兩國既然在盟約之下，進行和睦的外交，因此文禁稍寬，雙方的使節也就常以詩歌談謔為樂，並且以此互別苗頭比較兩人文學造詣的高低。例如韋居安，《梅磵詩話》，說：「富鄭公（富弼）奉使遼國，虜使者云：『早登雞子之峰，危如累卵。』答曰：『夜宿丈人之館，安若泰山。』又曰：『酒如線，因針乃見。』富答曰：『餅如月，遇食則缺。』」〔註36〕岳珂《桯史》〈東坡屬對〉，說：「遼使素聞其（蘇東坡）名，思以奇困之。其國舊有一對曰〈三光日月星〉，凡以數言者，必犯其上一字，于是徧國中無能屬者。首以請于坡，坡唯唯，謂其介曰：『我能而君不能，亦非所以全大國之體。〈四詩風雅頌〉，天生對也，盍先以此復之。』介如言，方共歡愕，坡徐曰：『某亦有一對，曰〈四德元亨利〉。』使睢盱，欲起辯，坡曰：『而謂我忘其一耶？謹閟而舌，兩朝兄弟邦，卿為外臣，此固仁祖之廟諱也。』使出不意，大駭服。既又有所談，輒為坡逆敓，使自愧弗及，迄白溝，往反酢舌，不敢復言他。」〔註37〕據劉攽《中山詩話》，說：「劉沆亦奉使，使凌壓之，契丹館客曰：『有酒如澠繫行人而不住。』沆應聲曰：『在北曰狄吹出塞以何妨。』（宋）仁宗待北朝有禮，不使纖微迕之，二公俱謫官。」〔註38〕陸游《老學庵筆記》，說：「宋紹興（紹聖之誤）中（宋哲宗紹聖元～五年，遼道宗大安十年～壽昌四年，1094～1098 年），蔡京館遼使李儼，蓋泛使者，留館頗久。一日，儼方飲，忽持盤中杏曰：『來未花開，如今多幸。』京即舉梨謂之曰：『去雖葉落，未可輕離。』」〔註39〕趙彥衛《雲麓漫抄》，說：「宣政間（宋徽宗宣和、政和年間），林攄奉使契丹，國中新為碧室，云如中國之明堂。伴使舉令曰：『白玉石，天子建碧室。』林對曰：『口耳王，聖人坐明堂。』伴使云：『奉使不識字，只有口耳壬，卻無口耳王。』林詞窘罵之，幾辱命。彼之大臣云：『所爭非國事，豈可以細故成隙。』遂備牒界上朝廷，一時為之降黜。後以其罵虜，進用至中書侍郎。」〔註40〕這些有關宋遼使臣以對聯進行詩歌

〔註36〕韋居安，《梅磵詩話》，（台北：台灣商務印書館，民國 55 年 12 月），卷上，頁 5。

〔註37〕岳珂，〈東坡屬對〉，《桯史》，卷二，頁 4，《文淵閣四庫全書》，子部一二，小說家類一。

〔註38〕劉攽，《中山詩話》，頁 16，《文淵閣四庫全書》，集部九，詩文評類。

〔註39〕陸游，前引書，卷四，頁 9。

〔註40〕趙彥衛，《雲麓漫抄》，卷十，頁 2～3，《文淵閣四庫全書》，子部十，雜家類三。

交往的例子，使我們知道當時的宋遼使臣們除了以此談謔爲樂之外，也確實頗有較勁的意味在其中。

（三）以詩歌折難遼使

在宋遼外交中有時候遼使會因其國勢較強，而顯現出高傲的態度，引起宋國使臣的反感，遂以詩歌折難遼使。據《宋史》〈呂大防傳〉，說：「（呂大防）館伴契丹使，其使黠，語頗及朝廷。大防密摘其隱事，詰之曰：『北朝試進士〈至心獨運賦〉，不知此題於書何出？』使錯愕不能對，自是不敢復出嫚詞。」〔註41〕《東坡佛印問答錄》，也說：「（蘇）東坡書字意成詩。契丹使至，每以能詩自矜，朝廷議以東坡館伴之，使者索賦詩，坡曰：『賦詩易事，觀詩稍難耳。』因出〈長亭詩〉以示之。詩云：

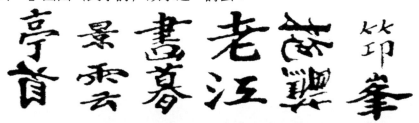

契丹使終日凝思，不辨今明。解云：『長亭短景無人畫，老大橫拖瘦竹筇。回首斷雲斜日暮，曲江倒蘸小山峰。』」〔註42〕此種以詩歌折難遼使的舉動，不僅可以降低遼使高傲的氣焰，而且也可以紓解存在於宋國使臣心中長期以來因國勢不如遼國的抑悶，獲得心理上些許的平衡。〔註43〕

（四）遼使能吟宋人詩

遼國出使宋國的副使既然大多是文臣，因此不僅能作詩，也常因仰慕宋國有名的詩人而熟悉其詩歌，並且關切對方的近況。在此以蘇東坡爲例，據《宋人軼事彙編》引《堅瓠集》，說：「（宋哲宗）元祐四年（遼道宗大安五年，1089年）八月，子由（蘇轍）爲賀遼生辰國信使，子瞻（蘇軾）有詩送之。既至遼，遼人每問：『大蘇學士安否？』子由經涿州寄詩云：『誰將家譜到燕都，識底人人問大蘇。莫把聲名動蠻貊，恐妨他日臥江湖。』」〔註44〕

〔註41〕　《宋史》，卷三四〇，列傳第九九，呂大防，頁10840。
〔註42〕　《東坡佛印問答錄》，轉引自《全遼詩話》，頁156。
〔註43〕　可參閱王水照，〈論北宋使遼詩的兩個問題〉，《山西師大學報》（社會科學版），19卷2期，1992年4月，頁37～43。
〔註44〕　褚人濩，《堅瓠集》，轉引自丁傳靖，《宋人軼事彙編》（下）（台北：源流文化

《宋史》〈蘇轍傳〉，說：「（蘇轍）代（蘇）軾爲翰林學士，尋權吏部尚書。使契丹，館客者侍讀學士王師儒，能誦洵、軾之文及轍〈茯苓賦〉，恨不得見全集。」〔註45〕蘇東坡〈記虜使頌詩〉，說：「昔余與北使劉宵會食，宵誦僕詩云：『痛飲從今有幾日，西軒月色夜來新。』公豈不飲者耶？虜亦喜吾詩，可怪也。」〔註46〕由以上各項記載，顯見蘇東坡的詩名確實盛行於遼地，因此在遼人的心目中對其有特別的感情。

（五）宋使問遼使詩歌典故

宋遼使臣既頗知詩歌，因此有時會以詩歌的典故爲交談內容，例如趙汸《杜詩注》，說：「（宋徽宗）大觀四年（遼天祚帝乾統十年，1110 年），郭隨使遼，舉少陵（杜甫）詩『黃羊飫不羶』以問遼使時立愛。立愛云：『黃羊野物，可獵取，食之不羶。』」〔註47〕

（六）宋使作遼語詩

在宋遼外交中的詩歌交往上，比較特別的應是宋使能作遼語詩，當時宋使能知遼語者極少，〔註48〕余靖爲其一。據《長編》卷一四四、卷一五一、卷一五四記載：「宋仁宗慶曆三年（遼興宗重熙十二年，1043 年）冬十月……丁未（十五日），以右正言集賢校理余靖爲契丹國母正旦使。……四年……八月……戊戌（九日），右正言集賢校理同修起居注余靖假右諫議大夫史館修撰爲回謝契丹使。……五年正月……庚辰（二十二日），右正言知制誥史館修撰余靖爲回謝契丹使。」〔註49〕在眾多宋國使臣中，有如余靖三度出使遼國者很少，因此余靖頗知遼事。又據其《武溪集》〈契丹官儀〉自言，說：「予自癸未至乙酉，三使其庭，凡接送館伴使副、客省、宣徽，至於門階戶庭趨走卒吏，盡得款曲言語，彼中不相猜疑，故詢其人風俗，頗得其詳。」〔註50〕

公司，民國 71 年 9 月），頁 641。

〔註45〕《宋史》，卷三三九，列傳第九八，蘇轍，頁 10828。

〔註46〕蘇軾，〈記虜使誦詩〉，《蘇軾全集》（上海：上海古籍出版社，2000 年 5 月），文集卷六八，題跋，頁 2152。

〔註47〕趙汸，《杜詩注》，轉引自《全遼詩話》，頁 78～79。

〔註48〕可參閱劉子健，〈討論「北宋大臣通契丹語」的問題〉，《兩宋史研究彙編》（台北：聯經出版公司，民國 76 年 11 月），頁 89～91，原載於《大陸雜誌》，28 卷 12 期。

〔註49〕《長編》，卷一四四，宋仁宗慶曆三年十月丁未條，頁 6；卷一五一，宋仁宗慶曆四年八月戊戌條，頁 13；卷一五四，宋仁宗慶曆五年正月庚辰條，頁 5。

〔註50〕余靖，〈契丹官儀〉，《武溪集》，卷一八，頁 5～6，《文淵閣四庫全書》，集部

顯然余靖出使遼國，其作風和一般宋國使臣不同，其不僅和遼國官員交往，也能放下身段和遼國基層人員寒喧，因此對於遼國民情習俗多所瞭解，甚至於能作遼語詩。據《長編》卷一五五，說：「前後三使契丹，益習外國語，嘗對契丹主爲番語詩。」〔註51〕又據劉攽《中山詩話》，說：「余靖兩使契丹，情益親。習能北語，作北語詩。契丹主曰：『卿能道，我爲卿飲。』靖舉曰：『夜宴設邏臣拜洗，兩朝厥荷情感勤。微臣雅魯祝若統，聖壽鐵擺俱可忒。』〔註52〕主大笑，遂爲醻酬。」〔註53〕可見余靖精通遼語，因此能很順暢地將遼語融入詩歌中。

除了余靖能作遼語詩之外，據沈括《夢溪筆談》也提到「刁約使契丹，戲爲四句詩曰：『押燕移離畢，看房賀跋支。餞行三匹裂，密賜十貔貍。』〔註54〕皆紀實也」。〔註55〕這種宋國使臣以遼語賦詩，可謂是宋遼外交中詩歌交往的特例。

同時筆者認爲宋國使節以遼國的語言、風俗寫成詩歌，應可以使遼國的君臣倍覺親切深受感動，這對於促進兩國的和平外交，也必有積極的效應。

（七）宋帝以宋人詩集賜遼使

當時遼地不僅流傳宋人的詩歌，也喜歡收集宋人的詩集，因此有時遼使會趁出使宋國之便，進行收集宋人詩集的工作。例如《長編》卷七五，說：「宋眞宗大中祥符四年（遼聖宗統和二十九年，1011 年）……三月甲戌（一日），（宋眞宗）次陝州，召草澤魏野，辭疾不至。野居州之東郊，不求聞達，趙昌言、寇準來守是州，皆以賓禮。野爲詩精苦，有唐人風，契丹使者嘗言，本國得其《草堂集》半帙，願求全部。詔與之。時既辭召命，即遣使圖上其所居，令長

三，別集類二。

〔註51〕《長編》，卷一五五，宋仁宗慶曆五年五月戊辰條，頁13。

〔註52〕劉攽，前引書，頁15～16，原文有注，「契丹詩設邏，厚盛也；拜洗，受賜；厥荷，通好；感勤，厚重；雅魯，拜舞；若統，福祐；鐵擺，嵩高；可忒，無極。」《文淵閣四庫全書》，集部九，詩文評類二。另可參閱葉隆禮，《契丹國志》，卷二四，〈余尚書北語詩〉，頁201。

〔註53〕註同前。

〔註54〕沈括，《夢溪筆談》，收錄於《筆記小說大觀》十編（台北：新興書局，民國62年4月），卷二五，頁4，其原文後有注，「移離畢，官名，如中國執政官；賀跋支，如執衣防閤；匹裂，小木罌，以色綾木爲之，如黃漆；貔貍，形如鼠而大，穴居，食果穀，嗜肉，狄人爲珍膳，味如豘子而脆。」另可參閱《契丹國志》，卷二四，〈刁奉使北語詩〉，頁201。

〔註55〕註同前。

吏常加存撫。」〔註56〕釋文瑩《玉壺清話》也提到此一史實，說：「祥符中，契丹使至，因言本國喜誦魏野詩，但得上帙，願求全部。（宋）眞宗始知其名，將召之，死已數年。搜其詩，果得《草堂集》十卷，詔賜之。」〔註57〕由此一事例可知，遼人對於宋人的詩集確實頗爲喜愛。

（八）遼地傳宋人詩

當時宋人詩歌傳入遼地者很多，以蘇東坡爲例，據王闢之《澠水燕談錄》，說：「張芸叟奉使大遼，宿州館中，有題（蘇）子瞻〈老人行〉于壁者。聞范陽書肆亦刻子瞻詩數十篇，謂之《大蘇小集》。子瞻才名重當代，遠方外國亦愛服如此。芸叟題其後曰：『誰題佳句到幽都，逢著邊人問大蘇。』」〔註58〕

四、結　論

從以上所舉各項史實，使我們深深地覺得，當時宋遼兩國在政治體制和民情風俗等方面原本都是頗不相同的國家，但是卻因遼人的逐漸漢化，使兩國使節能以詩歌酬唱的方式進行交往，一方面維護了本國和自身的尊嚴，但也產生消除雙方矛盾、隔閡的作用，〔註59〕形成使兩國交聘活動更爲密切的共同語言和溝通橋樑，進而建立起如同兄弟般深厚的友誼，也因而維持了雙方長期和平的外交，甚至於促進了遼人文學素質的提昇。這些情況應都是頗令宋遼兩國朝野人士相當珍視的現象，因此筆者認爲這種以詩歌交往的外交形式，在整個宋遼外交史上所產生的影響，是值得我們予以肯定的。

徵引書目

一、史　料

1. 王稱，《東都事略》，台北：文海出版社，民國56年。
2. 王闢之，《澠水燕談錄》，《文淵閣四庫全書》，台北：台灣商務印書館，民國72年。

〔註56〕《長編》，卷七五，宋眞宗大中祥符四年三月甲戌條，頁7。
〔註57〕釋文瑩，《玉壺清話》，（北京：中華書局，1984年7月），卷七，頁66。
〔註58〕王闢之，《澠水燕談錄》，卷八，歌詠，頁8，《文淵閣四庫全書》，子部一二，小說家類一。
〔註59〕可參閱李炳海，《民族融合與中國古代文學》（長春：東北師範大學出版社，1997年9月），頁114。

3. 孔平仲，《珩璜新論》，《文淵閣四庫全書》，台北：台灣商務印書館，民國 72 年。

4. 宋庠，《元憲集》，《文淵閣四庫全書》，台北：台灣商務印書館，民國 72 年。

5. 余靖，《武溪集》，《文淵閣四庫全書》，台北：台灣商務印書館，民國 72 年。

6. 李頎，《古今詩話》，轉引自《全遼詩話》，長沙：岳麓書社，1992 年。

7. 李燾，《續資治通鑑長編》，上海：上海古籍出版社，1986 年。

8. 沈括，《蒐溪筆談》，收錄於《筆記小說大觀》十編，台北：新興書局，民國 62 年。

9. 吳曾，《能改齋漫錄》，《文淵閣四庫全書》，台北：台灣商務印書館，民國 72 年。

10. 岳珂，《桯史》，《文淵閣四庫全書》，台北：台灣商務印書館，民國 72 年。

11. 陸游，《老學庵筆記》，《文淵閣四庫全書》，台北：台灣商務印書館，民國 72 年。

12. 韋居安，《梅磵詩話》，台北：台灣商務印書館，民國 55 年。

13. 陳述，《全遼文》，台北：龍文出版社，民國 80 年。

14. 脫脫，《遼史》，台北：鼎文書局，民國 64 年。

15. 脫脫，《宋史》，台北：鼎文書局，民國 67 年。

16. 路振，《乘軺錄》，收錄於《遼史彙編》（六），台北：鼎文書局，民國 62 年。

17. 褚人濩，《堅瓠集》，轉引自丁傳靖，《宋人軼事彙編》（下），台北：源流文化公司，民國 71 年。

18. 葉隆禮，《契丹國志》，收錄於《遼史彙編》（七），台北：鼎文書局，民國 62 年。

19. 趙汸，《杜詩注》，轉引自《全遼詩話》，長沙：岳麓書社，1992 年。

20. 趙抃，《清獻集》，《文淵閣四庫全書》，台北：台灣商務印書館，民國 72 年。

21. 趙彥衛，《雲麓漫抄》，《文淵閣四庫全書》，台北：台灣商務印書館，民國 72 年。

22. 劉攽，《中山詩話》，《文淵閣四庫全書》，台北：台灣商務印書館，民國 72 年。

23. 釋文瑩，《玉壺清話》，北京：中華書局，1984 年。

24. 蘇軾，《蘇軾全集》，上海：上海古籍出版社，2000 年。

二、近人著作

1. 王祝美，《北宋〈使北詩〉研究》，台北：台灣大學中國文學研究所碩士論文，民國 86 年。

2. 陶晉生，《宋遼關係史研究》，台北：聯經出版公司，民國 73 年。

3. 劉子健，《兩宋史研究彙編》，台北：聯經出版公司，民國 76 年。

4. 蔣祖怡、張滌雲，《全遼詩話》，長沙：岳麓書社，1992 年。

5. 聶崇岐，《宋史叢考》，台北：華世出版社，民國 75 年。

三、論 文

1. 王水照，〈論北宋使遼詩的兩個問題〉，《山西師大學報》，一九卷 2 期，1992 年 4 月。

2. 陶晉生，〈從宋詩看宋遼關係〉，《宋遼關係史研究》，台北：聯經出版公司，民國 73 年。

3. 傅樂煥，〈宋遼聘使表稿〉，收錄於《遼史彙編》（八），台北：鼎文書局，民國 62 年。

4. 劉子健，〈討論「北宋大臣通契丹語」的問題〉，《兩宋史研究彙編》，台北：聯經出版公司，民國 76 年。

5. 聶崇岐，〈宋遼交聘考〉，《宋史叢考》，台北：華世出版社，民國 75 年。

《中國中古史研究》第 1 期（民國 91 年 9 月），頁 229～245。

第四章　宋遼外交互贈帝像始末

摘　要

　　宋遼兩國自從訂立澶淵盟約之後，共維持了一百多年的和平外交。其中在遼興宗、遼道宗時期，與宋仁宗互贈帝像的過程，更足以代表當時兩國外交關係的友好。因此筆者以〈宋遼外交互贈帝像始末〉爲題，論述從遼興宗提議互贈帝像開始，經過一段頗爲曲折的過程，終於完成互贈帝像。希望有助於讀者對宋遼外交關係的了解。

　　關鍵詞：宋、遼、外交、帝像。

一、前　言

　　宋遼兩國自從在宋眞宗景德元年（遼聖宗統和二十二年，西元 1004 年）訂立澶淵盟約之後，雙方使節交聘活動相當頻繁，〔註1〕而其所負的外交任務也很多，例如有賀正旦國信使、賀生辰國信使、告哀使、遺留禮信使、皇帝登寶位國信使、祭奠國信使、弔慰國信使、賀登位國信使、賀冊禮國信使、回謝禮信使、泛使、答謝國信使等。〔註2〕

　　今筆者擬論述遼興宗、遼道宗時期與宋仁宗互贈帝像的始末，期使讀者能從此一角度更瞭解當時宋遼外交的交往情形。因為趙翼《廿二史箚記》〈宋遼金夏交際儀〉，對於此段史實有錯誤的敘述，其說：「哲宗崩，遼使來弔祭。胡宗炎迎境上，使者不易服，宗炎以禮折之，須其聽命乃相見。（見〈宗炎傳〉）遼道宗遣使，以己像來求徽宗畫像，未報，而道宗殂。天祚帝立，復以為請。宋使張昇往，欲先得其新主像。乃諭之曰：『昔文成（遼興宗謚號）弟為兄屈，尚先致敬，況今伯父耶？』天祚帝乃以己像先來。（見〈昇傳〉）此宋遼兄弟之國，使命往來故事也。」〔註3〕此段論述在人物方面頗有失誤之處。

　　另外，假如只根據《遼史》兩則有關的記載，一為〈興宗本紀〉，說：「（遼興宗）重熙二十二年（宋仁宗皇祐五年，1053 年）……十二月……壬子，詔大臣曰：『朕與宋主約為兄弟，歡好歲久，欲見其繪像，可諭來使。』」〔註4〕另一為〈道宗本紀〉，說：「（遼道宗）清寧四年（宋仁宗嘉祐三年，1058 年）正月……癸酉，宋遣使奉宋主繪像來。」〔註5〕就此二則記載的內容來看，似

〔註1〕據傅樂煥，〈宋遼聘使表稿〉，說：「宋遼約和自澶淵之盟（1005）迄燕雲之役（1122）凡一百十八年，益以開寶迄太平興國間之和平（974～979，凡六年），綜凡一百二十四年。佔計全部聘使約一千六百餘人。《長編》、《遼史》所載者約一千一百五十人，以其他文籍補苴者一百四十餘人，待考者尚有三百二三十人。」收錄於《遼史彙編》（八）（台北：鼎文書局，民國 62 年 10 月），頁 580，原載於中央研究院《歷史語言研究所集刊》第 14 本。從此一雙方使節人數的統計資料，可見宋遼使節交聘的活動確實相當頻繁。

〔註2〕可參閱聶崇岐，〈宋遼交聘考〉，《宋史叢考》（下）（台北：華世出版社，民國 75 年），頁 286～287，原載於《燕京學報》第 27 期；黃鳳岐，〈遼宋交聘及其有關制度〉，《社會科學輯刊》，1985 年第 2 期，頁 96～97。

〔註3〕趙翼，《廿二史箚記》（台北：新興書局，民國 45 年 2 月），卷二五，頁 339。

〔註4〕脫脫，《遼史》（臺北：鼎文書局，民國 64 年 10 月），卷二十，本紀第二十，興宗三，頁 246。

〔註5〕書同前，卷二一，本紀第二一，道宗一，頁 256。

乎此一交往活動進行得很順利，並沒有什麼問題。而且好像只有宋國單方面致贈仁宗的帝像給遼國，遼國則沒有致贈其本國帝像給宋國。但是如果我們再詳閱宋人方面的史料，將可發現，其實當時此一交往活動進行的過程頗爲曲折。〔註6〕尤其是從遼興宗正式提議欲見宋仁宗帝像算起，至終於完成互贈帝像，其時間前後共有六年之久，期間還經歷了遼興宗的去世，和遼道宗的即位，而且是雙方互贈帝像，並非只有宋國致送帝像予遼國而已。因此這一段史實的始末，筆者認爲頗値得我們加以探討。

二、遼興宗提議與宋仁宗互贈帝像

由於宋遼兩國自從澶淵盟約訂交以來，雙方外交情誼融洽，尤其是兩國的皇帝經常派遣使節互相存問，建立起如同兄弟般的感情，因此至遼興宗時很想知道宋仁宗的容貌。據沈括《夢溪筆談》，說：「慶曆中，王君貺使契丹，宴君貺于混融江，觀釣魚。臨歸，戎主（遼興宗）置酒，謂之曰：『南北修好歲久，恨不得親見南朝皇帝兄（宋仁宗），託卿爲傳一杯酒到南朝。』乃自起酌酒，容甚恭，親授君貺舉杯，又自鼓琵琶，上南朝皇帝千萬歲壽。」〔註7〕可見遼興宗想見宋仁宗帝像的心情相當殷切，而且早在宋仁宗慶曆年間即已產生。

但是當時遼興宗想要獲得宋仁宗的帝像，所進行的方式，竟然是令前往宋國執行交聘任務的遼國使臣，暗中畫下宋仁宗的帝像。關於此事，當時宋國似乎毫無知悉，直到後來遼國使臣劉六符主動提及，宋國才初次獲知此事。據《續資治通鑑長編》（以下簡稱《長編》）卷一七一，說：「宋仁宗皇祐三年（遼興宗重熙二十年，1051年）八月乙未（十七日），……工部郎中知制誥史館修撰兼侍講王洙爲契丹生辰使，……使至靼淀，契丹使劉六符來伴宴，且言：

<hr>

〔註6〕 陶玉坤在〈遼宋對峙中的使節往還〉一文中，說：「在遼宋百餘年的和好中，有一個充滿曲折又感人至深的故事，即南北皇帝交換畫像的故事。」（《內蒙古大學學報》人文社科版，1999年2期，頁15）另可參閱石田肇，〈御容の交換より見た宋遼關係の一齣〉，《東洋史論》，第4期，1982年9月，頁24～32。

〔註7〕 沈括，《夢溪筆談》，卷二五，雜志二，收錄於《中華野史》，宋朝卷一，頁556（北京：泰山出版社，2000年1月）。關於遼興宗誠意與宋國交好，可由郭若虛《圖畫見聞志・千角鹿圖》得知，其說：「皇朝（宋）與大遼國馳禮，于今僅七十載，繼好息民之美，曠古未有。慶曆中，其主（遼興宗）以五幅縑畫〈千角鹿圖〉爲獻，旁題「年、月、日御畫」。上（宋仁宗）命張圖于太清樓下，召近臣縱觀，次日又敕中闈宣命婦觀之，畢藏于天章閣。」（卷六，收錄於《中華野史》，宋朝卷一，頁1027）

『耶律防善畫，向持禮南朝，寫聖容以歸，欲持至館中。』王洙曰：『此非瞻拜之地也。』六符言：『恐未得其眞。』欲遣防再往傳繪，洙力拒之。」〔註8〕可見遼興宗原先曾指示出使宋國的遼臣耶律防在晉見宋仁宗之後，暗中畫下仁宗的帝像，但是並未能得其眞確，因此使遼興宗仍然很想一睹宋仁宗比較眞確的帝像。

　　至重熙二十二年（宋仁宗皇祐五年，1053年）十二月，遼興宗「詔人臣曰：『朕與宋主約爲兄弟，歡好歲久，欲見其繪像，可諭來使。』」〔註9〕顯然此時遼興宗也認爲暗中畫下宋朝皇帝的帝像並不妥當，因此想以正式的外交管道獲得宋仁宗的帝像。並且在翌年九月，派遣蕭德、吳湛出使宋國，提出「交馳畫象」的要求。據《長編》卷一七七記載，說：「宋仁宗至和元年（遼興宗重熙二十三年，1054年）九月乙亥（十五日），契丹遣忠正節度使同平章事蕭德、翰林學士左諫議大夫知制誥史館修撰吳湛，來告與夏國平。且言通好五十年，契丹主思南朝皇帝，無由一會見，嘗遣耶律防來使，竊畫帝容貌，曾未得其眞，欲交馳畫象，庶瞻覿以紓兄弟之情。」〔註10〕這等於是遼興宗正式地向宋國朝廷提出了互贈帝像的要求。

三、宋臣對遼興宗提議互贈帝像的反應

　　對於遼興宗提議兩國皇帝「交馳畫象」一事，雖然司馬光《傳家集》〈太子太保龐公（龐籍）墓誌銘〉，說：「契丹來求御容及例外事數條，上（宋仁宗）以問執政，皆相視莫能對，上悵然久之，曰：『前者出龐某太匆匆。』」蓋

〔註8〕　李燾，《續資治通鑑長編》（以下簡稱《長編》），（上海：上海古籍出版社，1986年2月），卷一七一，宋仁宗皇祐三年八月乙未條，頁3。關於遼使耶律防暗中畫下宋仁宗帝像一事，畢沅，《續資治通鑑》（台北：文光出版社，民國64年10月）有類似的記載，說：「先是遼主（遼興宗）欲見帝（宋仁宗）容像，以耶律防善畫，因其來使，竊畫帝容以歸，然以爲未得其眞。」（卷五四，宋紀五四，仁宗至和元年九月己巳條，頁1322）

〔註9〕　同註4。

〔註10〕　《長編》，卷一七七，宋仁宗至和元年九月乙亥條，頁4。另外，徐松《宋會要輯稿》，提到「去年契丹使蕭德來言，虜主每謂通好五十年，思會南朝皇帝，昨令竊寫得天表，恐未能髣髴，故交馳繪像，使若相見，庶篤兄弟之情。」卷五二五七，蕃夷二之一七，頁55。（台北：新文豐出版公司，民國65年10月）《續資治通鑑》，也說：「上年，遼主（遼興宗）諭其大臣曰：『朕與宋皇帝約爲兄弟歡，故欲見其畫像，可告來使。』至是遼使蕭德、吳湛以爲請。」（卷五四，宋紀五四，仁宗至和元年九月己巳條，頁1322）

以公（龐籍）習知夷狄情，能斷大事故也。」〔註11〕好像宋國朝臣對於「交馳畫象」顯得束手無策的樣子。其實宋國朝臣對此事的反應頗爲劇烈，議論紛紛，例如《長編》卷一七七，說：「交馳畫象，朝廷多有議論，趙抃疏其一也。」〔註12〕當時趙抃〈奏狀乞不許虜使傳今上聖容〉，說：

> 臣風聞契丹泛使堅求傳寫聖容歸示本國，又云候向去正旦使來，亦齎虜主所傳神進獻。朝廷雖未俞允，臣下豈能遑寧，晝省夕思，大爲不可。……今之所請，益又可駭，況非虜書語及只是黠使口陳，伏望陛下密令館伴楊察以直詞拒之，命中書密院以常禮遣去，庶幾戎人之議，無輕中國之心，則聖神何憂，臣子不辱，中外幸甚。〔註13〕

顯然趙抃以基於中原國家的民族尊嚴，主張應予以斷然拒絕。至十月一日，趙抃又〈奏疏論契丹遣使無名〉，說：

> 臣伏見河北通和，歲歷寖久，使人往復，禮有常數，近者彼庭，遣蕭德葷，不時而來，……今契丹使來無名，其勢未已，僥求不一，詭詐百端……。〔註14〕

但是也有其他大臣認爲「交馳畫象」是可行的，因此主張將宋仁宗的帝像致送給遼興宗，例如「蘇頌作〈孫抃行狀〉云，或者慮敵得御容，敢行咒詛，（孫）抃言其不然，卒許之」。〔註15〕可見當時宋國朝廷諸大臣對於是否可與遼進行「交馳畫象」，曾經過一番熱烈的討論，其結果是傾向答應遼興宗的提議。

四、遼興宗去世造成宋遼互贈帝像活動中止

宋遼皇帝「交馳畫象」一事，既然是由遼興宗提議而開始，並且向宋朝廷正式照會，而宋國大臣經過討論後，也已傾向同意互贈。因此遼國方面在重熙二十四年（宋仁宗至和二年，1055 年）四月「己亥（十一日），契丹（遼）國母遣歸德節度使左驍衛上將軍蕭知微、永州留後王澧，契丹主（遼興宗）

〔註11〕 司馬光，〈太子太保龐公墓誌銘〉，《傳家集》，卷七六，頁 9，《文淵閣四庫全書》（台北：臺灣商務印書館，民國 72 年 10 月），集部三，別集類二。

〔註12〕 同註 10。

〔註13〕 趙抃，〈奏狀乞不許虜使傳今上聖容〉，《清獻集》，卷六，頁 8～9，《文淵閣四庫全書》，集部三，別集類二。

〔註14〕 書同前，頁 9～10。

〔註15〕 同註 10。

遺保安節度使左監門衛上將軍耶律防、殿中監王懿等來賀，並獻契丹主繪像。」
〔註16〕

　　至於宋國這一方，則在同年八月十六日以「翰林學士吏部郎中知制誥史
館修撰歐陽修爲契丹國母生辰使，四方館使果州團練使向傳範副之」，〔註17〕
並且「將持送仁宗御容」。〔註18〕但是宋國並未知悉遼興宗實際上已於八月四
日去世，因此當八月二十六日，「雄州以契丹主（遼興宗）之喪來奏」〔註19〕
之後，宋朝廷即在八月二十八日「改命歐陽修、向傳範爲賀契丹登寶位使。」
〔註20〕至於宋遼兩國正在進行的互贈帝像活動，也隨著遼興宗的去世而暫告
中止，據《長編》卷一八五記載此事，說：「初，契丹主宗眞（遼興宗）送其
畫像及隆緒（遼聖宗）畫像凡二軸，求易眞宗皇帝及上（宋仁宗）御容。既
許之，會宗眞死，遂寢。」〔註21〕可見此時因爲人事的變化，使兩國互贈帝
像的活動不得不停止進行。

五、遼道宗與宋仁宗遣使繼續進行互贈帝像的活動

　　當初宋遼兩國互贈帝像，是由遼興宗先提議的，如今遼興宗去世，導致
此事也因而停止進行。因此如果其繼位者遼道宗不熱衷此事，則宋遼外交史
上互贈帝像的史實也就無法完成。因爲當時宋國並非首先提議，居於主動的

〔註16〕《長編》，卷一七九，宋仁宗至和二年四月己亥條，頁7。在此一則記載之下，
　　　　李燾引李埴《十朝綱要》，說：「己亥，契丹主（遼興宗）遣使以其畫像來獻，
　　　　求易御容，以代相見，篤兄弟之情。」另外《宋會要輯稿》，說：「至和元年
　　　　（二年之誤）四月，契丹國母遣歸德軍節度使蕭知微、永州節度觀察留後王
　　　　澤，國主（遼興宗）遣保安軍節度使耶律防、殿中監王譓（與《長編》中王
　　　　懿有異），來賀乾元節，因以虜主繪像爲獻，且請御容，許之，未及往，而告
　　　　哀使至，遂罷。」（卷五二五七，蕃夷二之一七，頁55）。葉隆禮《契丹國志》
　　　　（收錄於《遼史彙編》（七）），也說：「先是重熙中，興宗以其父聖宗及己畫
　　　　像二軸詣宋，求易眞宗、仁宗聖容，曰：『思見而不可得，故來求聖容而見之
　　　　也。』宋朝許之，會興宗崩，遂寢。」（卷九，道宗紀，頁80）。《宋史》（台
　　　　北：鼎文書局，民國67年9月）〈仁宗本紀〉，說：「至和二年，……夏4月
　　　　己亥，契丹遣使賀乾元節，以其主之命持本國三世畫像來求御容。」（卷一二，
　　　　本紀第一二，仁宗四，頁238）
〔註17〕《長編》，卷一八〇，宋仁宗至和二年八月辛丑條，頁18。
〔註18〕胡柯，《盧陵歐陽文忠公年譜》，收錄於《歐陽文忠公文集》（一）（台北，台
　　　　灣商務印書館，民國54年），頁18。
〔註19〕《長編》，卷一八〇，宋仁宗至和二年八月辛亥條，頁18。
〔註20〕《長編》，卷一八〇，宋仁宗至和二年八月癸丑條，頁19。
〔註21〕《長編》，卷一八五，宋仁宗嘉祐二年三月戊戌條，頁6。另參閱註16。

一方，當然不便提議再繼續進行。

幸好遼道宗即位後，對於與宋仁宗互贈帝像一事也很認同，因此想繼續進行此一交往活動。但是當時遼道宗起先的做法竟然似乎也和遼興宗一樣，先令出使宋國的遼臣暗中畫下宋仁宗的帝像，因為據《遼史》〈耶律褭履傳〉，說：「褭履善畫，……使宋賀正，寫宋主容以歸。清寧（遼道宗年號，1055～1064 年）間，復使宋。宋主賜宴，瓶花隔面，未得其眞。陛辭，僅一視，及境，以像示餞者，駭其神妙。」〔註22〕而《續資治通鑑》，也說：「《考異》、《遼史·耶律褭履傳》云：『使宋賀正，寫宋主容以歸，是竊寫宋帝之容者，乃褭履也。』傳又云：『清寧間復使宋，宋主賜宴，瓶花隔面，未得其眞，陛辭，僅一視，及境，以像示餞者，駭其神妙。』是竊寫非一次矣。」〔註23〕但是遼道宗似乎又和遼興宗一樣，以未能見宋仁宗確實的帝像為憾，因此於清寧三年（宋仁宗嘉祐二年，1057 年）三月十九日，派「遣林牙左監門衛上將軍耶律防、樞密直學士給事中陳顗，來求聖容」。〔註24〕

然而此時情況已隨著遼興宗的去世而有所變化，即是宋國方面另有意見，在同年三月二十二日，以「右諫議大夫權御史中丞張昇為回謝契丹使，單州防禦使劉永年副之。……命昇等諭令，更持洪基（遼道宗）畫像來，即予之」。〔註25〕可見此時宋國朝廷是希望遼國必須先送來新即位皇帝的帝像，才願意將宋仁宗的帝像送往。當時宋國的大臣曾有一番討論，例如蘇頌在〈朝請大夫太子少傅致仕贈太子太保孫公（孫抃）行狀〉提到孫抃持贊同的意見，說：

> 嘉祐三年（至和二年之誤），契丹國主宗眞卒，遣使告哀，公（孫抃）為館伴使。先是宗眞之使來敘兩朝通好歲久，請交贄御容，欲使子孫得識聖人形表。朝廷初不能奪其議，既許之矣。異時契丹使先以畫像來，未報聘，而宗眞殂歿。新主復遣泛使來請，朝論以先主時事欲卻不與。公遽至中書白曰：「國家懷柔遠方，所仗者信義而已。且彼以好來求聖容，既許而不予，其失在我不在彼矣。」或曰：「不許之意，有人臣難言者，直慮外服厭詛不道耳。」公曰：「此特巫師女子之談，非所以折衝銷難者也。況聖人應期運繫天命，乃反有所

〔註22〕《遼史》，卷八六，列傳第一六，耶律褭履，頁 1324。
〔註23〕同註 8，頁 1322。
〔註24〕《長編》，卷一八五，宋仁宗嘉祐二年三月乙未條，見 5～6。
〔註25〕同註 21。另見《宋史》，卷一二，本紀第一二，仁宗四，頁 241。

畏耶？且彼一來不予，至于三四，極于十數，朝廷度終能拒之乎？」
其後以使者再至乃予之，如公之素。〔註26〕

另外，歐陽修也持贊同的意見，其上奏〈論契丹求御容箚子〉，說：

臣伏見契丹所遣泛使，專為御容而來，中外之議，皆謂前歲既已許
之，於理不可中止，失於不早踐言，至彼非時遣使及。朝夕以來，
傳聞頗異，或云大臣共議，欲遂拒而不與。若然，則臣恐釁隙之端，
自此而始，禍患之起，未易遽言。……契丹與中國通盟久矣，而嚮
來宗真特於信好，自表慇懃，別有家書，繼以畫像。聖朝納其來意，
許以報之，而牽延至今，遂欲食言而中輟，是則彼以推誠結我，我
以不信待之。失信傷義，甚非中國待夷狄之術，而又其曲在我，使
彼易以為辭。自南北通和以來，信問往復之際，每於報答，常從優
厚，假借既久，其心已驕。況此畫像之來，特表慇懃之意，是則於
平常之禮，厚書以驕之，慇懃之來，則不報以沮之。沮之，彼必怒，
不報，彼必恥，懷恥蓄怒，何所不為，此人之常情也。許其父不許
其子，厚薄之際，此亦人情之難處也。臣竊見契丹來書，初無寒溫
候問之言，直以踐言孤約為說，其意在於必得。此時被沮，勢必更
來，事既再三，豈能堅執，若待其失於遜順，已成釁隙，然後與之，
則重為中國之辱，又使夷狄謂中國難以恩意交，惟可以勢力脅，因
之引惹別有它求，則為後患，何可涯哉？今虜主雖弱，而中國邊備
未完，廟謀未勝，未可生事。而欲執我曲彼直之議，以起戎而結禍。
夫察彼事勢，必不能中止，量我事勢，又未能必沮之，臣故曰四者
俱失也。……臣願聖慈出於獨斷，勿沮其善意，無失我信言。臣今
欲乞回諭虜中，告以如約，直候今冬因遣常使時與之，則於事體稍
便。伏乞速下兩府商議，上繫國家利害，臣不敢不言，今取進止。

〔註27〕

歐陽修是以誠信及宋遼的情勢兩方面加以分析，頗有其道理，因此建議先以回
謝使告諭遼道宗，等今年冬天由賀正旦使送達。而翰林學士胡宿在草擬國書

〔註26〕蘇頌，〈朝請大夫太子少傅致仕贈太子太保孫公行狀〉，《蘇魏公文集》，卷六
　　　　三，頁7～8，《文淵閣四庫全書》集部三，別集類二。
〔註27〕歐陽修，〈論契丹求御容箚子〉，《歐陽文忠公文集》（二），卷一一一，《奏議
　　　　集》，卷第一五，翰苑，頁851～852。

時，也曾上奏提醒，說：「陛下先已許之，今文成（遼興宗諡號）即世，而不與則傷信，且以尊行求卑屈，萬一不聽命，責先約而遂與之，則愈屈矣。」〔註28〕

不久張昇以回謝契丹使身分至遼國後，遼國朝廷果然想先得到宋仁宗的帝像，張昇「折之曰：『昔文成（指遼興宗）弟也。弟先面兄于禮爲順，今南朝乃伯父，當先致恭。』契丹不能對。」〔註29〕但是遼人頗不能忍下這一口氣，因此對於張昇等人「以未如其請，夜載巨石塞其門，眾皆恐，（劉）永年擲去之」。〔註30〕

至同年九月二十七日，遼朝廷只好派「遣樞密使右金吾衛上將軍蕭扈、宣政殿學士禮部尚書吳湛，來再來御容，且言當致洪基像」。〔註31〕可見當時遼對於取得宋仁宗的帝像，誠如歐陽修所言「其意在於必得」，因此再度派遣使節來求宋仁宗的帝像，並且表示願意配合宋國的要求，一定會先送來遼道宗的帝像。

由於遼朝廷表現出對於「交馳畫象」的熱忱和誠意，因此宋國於同年十月六日，以「翰林學士兼侍學士工部郎中知制誥史館修撰胡宿爲回謝契丹使……且許以御容，約因賀正使置衣篋中交致焉」。〔註32〕這等於宋朝廷肯定地答覆遼國，將由賀正使攜帶宋仁宗的帝像前來致送給遼道宗。

〔註28〕 同註21。

〔註29〕 同註21，王稱，《東都事略》（台北：文海出版社，民國68年7月），卷七一，列傳五四，〈張昇傳〉，說：「初，契丹遣蕭德齋其主宗眞（遼興宗）繪像來，且求御容。未報，而宗眞死。子洪基（遼道宗）立，遣使請于朝，以（張）昇報聘，昇至，虜乃欲先得御容，昇曰：『昔文成（遼興宗）弟也，弟先面兄，於理爲順。今南朝乃伯父，當先致恭。』虜復以洪基像來納。」（頁2）《宋史》〈張昇傳〉，說：「契丹主宗眞（遼興宗）遣使齋其畫像來求帝（宋仁宗）畫像，未報而死。子洪基（遼道宗）立，以爲請，詔（張）昇報聘，諭使更致新主像。契丹欲先得之，昇曰：『昔文成（遼興宗）以弟爲兄屈，尚先致敬，況今爲伯父哉！』遂無以奪，乃復以洪基像來。」（卷三一八，列傳第七七，張昇，頁10363）。龔鼎臣，《東原錄》也記載，說：「張昇果卿，嘉祐二年夏回虜聘，求聖上儀容事。昇見戎主（遼道宗）言：『前來皇帝曾將過御容在南朝，蓋以代相見耳。今已稱侄，須我主復圖儀容去，則南朝必送聖範來。蓋前來是兄弟，即弟先送。今是伯侄，侄宜先來，即伯後答，如此先後順也。』遂從其議。」轉引自楊復吉，《遼史拾遺補》，收錄於《遼史彙編》（三），卷二，頁40。

〔註30〕 同註21。

〔註31〕 《長編》，卷一八六，宋仁宗嘉祐二年九月庚子條，頁9～10。另見《宋史》，卷一二，本紀第一二，仁宗四，頁241。

〔註32〕 《長編》，卷一八六，宋仁宗嘉祐二年十月己酉條，頁10。

很可惜的是，記載宋遼皇帝互贈帝像活動的史書本來就不是很多，其中《長編》是記載較詳細的一種，但是《長編》竟然只敘述至此，以致於後來遼國是由何人在何時持遼道宗帝像送達宋國，以及宋國將持宋仁宗帝像至遼國的賀正使是誰與何時送達，都未再有相關的記載。而《遼史》〈道宗本紀〉也只記載，說：「遼道宗清寧四年正月……癸酉，宋遣使奉宋主繪像來。」〔註33〕雖然王稱《東都事略》提到「宗眞（遼興宗）死，洪基（遼道宗）立，嘉祐二年遣使求御容，以爲後世子孫之誇，議者慮有厭勝之術。（宋）仁宗曰：『朕待之厚，豈有此理哉。』遣御史中丞張昇送之。」〔註34〕另外，邵博《聞見後錄》也說：「嘉祐二年秋，北虜求仁皇帝御容，議者慮有厭勝之術。帝（宋仁宗）曰：『吾待虜厚，必不然。』遣御史中丞張昇遣之。」〔註35〕但是李燾在前引文之下，有註說：「張唐英云：『遣張昇送御容，契丹具儀伏拜謁，驚嘆。』按張昇非送御容者，今不取。」〔註36〕顯然張昇並非持送宋仁宗帝像至遼國者，但是李燾也沒有進一步提到是誰擔任此項任務。因此筆者另查閱《宋會要輯稿》，其提到當時宋仁宗的帝像是「置于篋中，令賀正使吳中復等交致之」。〔註37〕由於宋朝廷在嘉祐二年八月二十五日，以「殿中侍御史吳中復爲契丹正旦使」，〔註38〕因此筆者認爲似以吳中復爲持送者較正確。

至於宋仁宗帝像送至遼國之後的情形，據王稱《東都事略》，說：「契丹主（遼道宗）見御容，驚肅再拜，退而謂左右曰：『我若生在中國，不過與之執鞭持蓋，爲一都虞候耳。』」〔註39〕邵博《聞見後錄》也說：「虜主盛儀衛親出迎，一見驚肅再拜，語其下曰：『眞聖主也。我若生中國，不過與之執鞭不捧蓋，爲一都虞候耳。』其畏服如此。」〔註40〕另據葉隆禮《契丹國志》，說：「帝（遼道宗）以御容於慶州崇奉，每夕，宮人理衣衾，朔日月半，上食，食氣盡，登臺而燎之，曰燒飯，惟祀天與祖宗則然。北狄自黃帝以來，

〔註33〕同註5。
〔註34〕王稱，《東都事略》，卷一二三，附錄一，頁7。另外，同書卷六，本紀六，仁宗，也提到「嘉祐二年九月，契丹遣蕭扈來求御容。冬十月乙巳，以張昇奉御容使于契丹」（頁6）。
〔註35〕邵博，《聞見後錄》，卷一，頁6，收錄於《歷代筆記小說集成》，《宋代筆記小說》，第6冊，石家莊：河北教育出版社，1994年4月。
〔註36〕同註5。
〔註37〕《宋會要輯稿》，卷五二五七，蕃夷二之一九，頁57。
〔註38〕《長編》，卷一八六，宋仁宗嘉祐二年八月己巳條，頁6。
〔註39〕同註34，頁7～8。
〔註40〕同註35。

為諸夏患，未有事中國之君，如事天與祖宗者。書曰：『至誠感神，矧茲有苗。』其謂是矣。」〔註41〕此些記載雖然有可能是宋人基於民族尊嚴而所作的敘述，但是也或多或少顯現出遼國方面對於希望獲贈宋仁宗帝像乃是出於誠意。〔註42〕至於遼國由何人何時送遼道宗像至宋國，以及宋人的反應如何，筆者卻未見有史料提及，仍有待日後再繼續查考。

六、結　論

宋遼互贈帝像的交往活動，最後終能完成，這在宋遼外交史上可謂為一大盛舉，反映出宋遼兩國外交深厚的情誼。但是從以上的論述，我們可知其中的過程其實頗為曲折，幸好雙方主事者都有誠意達成此事，因此即使原提議者遼興宗在此期間去世，造成此一交往活動暫時中止進行，但是因繼位者遼道宗的認同，遂使宋遼互贈帝像一事終於能圓滿完成。

筆者認為此一史實印證了宋遼兩國訂立澶淵盟約後，雙方之所以能維持一百多年的和平外交，是其來有自的。尤其此時正是這一百多年和平外交的中段時期，而正好有此一互贈帝像活動的交往，促使宋遼國和平外交的情誼得以更加堅定，即使後來發生增幣、畫界交涉等事件，也不足以動搖兩國繼續互派使節進行交聘的外交情誼，因此筆者認為當時互贈帝像一事對於宋遼外交的演變具有深遠的意義。

徵引書目

一、史　料

1. 王稱，《東都事略》，台北：文海出版社，民國68年。
2. 司馬光，《傳家集》，《文淵閣四庫全書》，台北：台灣商務印書館，民國72年。
3. 李燾，《續資治通鑑長編》，上海：上海古籍出版社，1986年。
4. 沈括，《夢溪筆談》，收錄於《中華野史》，北京：泰山出版社，2000年。

〔註41〕《契丹國志》，卷九，道宗紀，頁81。
〔註42〕關於宋人著作提及遼道宗見宋仁宗畫像肅然起敬的說法，清高宗在《御批歷代通鑑輯覽》中，持頗不以為然的看法，其說：「彼時宋方畏契丹增歲，幣其政略兵威有何令契丹可懼處。而契丹主見像驚拜，有都虞侯之嘆邪，此不過宋臣自詡之言，無足信，益可鄙耳。」（卷七六，嘉祐二年九月條，頁2，台北：新興書局，民國48年10月）

5. 邵博，《聞見後錄》，收錄於《宋代筆記小說》，石家莊：河北教育出版社，1994 年。

6. 胡柯，《盧陵歐陽文忠公年譜》，收錄於《歐陽文忠公文集》（一），台北：台灣商務印書館，民國 54 年。

7. 徐松，《宋會要輯稿》，台北：新文豐出版公司，民國 65 年。

8. 畢沅，《續資治通鑑》，台北：文光出版社，民國 64 年。

9. 脫脫，《遼史》，台北：鼎文書局，民國 64 年。

10. 脫脫，《宋史》，台北：鼎文書局，民國 67 年。

11. 郭若虛，《圖畫見聞志》，收錄於《中華野史》，北京：泰山出版社，2000 年。

12. 清高宗，《御批歷代通鑑輯覽》，台北：新興書局，民國 48 年。

13. 趙抃，《清獻集》，《文淵閣四庫全書》，台北：台灣商務印書館，民國 72 年。

14. 趙翼，《廿二史箚記》，台北新興書局，民國 45 年。

15. 葉隆禮，《契丹國志》，收錄於《遼史彙編》（七），台北：鼎文書局，民國 62 年。

16. 歐陽修，《歐陽文忠公文集》（二），台北：台灣商務印書館，民國 54 年。

17. 蘇頌，《蘇魏公文集》，《文淵閣四庫全書》，台北：台灣商務印書館，民國 72 年。

18. 龔鼎臣，《東原錄》，轉引自楊復吉，《遼史拾遺補》，收錄於《遼史彙編》（三），台北：鼎文書局，民國 62 年。

二、近人著作

1. 聶崇岐，《宋史叢考》（下），台北：華世出版社，民國 75 年。

三、論　文

1. 石田肇，〈御容の交換より見た宋遼關係の一齣〉，《東洋史論》，第 4 期。

2. 陶玉坤，〈遼宋對峙中的使節往還〉，《內蒙古大學學報》，1999 年 2 期。

3. 黃鳳岐，〈遼宋交聘及其有關制度〉，《社會科學輯刊》，1985 年 2 期。

4. 傅樂煥，〈宋遼聘使表稿〉，收錄於《遼史彙編》（八），台北：鼎文書局，民國 62 年。

5. 聶崇岐，〈宋遼交聘考〉，《宋史叢考》（下），台北：華世出版社，民國 75 年。

《空大人文學報》第 11 期（民國 91 年 12 月），頁 129～139。

第五章　宋遼對兩國使節病與死的處理

摘　要

　　宋遼兩國朝廷基於外交的禮節和情誼，當對方所派遣的使節在本國境內生病或死亡時，都會給予細心的診治或隆重的飾終，這種處理的方式與誠意的態度成為宋遼兩國能維持長期和平外交的重要原因之一，因此宋遼對兩國使節病與死如何處理的史實，值得我們加以探討。

　　關鍵詞：宋、遼、使節、外交。

一、前　言

　　宋遼兩國自宋眞宗景德元年（遼聖宗統和二十二年，1004 年）簽訂澶淵盟約之後，雙方即經常派遣使節進行交聘的活動。〔註1〕當時被任命爲使節的大臣，固然在以國家外交事務爲重的情況下，大多願意承擔此一重責大任，並且引以爲榮。但是不論是宋國或遼國的使節，當他們出使至對方的國家時，一者是從比較溫暖的中原前往嚴寒的東北，而另一者是從寒冷的東北前往比較溫暖的中原。因此我們可想而知，這些使節必然很容易發生水土不服的現象，再加上旅途的艱辛、〔註2〕身軀的勞頓，以及在出發之前如果已經宿疾在身，則將更有可能在途中或在對方的國境內，導致病情趨於嚴重，〔註3〕甚至於不幸身死異國。

〔註 1〕　當時宋遼兩國使節交聘頻繁，據傅樂煥，〈宋遼聘使表稿〉，說：「宋遼約和自澶淵之盟（1005 年）迄燕雲之役（1122 年）凡一百十八年，益以開寶迄太平興國間之和平（974～979，凡六年），綜凡一百二十四年。估計全部聘使均一千六百餘人，《長編》、《遼史》所載者約一千一百五十人，以其他文籍補苴者一百四十餘人，待考者尚有三百二、三十人。」收錄於《遼史彙編》（八）（台北：鼎文書局，民國 62 年 10 月），頁 580，原載於中央研究院《歷史語言研究所集刊》第十四本。

〔註 2〕　可參閱蔣武雄，〈從宋人使北詩論使遼旅程的艱辛〉，《史學與文獻》（三）（台北：東吳大學歷史學系，民國 90 年 4 月），頁 99～117。該文論述宋國使節使遼啓程時的心情、使遼路程遙遠險惡、使遼時氣候嚴寒、使遼懷鄉思親與望歸的心情。

〔註 3〕　在宋人的詩歌文集中，有時會述及使遼或接送伴遼使途中，其本人或使節團團員生病的情形，例如陳襄，《古靈集》〈黑崖道中作〉，說：「陰山沙漠外，六月苦行人。冰迸金蓮曉，湯回鐵腳春。馬饑思漢草，僕病臥胡塵。夜夢京華阻，披衣望北辰。」（見陳襄，《古靈集》，《四庫全書珍本》三集（台北：台灣商務印書館，民國 61 年 4 月），卷二三，頁 7。）蘇轍，〈趙君偶以微恙乘馳車而行戲贈二絕句〉，說：「鄰國知公未可風，雙駝借與兩輪紅。他年出塞三千騎，臥畫輈車也要公。」「高屋寬箱虎豹柤，相逢燕市不相親。忽聞中有京華語，驚喜開簾笑殺人。」（見蘇轍《欒城集》，《四部叢刊》初編本（台北：台灣商務印書館，民國 54 年 12 月），卷一六，頁 11。）龐元英，《文昌雜錄》，說：「元英昨充元豐五年賀北朝正旦國信使，行至神水驛，苦風眩，昏亂不記省，隨行小吏輩皆環坐以泣，通一昔方稍安。是年正旦，接伴使杜刑部紘至深澤縣界中浴，幾不可救。劉右司摯充賀同天節接伴使，沿路病傷寒，至滑州增劇，然艾數百，肩輿以歸，後累月方安。一歲中奉使者皆得疾危甚，殊可怪也。」（見龐元英，《文昌雜錄》，《學津討原》，卷四，頁 37，收錄於《叢書集成》新編，第八四冊，新文豐出版公司，民國 75 年 1 月）

基於上述的情況，以及筆者尚未見有學者撰寫專文討論此方面的史事，遂以〈宋遼對兩國使節病與死的處理〉爲題，在本文中探討宋遼兩國朝廷當時基於外交和人道的立場，如何處理對方使節在本國境內的病與死，而本國朝廷又是如何撫恤這些爲了達成外交任務而做出犧牲奉獻的使節們。

二、宋准許大臣請辭使節的任務

宋遼朝廷對於已被任命爲使節的大臣，如果他們以有病在身爲理由，請辭使節的任務，往往都會予以批准。但是由於史書很少提到遼國如何處理這種事情，〔註4〕因此筆者在本項的論述中只能僅以宋國爲例。

據筆者查閱相關的史料，發現宋朝廷固然很愼重地挑選出使遼國的大臣，但是似乎又具有相當的彈性，允許已經被任命爲使節的大臣提出請辭，並且很容易地予以批准。據李燾《續資治通鑑長編》（以下簡稱《長編》）卷四六四，說：

> 宋哲宗元祐六年（遼道宗大安七年，1091年）八月乙巳（十八日），中書舍人韓川爲太皇太后賀遼主生辰使，皇城使康州刺史訾虎副之。刑部侍郎彭汝礪爲皇帝賀遼主生辰使，左藏庫使曹諮副之。吏部郎中趙偁爲太皇太后賀遼主正旦使，西京左藏庫使王鑒副之。司農少卿程博文爲皇帝賀遼主正旦使，左藏庫副使康禺副之。其後虎辭不行，以西上閤門副使宋球代之。閏八月八日，川辭不行，以樞密都承旨劉安世代之。閏月十八日，安世辭，以中書舍人孫升代之。閏月二十四日，升辭，以戶部侍韓宗道代之。閏月二十三日，汝礪辭，以鴻臚卿高遵惠代之。閏月二十四日，宗道又辭，乃復以命汝礪九月二十四日，汝礪爲吏侍。〔註5〕

在此段史料中，我們可以發現，該年宋朝廷所派遣出使遼國進行交聘任

〔註4〕 筆者遍查《遼史》諸列傳，均未見有遼國大臣以生病爲理由，辭去出使宋國任務的記載。只見《遼史》〈蕭滴冽傳〉，說：「（遼聖宗）重熙……六年（宋仁宗景祐四年，1037年），（蕭滴冽）奉詔使宋，傷足而跛，不告遂行，帝怒。及還，決以大杖，降同簽南京留守事。」依此可見遼朝廷也是很謹慎的選派大臣擔任使節，因此蕭滴冽當初如果以足傷請辭，應該可被批准的。（見脫脫，《遼史》（台北：鼎文書局，民國67年11月），卷九五，列傳第二五，蕭滴冽，頁1390。）

〔註5〕 李燾，《續資治通鑑長編》（以下簡稱《長編》）（台北：世界書局，民國50年11月），卷四六四，宋哲宗元祐六年八月乙巳條，頁11~12。

務的人選，最後被確定而上路的大臣，實際上是經歷了數次的改變。例如訾虎請辭太皇太后賀遼主生辰副使一職，改由宋球代替。而令我們感到驚訝的是，太皇太后賀遼主生辰正使韓川請辭，由劉安世代替，劉安世又請辭，就由孫升代替，可是孫升又請辭，改由韓宗道代替。而前一天因彭汝礪請辭皇帝賀遼主生辰正使，改由高遵惠代替。但是當天因韓宗道請辭太皇太后賀遼主生辰正使，就又改由已經請辭皇帝賀遼主生辰正使的彭汝礪代替。這種使節人選一再更換的情形，固然顯現出宋朝廷對於選派出使遼國的人選採取很謹慎的態度，但是也告訴我們，宋朝廷在此一辦法上確實具有相當大的彈性，因此很容易地就批准了大臣的請辭。

　　在瞭解上述的情況之後，筆者又從史料中進一步發現，當時的宋朝大臣如果是以疾病為理由，請辭使節的任務，將可更容易地獲得批准。因而史書中記載此類事例者頗多，例如《長編》卷一八三，說：「宋仁宗嘉祐元年（遼道宗清寧二年，1056 年）八月丙寅（十七日），……侍御史范師道為契丹國母正旦使，……尋以……刁約代師道，師道被疾故也。」〔註6〕同書卷二五五，說：「宋神宗熙寧七年（遼道宗咸雍十年，1087 年）八月丁丑（十二日），……知制誥章惇為遼國母生辰使，引進使忠州團練使苗綬副之。……綬辭疾，改命引進使周永清，永清又辭以母病，改命東上閣門使李評。」〔註7〕同書卷四三一，說：「宋哲宗元祐四年（遼道宗大安五年，1089 年）八月癸丑（十六日），……光祿卿范純禮為賀正旦使，……純禮辭疾，改命太府少卿陳紘。」〔註8〕可見在當時確實有不少大臣曾經以疾病的理由，向宋朝廷請辭了出使遼國的任務。

　　而更為明顯的例子，則是《長編》卷四四七所說：

> 宋哲宗元祐五年（遼道宗大安六年，1090 年）八月庚戌（十八日），龍圖閣待制樞密都承旨王巖叟，權兵部侍郎范純禮為賀遼主生辰使，引進副使王舜封、莊宅使張佑副之。吏部郎中蘇注、戶部郎中劉昱為正旦使，供備庫使郭宗顏、西京左藏庫副使畢可濟副之。巖叟以親老，純禮以病辭，改命中書舍人鄭雍、權工部侍郎馬默。默又以病辭，改命吏部侍郎天章閣待制劉奉世。奉世復辭，又改命太僕卿林旦，最後郭宗顏亦病，詔西頭供奉官閣門陸孝立代往。〔註9〕

〔註 6〕　《長編》，卷一八三，宋仁宗嘉祐元年八月丙寅條，頁 14。
〔註 7〕　《長編》，卷二五五，宋神宗熙寧七年八月丁丑條，頁 5。
〔註 8〕　《長編》，卷四三一，宋哲宗元祐四年八月癸丑條，頁 12。
〔註 9〕　《長編》，卷四四七，宋哲宗元祐五年八月庚戌條，頁 1。

在此條記載之下，李燾有注，說：「二十四日改命鄭雍、馬默，二十八日又命劉奉世，九月一日又命林旦，十月二十六日又命陸孝立代郭宗顏，今並書。」〔註10〕顯然當時宋朝廷也很了解大臣們出使遼國旅程的艱辛，因此頗能體諒大臣們以生病為請辭擔任使節的理由，即使負責該項任務人員的選派，從八月中旬拖延至十月底，才確定最後的人選，此種人事案的延遲，宋朝廷竟然也還可以接受，可見其容忍度很大。

至宋哲宗元祐七年（遼道宗大安八年，1092年）又有一類似的例子，《長編》卷四七六，說：「八月丁卯（十日），以權兵部郎中杜純充皇帝賀遼國生辰使，……純以目疾辭，權戶部侍郎范子奇代之。二十二日，子奇又以足疾辭，行太府卿劉忱代之。二十六日，尋改差忱館伴高麗使人，以刑部侍郎豐稷代之。」〔註11〕當時杜純和范子奇先後以目疾、足疾請辭，也都獲准。可見宋朝廷在決定出使遼國人選的過程中，雖然曾考量許多狀況，但是大臣的身體狀況健康與否，又往往成為宋朝廷做最後決定的重要依據。甚至於允許有病在身的使節，當其出使遼國時，可以帶著親屬前往，以便能隨時給予妥善的照顧。因此《長編》卷四七七，說：「宋哲宗元祐七年九月壬辰（十二日），詔：『入國接伴使副，今後不得將帶親屬，并有官人充職員小底，違者罪之。其入國使副，實有宿疾，聽帶親屬一名充小底，不以有官無官，具奏聽旨。』先是，惟汎使出疆，以老疾自陳，有例得帶親屬，自熙寧後為通法，奉使者稍以親屬自隨，因緣干擾，故條約之。」〔註12〕

以上所舉，是宋朝廷唯恐擔任使節的大臣在使遼期間發生狀況，而所做的種種考慮和防範措施，其中最值得我們注意的是，宋朝廷常允許大臣在被任命為出使遼國的使節之後，仍然可以疾病的理由請辭使節的任務。但是也有一些責任心重的大臣，在宋朝廷任命其為使節之後，仍然不顧身體的違和，奮力地勉強完成出使遼國的任務。例如歐陽修在宋仁宗至和二年（遼興宗重熙二十四年，1055年）八月，被派任「為賀契丹登寶位使」，〔註13〕但是其患有眼疾，因此對於將要出使遼國頗感無奈。據其〈與王懿恪公君貺〉書簡，說：「昨受命使北，初欲辭免，蓋以目疾畏風寒，兼多著綿毳衣服不得。其如

〔註10〕註同前。
〔註11〕《長編》，卷四七六，宋哲宗元祐七年八月丁卯條，頁9～10。
〔註12〕《長編》，卷四七七，宋哲宗元祐七年九月戊子條，頁17。
〔註13〕《長編》，卷一八○，宋仁宗至和二年八月癸丑條，頁19。

受敕之日，北人訃音已至，由此更不敢辭。」〔註14〕又據其〈與程文簡公天球〉之五，說：「近以被命出疆，初緣持送御容，須一學士，同列五人，皆以曾往，遂不敢辭，繼以虜中凶訃，義益難免。然冒風霜，衣皮毛，附火食麵，皆於目疾有損，亦無如之何。」〔註15〕可見當時歐陽修出使遼國，就其個人身體健康情況而言，其實頗為勉強，但是同列的五位學士，又都已經擔任過此一任務，因此他只好勉為其難的前往遼國。另外，根據其使遼返國後，〈答陸學士經〉書簡，說：「使北往返六千里，早衰多病，不勝其勞，使者輩往凡七、八，獨疲劣者尤覺其苦也。還家，人事日益，區區浮生，何處得少休息。」〔註16〕也可見歐陽修該次出使遼國，確實是抱病而行，幸好其最後仍然能奮力地完成此一外交任務。

　　論述至此，筆者認為，在長達一百多年的宋遼交聘活動中，就是因為宋遼兩國的使節大多能忠於職守，因此使兩國的外交得以長期維持和平友好的情誼。但是雙方也都為此而付出了相當的代價，那就是在交聘的過程中，曾有數位使節在對方的國境內生病或死亡。

三、遼對宋使節病與死的處理與宋朝廷的撫恤辦法

　　宋國使節在北上使遼的過程中，除了遭受嚴寒氣候以及旅途勞頓的困苦之外，有時也會因為身處異國，對於其民情風俗、生活習慣、起居作息、氣候、地形等情況不甚瞭解，而遇到難以預料的危險，增加他們受傷或死亡的機會。例如孔平仲《孔氏談苑》卷二，說：「吳長文使虜，虜人打圍無所獲，忽得一鹿，請南使觀之，須臾剝剔了，已昏夜矣。數兵煮其骨食之，皆嘔血。吳左丞留雙腎於銀器中，云：『此最補暖。』且欲薦之，翌日銀器內皆黑色，乃毒矢所斃爾。不敢泄，埋之而去。虜中大寒，匕箸必于湯中蘸之方得入口，不爾與熱肉相沾不肯脫。石鑑奉使，不曾蘸箸，以取榛子，沾唇如烙，皮脫血流，淋漓衣服上。」〔註17〕這就是宋國使節不明瞭當地氣候與飲食時該注

〔註14〕歐陽修，〈與王懿恪公君貺〉，《歐陽文忠公文集》（二）（台北：台灣商務印書館，民國54年12月），卷一四六，書簡，卷第三，頁1179。

〔註15〕歐陽修，〈與程文簡公天球〉其五，書同前，卷一四五，書簡，卷第二，頁1163。

〔註16〕歐陽修，〈答陸學士經〉，書同前，卷一五一，書簡，卷第八，頁1225。關於歐陽修使遼的事蹟，可參閱蔣武雄，〈歐陽修使遼行程考〉，《東吳歷史學報》，第8期（台北：東吳大學，民國91年3月），頁1～27。

〔註17〕孔平仲，《孔氏談苑》卷二，頁16，《文淵閣四庫全書》，子部十二，小說家類，

意的事項，而所發生的意外事件。但是類似這一類的狀況有時也確實很難避免，因此增加了宋國使節要圓滿達成使遼任務的困難度。

另外，宋國使節在使遼期間如果飲食不當也很容易生病，進而影響其在遼國的交聘活動，甚至於無法完成外交的任務。例如張舜民《畫墁錄》，說：「元祐末，宇文昌齡命稱聘契丹，皇城使張璪价焉。張頹齡，樞府難其行，璪哀請。……既行，璪飲冷食生無忌，昌齡戒之，不納。既至遼境，益甚，昌齡頗患之，禁從者無供。璪怒，罵不足。果病噤，不納粥藥，至十許日，一行人病之，既而三病三愈，竟不復命。」〔註18〕可見一位身負重任的外交使節，於飲食方面尤其須要謹慎，否則在異國一旦生病，將會對其是否能達成外交任務產生很大的影響。

宋國使節出使遼國因病而死亡的事例，例如發生於宋眞宗大中祥符三年（遼聖宗統和二十八年，1010年），這一年是宋遼雙方訂立澶淵盟約之後的第七年，也就是該年二月十一日，「雄州言：『入契丹副使潘惟吉卒。』」〔註19〕而關於此一事例的經過情形，《長編》卷七三，有較詳細的敘述，其說：「（潘）惟吉嘗得對便殿，上（宋眞宗）謂之曰：『凡人臣立朝，苟專務晏安，不以勞能而升，不足貴也。』惟吉即表求外任，命爲天雄軍駐泊都監。未行，選副樂黃目使契丹，受命入謝，時已病。上察其羸瘠，遣使詢之，且言不病。入北境，疾作，即肩輿而還。召遣其子乘驛往迎，至雄州而卒。上憫之，令其弟閤門祇候惟清，馳往護喪，官給葬事。」〔註20〕顯然潘惟吉在未啓程赴遼之前，即已有病在身，宋眞宗也曾派人加以詢問，但是潘惟吉卻隱瞞病情，以致於在寒冷氣候和旅途勞頓的情況下，病情加重，終於死亡。幸好其進入遼國境內之後，尚未走遠，因此還可以由其兒子及時接回，最後死在宋國邊城雄州，不致於身死異國。

也有宋國使節在完成使遼的任務之後，在回程中死於本國境內，據《長編》卷三○七的記載，宋神宗元豐三年（遼道宗大康八年，1080年）八月二十三日，宋朝廷初以「知制誥王存爲遼主生辰使，皇城使濟州防禦使劉永保副之」。〔註21〕但是至翌年正月十八日，卻見《長編》卷三一一提到宋神宗的

台灣商務印書館，民國72年10月。
〔註18〕張舜民，《畫墁錄》，《稗海》，頁36，收錄於《叢書集成》新編，第八六冊。
〔註19〕《長編》，卷七三，宋眞宗大中祥符三年二月辛卯條，頁5。
〔註20〕註同前。
〔註21〕《長編》，卷三○七，宋神宗元豐三年八月癸丑條，頁17。

批示，說：「賀遼主生辰國信副使劉永保，回至莫州卒，宜令高陽關路走馬承受楊安民因奏事赴關照管般，挈付其家，令轉運司量應副。」〔註 22〕幸好劉永保已在回程途中，並且是死於宋國境內的莫州，因此可由宋朝廷派官直接處理，並且交予其家人。

　　至於宋國使節死於遼國境內者，遼朝廷基於外交禮儀和情誼，曾特別以厚禮為其飾終。據《長編》卷七五記載，在宋真宗大中祥符四年（遼聖宗統和二十九年，1011 年）三月「戊子（十五日），雄州言：『入契丹副使崔可道病卒，契丹自幽州具鼓吹，衛送其樞以歸。』」〔註 23〕而宋真宗也「詔遣中使護其喪事」。〔註 24〕類似此種事例，在《長編》卷一一三，有另一件詳細的記載，即是初於宋仁宗明道二年（遼興宗重熙二年，1033 年）八月「丁未（十四日），命度支判官刑部郎中章頻……為（契丹）國母正旦使」。〔註 25〕但是至該年十一月，「（章）頻時奉使契丹，未還，尋卒於紫濛館。契丹遣內侍就館奠祭，命接伴副使吳克荷護其喪，以錦車駕橐駝載至中京，歛以銀飾棺。又具鼓吹羽葆吏士持甲兵衛送至白溝。詔遣其子訪乘傳護樞歸。」〔註 26〕《遼史》〈興宗本紀〉，也說：「宋使章頻卒，詔有司賻贈，命近侍護喪以歸。」〔註 27〕紫濛館是位在遼國中京東北向前往遼永州廣平淀途中的一個館驛，距離宋國邊境很遠，幸好當時宋遼外交情誼深厚，因此遼朝廷特以厚禮來處理死於其境內的宋國使節章頻。另外，據沈括《夢溪筆談》，說：「天聖中，侍御史知雜事章頻使遼，死于虜中，虜中無棺櫬，轝至范陽方就殮。自後遼人嘗造數漆棺，以銀飾之，每有使人入境，則載以隨行，至今為例。」〔註 28〕顯見遼朝廷在處理宋國使節章頻的死亡事例之後，已能注意到日後仍有可能再度發生類似的情況，因此開始有預備的措施，以便做比較妥善的處理。

　　關於宋朝大臣的死亡，與宋遼外交事務有關者，筆者在此擬特別提及宋朝廷對他們的撫恤，據張舜民《畫墁錄》，說：「故事，死於北，朝廷恩數甚

〔註 22〕《長編》，卷三一一，宋神宗元豐四年正月丙午條，頁 8。
〔註 23〕《長編》，卷七五，宋真宗大中祥符四年戊子條，頁 9。
〔註 24〕註同前。
〔註 25〕《長編》，卷一一三，宋仁宗明道二年八月戊午條，頁 3。
〔註 26〕《長編》，卷一一三，宋仁宗明道二年十一月己丑條，頁 12。
〔註 27〕《遼史》，卷一八，本紀第一八，興宗一，頁 215。
〔註 28〕沈括，《夢溪筆談》，《學津討原》，卷二五，雜誌二，頁 163，收錄於《叢書集成》新編，第十一冊。

渥，北方棺銀裝校三百兩。」〔註29〕這表示此種撫恤辦法在當時曾經成爲定制。而宋朝廷對於這些使節的兒子也會給予特別的撫恤，例如宋仁宗明道二年（遼興宗重熙二年，1033年）三月「己卯（十四日），錄開封府判官兵部員外郎朱昌符子壽臣，度支判官度支員外郎戴融子荀，並爲三班借職。融送伴契丹使、昌符祭奠趙德明，皆道病死，故卹及之」。〔註30〕又例如前文述及章頻之死，當時宋朝廷對其後代所做撫恤，是「仍以知雜誥賜其家，錄子婺州司理參軍詢爲大理寺丞，訪爲三班奉職。訪即許也。」〔註31〕再例如宋哲宗元祐七年（遼道宗大安八年，1092年）十二月「庚戌（二日），殿中侍御史吳立禮，與一子官，以使遼卒于道故也」。〔註32〕從這些引文可知，當時戴融是死於送伴契丹使的路上，而章頻和吳立禮則是死於出使遼國的途中。但是無論如何他們都曾經在宋遼的外交事務上，忠於職守的付出其寶貴的生命，做出某種程度的貢獻，因此宋朝廷給予甚渥的撫恤。

四、宋對遼使節病與死的處理

據高晦叟《珍席放談》，說：「程康穆帥高陽，北使過部，稱疾，遣人白公，欲著帽以見，公拒之。報曰：『疾則可無相見，見當如禮。』使人沮伏，莫能爲辭，深得鎮御之方也。」〔註33〕從這段引文可知，此位遼國使節在宋國境內假裝生病，想要以便不必依據宋遼外交禮節，而著帽往見宋國官員程康穆，幸好其應對得當，終使遼國使節的意圖未能得逞。

但是類似這種情況的事例，畢竟在宋遼外交中很少發生。而且如果遼國使節眞的在宋國境內生病時，往往都可以獲得很好的照顧，例如宋眞宗景德三年（遼聖宗統和二十四年，1006年）十一月「丁卯（二十八日），契丹遣使左監門衛將軍耶律阿古……來賀承天節。阿古有疾，不能入見，上（宋眞宗）

〔註29〕 同註18。
〔註30〕 《長編》，卷一一二，宋仁宗明道二年三月己卯條，頁3～4。
〔註31〕 同註25。
〔註32〕 《長編》，卷四七九，宋哲宗元祐七年十二月庚戌條，頁1。關於吳立禮「使遼卒于道」一事，筆者查閱《宋史》，並無其傳，另查《長編》，只記載其使遼的派任，說：「宋哲宗元祐七年（遼道宗大安八年，1092年）八月丁卯（十日），……殿中侍御史吳立禮充皇帝賀正旦使，……。」（卷四七六，宋哲宗元祐七年八月丁卯條，頁9）但是並未述及其如何死於使遼途中。
〔註33〕 高晦叟，《珍席放談》，《函海》，卷下，頁4，收錄於《叢書集成》新編，第八四冊。

遣醫官診視之。因謂輔臣曰:『所遣醫官，但令診視，合和藥餌，當使自爲之。彼雖得藥，即餌以示相信，然他時或有不可療者，則於事無便。自今朝廷遣使，宜以醫官隨行，彼亦必與醫同至也』。」〔註34〕可見宋眞宗很關懷遼國使節耶律阿古的病況，因此特別派遣醫官前往爲其診視。當時正是宋遼簽訂澶淵盟約之後的第三年，因此宋眞宗對於此一新衍生出來的事例非常重視，他進一步想到，如果本國的醫官無法診治，以致於遼國使節死於宋國境內，則茲事體大，有可能造成很大的影響和誤會。因此他指示日後宋國使節出使遼國時，必須要有醫官隨行，而遼國使節出使宋國時，他也希望遼國能派遣醫官隨同遼國使節前來，以避免宋遼的外交有不必要的枝節發生。

　　當時宋眞宗確實很關懷遼國使節在宋國境內的平安與否，例如在大中祥符二年（遼聖宗統和二十七年，1009 年）十二月，當「契丹遣使……廣德軍節度使耶律錫爾甯……來賀明年正旦，錫爾甯中途遇疾。壬辰（十二日）詔遣使撫問，錫爾甯免冠膜拜稱謝」。〔註35〕可見宋眞宗這種對遼國使節表示關懷的熱忱，是很令他們感激的。但是後來也曾發生遼國使節因不滿宋朝廷不配合其請求，而以生病爲理由不願依規定回國的事例，據《長編》卷一○三對此段史實的記載，說：

> 宋仁宗天聖三年（遼聖宗太平五年，1025 年）正月戊子（五日），契丹遣宣徽南院使朔方節度使蕭從順……來賀長寧節，見於崇政殿。皇太后垂簾，置酒崇政殿，遂燕崇政殿。御史中丞薛奎館伴，從順欲請見，且言：「南使至契丹者，皆見太后。而契丹使來，獨不得見。」奎折之曰：「皇太后垂簾聽政，雖本朝羣臣亦未嘗得見也。」從順乃已。及辭，從順有疾，命宰臣王曾押宴都亭驛，從順問曾：「南朝每降使車，悉皆假攝，何也。」曾曰：「使者之任，惟其人不以官之高下。今二府八人，六嘗奉使，惟其人不以官也。」從順默然。既上壽，從順筴鷩，稱疾留館下，不時發。上遣使問勞，挾太醫診視，相屬於道。樞密使曹利用請一切罷之。從順知無能爲，徐引去。
>
> 〔註36〕

從此段引文可知，當時遼國使節蕭從順曾兩度提出無謂的要求被拒，因此至

〔註34〕《長編》，卷六四，宋眞宗景德三年十一月丁卯條，頁 10。
〔註35〕《長編》，卷七二，宋眞宗大中祥符二年十二月壬辰條，頁 20。
〔註36〕《長編》，卷一○三，宋仁宗天聖三年正月戊子條，頁 1。

其請辭回國時，即稱病不願依例啓程返遼，致使宋國太醫忙於爲其診視，幸好宋朝大臣曹利用應付得當，使蕭從順知道繼續逗留未必能得到任何好處，只好靜靜的啓程返遼。

當然宋遼兩國交聘活動的進行，以融洽的時候居多，因此宋朝廷對於遼國使節死於宋國境內，也都能以厚禮待之，甚至於比遼朝廷國對待宋國使節死於遼國境內時還要厚重。例如宋哲宗元祐七年（遼道宗大安八年，1092 年）正月「乙酉（二日），樞密院言：『遼使耶律迪病且殆。緣通好已來，未有故事，今用章頻、王咸宜奉使卒於契丹北人津送體例，比類預立畫一送館伴所密掌之。如迪死即施行。』從之，迪尋死於滑州，送伴使校書郎呂希績等以聞。詔賜下饗器幣賻贈等，就差知通利軍趙齊賢假中大夫充監護使，詔遣內供奉官王邁馳驛治喪事，特賜迪黃金百兩，水銀、龍腦以殮」。〔註37〕而至同月「甲辰（二十一日），以遼甯昌軍節度使耶律迪卒，輟視朝一日。先是太常寺言：『典故無例，輟朝，用節度使葬格，特輟一日。』迪喪，所過州致祭，守倅皆再拜。知瀛州蔣之奇以爲生覿且長揖，奈何屈膝向死者，乃奠而不拜。識者韙之」。〔註38〕據此兩段引文，可知在此事例尚未發生之前，未曾有遼國使節死於宋國境內，因此當耶律迪死於距離宋汴京北方不遠的滑州時，宋朝廷在無前例可循的情況下，只好參考遼朝廷對於宋國使節死於其境內的處理事例，特別賜予黃金百兩，以及殮以水銀、龍腦等物，更下令比照宋國節度使死亡的規定，爲耶律迪的死亡而輟朝一日。顯見宋朝廷對於遼國使節死於宋國境內所做的處理，確實比遼朝廷所做者還要隆重。

五、結　論

綜合以上所論，我們可知，宋遼兩國在簽訂澶淵盟約之後，雙方外交進入了和平的階段。但是這種和平外交的維持，必須依靠密集的交聘活動，才能使兩國濃厚的外交情誼持續不斷，不致於冷淡下來。因此當時兩國外交使

〔註37〕《長編》，卷四六九，宋哲宗元祐七年正月乙酉條，頁 1。另，此段引文提到王咸宜也因奉使死於遼境，但是筆者查閱相關史書，例如《宋史》並無其傳，而《長編》也只述及「宋仁宗皇祐五年（遼興宗重熙二十二年，1053 年）八月辛亥（十五日），……右正言直集賢院貫黯爲契丹正旦使，左侍禁閤門祗候王咸宜副之。」（卷一七五，宋仁宗皇祐五年八月辛亥條，頁 9）並無記載其死於遼境的事情，因此無法對其事例做進一步的探討。

〔註38〕《長編》，卷四六九，宋哲宗元祐七年正月甲辰條，頁 3。

節出使至對方國家的任務就顯得很重要，而且有其特殊的意義。

但是當這些使節執行外交任務時，卻有可能發生許多狀況，而影響雙方交聘活動的進行，例如應對不當引起對方有關人員的不悅，或行誼未能符合該國的民情風俗、禮儀規範等。然而此些狀況，只要使節們謹言慎行或多加觀察，應是可以或多或少的減少其發生的可能性。至於在出使對方國家時，因身體的違和，而引起生病，甚至於死亡的狀況，則是比較無法預料與避免。幸好宋遼兩國朝廷對於雙方使節在本國生病或死亡時，都能給予細心的診治或隆重的飾終，盡力做好一個身為友邦國家所該盡的義務，因而提昇了宋遼兩國如同兄弟般的感情，也維持了兩國長期和平外交的情誼。

徵引書目

一、史　料

1. 孔平仲，《孔氏談苑》，《文淵閣四庫全書》，台北：台灣商務印書館，民國 72 年。

2. 沈括，《夢溪筆談》，《學津討原》，收錄於《叢書集成》新編，第十一冊，台北：新文豐出版公司，民國 75 年。

3. 李燾，《續資治通鑑長編》，台北：世界書局，民國 50 年。

4. 高晦叟，《珍席放談》，《函海》，收錄於《叢書集成》新編，第八四冊，台北：新文豐出版公司，民國 75 年。

5. 脫脫，《遼史》，台北：鼎文書局，民國 67 年。

6. 脫脫，《宋史》，台北：鼎文書局，民國 67 年。

7. 張舜民，《畫墁錄》，《稗海》，收錄於《叢書集成》新編，第八六冊，台北：新文豐出版公司，民國 75 年。

8. 陳襄，《古靈集》，《四庫全書珍本》三集，台北：台灣商務印書館，民國 61 年。

9. 歐陽修，《歐陽文忠公文集》，台北：台灣商務印書館，民國 54 年。

10. 蘇轍，《欒城集》，《四部叢刊》初編本，台北：台灣商務印書館，民國 54 年。

11. 龐元英，《文昌雜錄》，《學津討原》，收錄於《叢書集成》新編，第八四冊，台北：新文豐出版公司，民國 75 年。

二、論　文

1. 傅樂煥，〈宋遼聘使表稿〉，《歷史語言研究所集刊》，第 14 本，收錄於《遼

史彙編》（八），台北：鼎文書局，民國 62 年 10 月。

2. 蔣武雄，〈從宋人使北詩論使遼旅程的艱辛〉，《史學與文獻》（三），台北：
東吳大學歷史學系，民國 90 年 4 月。

3. 蔣武雄，〈歐陽修使遼行程考〉，《東吳歷史學報》（八），台北：東吳大學
歷史學系，民國 91 年 3 月。

《東吳歷史學報》第 9 期（民國 92 年 3 月），頁 81～95。

第六章　宋對遼用諜幾個問題的探討

摘　要

　　宋代從建國之初，對遼用諜即很積極，至雙方訂立澶淵盟約之後，兩國建立起和平的外交關係，也未鬆懈對遼用諜的工作。因此本文就此一史實做了一些探討，並且給予肯定的評價。

　　關鍵詞：宋、遼、間諜。

一、前　言

　　宋遼訂立澶淵盟約之後，雖然兩國在外交關係上，以兄弟互稱，雙方所派遣的使節也相當頻繁，〔註1〕彼此進行著友善的交聘活動，維持了長期的和平。但是實際上兩國仍然時時刻刻防範著對方，總是想多知道一些對方各方面的情報，以便能掌握更多的主控權，因此兩國在訂立澶淵盟約之後都繼續採行以往的用諜辦法。

　　由於當時遼國防範宋人刺探遼事甚嚴，〔註2〕而且留下的相關史料不多，因此筆者在本文中將比較偏重宋國對遼用諜的情形加以探討，至於遼國對宋用諜的情形則只在某些項目中附帶討論。另外，因宋對遼用諜涉及的層面很廣，而相關史料又多寡不一，因此筆者只論述其中幾個問題，其他諸如宋國的用諜機構等問題則不予討論。

二、宋重視對遼用諜

　　在宋太祖、太宗時期，因為和遼國處於交戰的狀態，因此用諜之事尤屬必要，而且為經常之舉，據《遼史》〈聖宗本紀〉，說：「統和元年（宋太宗太平興國八年，西元 983 年）十一月……癸丑，應州奏：『獲宋諜者言：宋除道五臺山，將入靈丘界。』詔諜者及居停人，並磔于市。」、〔註3〕「統和六年（宋太宗端拱元年，988 年）九月丙申，（耶律）休哥遣詳穩意德里獻所獲宋諜者。」、〔註4〕「統和六年十二月，……丙辰，畋于沙河，（耶律）休哥獻奚

〔註1〕據傅樂煥，〈宋遼聘使表稿〉，說：「宋遼約和自澶淵之盟（1005 年）迄燕雲之役（1122 年）凡一百十八年，益以開寶迄太平興國之和平（974～979 年，凡 6 年），綜凡一百二十四年。估計全部聘使均一千六百餘人，《長編》、《遼史》所載者約一千一百五十人，以其他文籍補苴者一百四十餘人，待考者尚有三百二、三十人。」收錄於《遼史彙編》（八）（台北：鼎文書局，民國 62 年 10 月），頁 580，原載於中央研究院《歷史語言研究所集刊》第十四本。根據這項對宋遼使節人數的統計，可知當時兩國使節的交聘活動很頻繁。

〔註2〕遼國防範宋人刺探遼事甚嚴，例如沈括，《夢溪筆談》（台北：台灣商務印書館，民國 54 年 2 月），說：「契丹書禁甚嚴，傳入中國者法皆死。」卷一五，藝文二，頁 100。

〔註3〕脫脫，《遼史》（台北：鼎文書局，民國 67 年 11 月），卷十，本紀第十，聖宗一，頁 112。

〔註4〕書同前，卷一二，本紀第十二，聖宗三，頁 131。

詳穩耶魯所獲宋諜。」〔註5〕另外，《續資治通鑑長編》（以下簡稱《長編》）卷二四也提到，「上（宋太宗）復謂宰相曰：『數有人自北還來，偵知契丹事。……。』」〔註6〕以上各項記載皆提到「獲宋諜」，以及「偵知契丹事」，可知在宋太宗時期，因為與遼的對峙，常常對遼進行用諜。

當時在宋朝廷中也常有大臣向宋太宗強調對遼用諜的必要性，例如《長編》卷三○，說：「（宋太宗）端拱二年（遼聖宗統和七年，989年）春正月癸巳，戶部郎中張洎奏議，曰：『……選精騎為報探之兵，千里之遙，若視掌內，敵之動靜，我必先知。……。』右拾遺直史館王禹偁奏議，曰：『行間諜以離之，因眾隙以取之。臣風聞契丹中婦人任政，荒淫不法。謂宜委邊上重臣，募邊民諳練蕃情者，間諜蕃中酋長，啗以厚利，推以深恩。蕃人好利而無義，待其離心，固可以取也。……。』……知制誥田錫奏疏曰：『……若悉知之，可以用重賞，行間諜；間諜若行，則戎狄自亂；戎狄自亂，則邊鄙自寧。……。』」〔註7〕這些言論與見解正顯現了宋朝廷很重視對遼用諜的工作。

及至宋真宗時期，尚未和遼訂立澶淵盟約之前，兩國軍事仍然互相對峙，宋國也仍屢次對遼用諜，以便探得遼方的軍政情形，據《長編》卷四九，說：「宋真宗咸平四年（遼聖宗統和十九年，1001年）九月己巳（一日），詔鎮定兵馬分屯農地以省糧運。時諜者言，敵猶在炭山，未遽南牧故也。」〔註8〕同卷，又說：「宋真宗咸平四年十月辛酉（二十三日），上得張斌捷奏。初議以大兵陣於威虜軍，會諜者言：『契丹猶未動。』故命悉徙於中山。……。」〔註9〕而《遼史》〈聖宗本紀〉也提到，「統和二十二年（宋真宗景德元年，1004年）閏九月癸亥，（遼聖宗）次固安，以所獲諜者射鬼箭。」〔註10〕可見在宋遼兩國尚未訂立澶淵盟約之前，宋國常透過對遼用諜而掌握遼軍調動的情形，但是也常有宋國的間諜被遼人捕獲。

至宋真宗景德元年（遼聖宗統和二十二年，1004年）十二月，宋遼兩國訂立澶淵盟約之後，雙方雖然進行和平的外交，但是宋國仍然很重視用諜。

〔註5〕 註同前，頁132。
〔註6〕 李燾，《續資治通鑑長編》（以下簡稱《長編》）（上海：上海古籍出版社，1986年2月），卷二四，宋太宗太平興國八年十一月戊午條，頁18。
〔註7〕 《長編》，卷三○，宋太宗端拱二年正月乙未條，頁1～11。
〔註8〕 《長編》，卷四九，宋真宗咸平四年九月己巳條，頁8。
〔註9〕 《長編》，卷四九，宋真宗咸平四年十月辛酉條，頁15。
〔註10〕 《遼史》，卷一四，本紀第十四，聖宗五，頁160。

例如宋眞宗在訂盟之後不久，即景德二年（遼聖宗統和二十三年，1005 年）二月曾明白指示，說：「朝廷雖與彼通好，減去邊備，彼之動靜，亦不可不知。間諜偵候，宜循舊制。」〔註 11〕顯然宋眞宗本人也認爲宋國雖然已經與遼通好，但是宋朝廷絕對不能因而忽略了對遼用諜的重要性，因此特別對朝廷大臣提出這項指示。及至宋仁宗時，也曾有大臣賈昌朝上疏，強調用諜的重要，說：「募死力爲覘候，而坐知敵來，免陷兵之恥也。」〔註 12〕可見從宋代初期以來，宋朝廷即很積極進行對遼用諜的工作，並不因爲與遼關係改善而有所鬆懈。

三、宋對遼用諜的身份

間諜的工作必須以各種身份做爲掩護，在不被對方察覺的情況下，才能暗中進行蒐集情報的任務。因此當時宋國使節在出使遼國時，除了進行交聘的事宜之外，也往往兼負蒐集情報的工作。例如在宋仁宗慶曆元年（遼興宗重熙十年，1041 年），權鹽鐵判官工部員外郎中張沔爲國母正旦使，出使遼國，「使契丹還，言敵情慢，疑有非常，宜敕邊爲備。既而敵果以兵臨境，求關南地，如公策」。〔註 13〕慶曆五年（遼興宗重熙十四年，1045 年）「八月……甲子（十一日），……監察御史包拯爲契丹正旦使，及拯使還，具奏：『臣昨奉命出境，敵中情僞頗諳悉……。』」〔註 14〕可見宋國的使節在出使遼國之際，也特別注意觀察遼國的各項國情，包括軍事、政治、經濟、山川地理、民情風俗等，以便宋國能掌握遼國更多的情報，做爲宋朝廷處理遼事的參考。

由於當時宋與高麗有良好的外交關係，因此也曾以高麗人協助刺探遼情，例如《長編》卷八九，說：「宋眞宗天禧元年（遼聖宗開泰六年，1017 年）二月庚辰（十一日），補新羅人（高麗）洪橘鮮爲應天府都知兵馬使，賜衣服緡錢。橘鮮仕本國爲承旨，國王遣其詐遁入契丹，偵機事以歸朝廷，故也。」〔註 15〕可見宋國在對遼用諜的工作上，運用得很巧妙，因此其間諜的身份竟然是來自鄰國的人士。

〔註 11〕《長編》，卷五九，宋眞宗景德二年二月乙巳條，頁 12。

〔註 12〕《長編》，卷一三八，宋仁宗慶曆二年十月戊辰條，頁 10。

〔註 13〕劉敞，《公是集》（收錄於《文淵閣四庫全書》，台北：台灣商務印書館，民國 72 年 10 月），卷五三，頁 12。

〔註 14〕《長編》，卷一五七，宋仁宗慶曆五年八月甲子條，頁 1～2。

〔註 15〕《長編》，卷八九，宋眞宗天禧元年二月庚辰條，頁 5。

另外，也有以僧人身份進行刺探遼事的宋諜，據《長編》卷一○五，說：「宋仁宗天聖五年（遼聖宗太平七年，1027 年）九月乙巳（八日），初，李允則知雄州，令州民張文質紿爲僧，入契丹刺事，嘗補契丹僞官。至是來歸，詔補文質三班奉職潭州監當。」〔註 16〕此位州民張文質化身爲僧人進入遼境刺探消息，甚至於在遼國任官，顯現了宋諜的身份具有多樣性，也讓我們可以知道宋的對遼用諜工作是頗爲深入的。

在宋人所留下的史書當中，因爲保密的關係，對於本國間諜身份的記載反而比較少，而對於遼國間諜身份的記載卻比較多，因此筆者擬於本節兼論遼國間諜的身份，並且以此反映出宋國間諜應也是以類似的身份進行刺探遼情。當時遼諜進入宋國境內刺探情報者很多，據司馬光，說：「國家既與契丹約爲兄弟，遭此大喪（指宋仁宗死），立當訃告。彼中刺探之人，所在有之。今天下縞素，彼中豈得不知。」〔註 17〕可見當時宋朝大臣也深知遼諜在宋國境內很多，能把宋仁宗的死訊很快傳回遼國，因此司馬光特別上奏，建議告哀使趕快出發，以便訃告遼國。

在宋國境內的遼諜也常以各種身份做爲掩護。例如《長編》卷五四，說：「宋眞宗咸平六年（遼聖宗統和二十一年，1003 年）五月丙申（七日），罷雄州榷場，時敵數入寇，或言諜者以互市爲名，公行偵伺，故罷之。」〔註 18〕可見在宋遼澶淵戰役之前，有遼諜化身爲商人至宋國雄州刺探軍情，致使宋朝廷不得不罷雄州榷場。及至兩國簽訂澶淵盟約之後，仍然有很多以商人身份爲掩護的遼諜，因此宋仁宗在皇祐二年（遼興宗重熙十九年，1050 年）四月，「詔：『河北運轉司沿邊四榷場有能察捕得北界刺事者，重賞之。』」〔註 19〕顯然當時遼諜以商人身份在沿邊榷場進行蒐集宋國情報的情況很嚴重，因此宋仁宗特別做出此項指示。

也有以僧人爲身份的遼諜，因此宋眞宗在大中祥符六年（遼聖宗開泰二年，1013 年）七月，曾經「令河北緣邊寺院，不得留契丹界人爲行者。」〔註 20〕至

〔註 16〕　《長編》，卷一○五，宋仁宗天聖五年九月乙巳條，頁 12。
〔註 17〕　《長編》，卷一九八，宋仁宗嘉祐八年四月庚辰條，頁 6。
〔註 18〕　《長編》，卷五四，宋眞宗咸平六年五月丙申條，頁 16。
〔註 19〕　《長編》，卷一六八，宋仁宗皇祐二年四月庚申條，頁 6。當時宋國對於在宋遼邊境榷場從事貿易的商人防範甚嚴，可參閱曹家齊，〈宋朝對邊塞進出境人員及貿易的管理〉，《廣西大學學報》，第 21 卷第 2 期，1999 年 4 月，頁 35～40。
〔註 20〕　《長編》，卷八一，宋眞宗大中祥符六年七月丙申條，頁 3。

宋仁宗至和元年（遼興宗重熙二十三年，1054 年）九月，又因「雄州言：『契丹遣蔚、應、武、朔等州人來五臺山出家，以探刺邊事。』」〔註21〕因此下「詔：『代州五臺山諸寺，收童行者非有人保任，毋得係籍。』」〔註22〕此二則都是宋國為了防範遼諜以僧人身份來刺探情報所做的規定。而宋國確實也曾經破獲以僧人身份為掩護的遼諜組織，例如據《東都事略》卷六八，說：「契丹平時有用偽牒（諜）為僧者，事覺，⋯⋯。」〔註23〕

也有參加宋國募兵的遼諜，準備化身為宋國士卒，以便獲取情報。據《長編》卷二八五，說：「宋神宗熙寧十年（遼道宗大康三年，1077 年）十一月乙卯（八日），詔：『高陽關路副總管六宅使帶御器械卞贇、落帶御器械都監供備庫副使劉晟、監押西頭供奉官張孝傑各追一官，勒停。第七將衛進、安撫使張景憲，各罰銅二十斤。』始高陽關募兵，契丹陰遣北界刺事人應募，主司不察。定州路安撫使薛向諜知之，吏懼罪，縱使逃去。向使人入北界誘捕，得之，聞於朝，械送瀛州，戮於市，故景憲等坐責罰。上賜向詔曰：『卿本部事修，鄰道失姦，又能捕致，方之諸帥，實罕其儔。』」〔註24〕可見遼諜的滲透力很強，其前來宋國應募士兵，竟能使宋國官員不察，幸好最後尚能予以捕獲。

也有遼諜參雜在高麗的使節團中，至宋國境內刺探各種情報，因此張方平《樂全集》〈請防禁高麗三節人事〉，說：「臣（張方平）竊聞高麗國進奉使人下三節人，頗有契丹人潛雜其間。經過州縣，任便出入街市，買賣公人百姓祇應交通，殊無檢察，所至輒問城邑、山川、程途地理、官員戶口，至乃圖畫標題。」〔註25〕以此身份來蒐集宋國的各種情報當然比較方便。另外，尚有類似此一情形者，即是遼國也常借助高麗使節團至宋國的機會，為其收集有關宋國的各項情報。例如《蘇東坡全集》〈論高麗買書利害箚子〉，說：「臣伏見高麗人使，每一次入貢，⋯⋯高麗名為慕義來朝，其實為利，度其本心，終必為北虜（遼國）用，何也？虜足以制其死命，而我不能故也。今使者所至，圖畫山川形勝，窺測虛實，豈復有善意哉？」〔註26〕可見遼國用諜已至

〔註21〕《長編》，卷一七七，宋仁宗至和元年九月丁亥條，頁6。

〔註22〕註同前。

〔註23〕王稱，《東都事略》（台北：文海出版社，民國68年7月），卷第六八，列傳五一，富弼，頁4。

〔註24〕《長編》，卷二八五，宋神宗熙寧十年十一月乙卯條，15～16。

〔註25〕張方平，《樂全集》（收錄於《文淵閣四庫全書》），卷二七，〈請防禁高麗三節人事〉，頁7。

〔註26〕蘇軾，《蘇東坡全集》（台北：新興書局，民國44年10月），卷四一，奏議，

無孔不入的地步。

當時遼國的使節出使宋國，也都兼負蒐集情報的任務，據《遼史》〈耶律虎古傳〉，說：「（遼景宗）保寧……十年（宋太宗太平興國三年，978年），使宋還，以宋取河東之意聞于上。燕王韓匡嗣曰：『何以知之？』虎古曰：『諸僭號之國，宋皆併收，惟河東未下。今宋講武習戰，意必在漢。』匡嗣力沮，乃止。明年，宋果伐漢。帝以虎古能料事，器之，乃曰：『吾與匡嗣慮不及此。』授涿州刺史。」〔註27〕另，同書〈韓匡嗣傳〉，也說：「時耶律虎古使宋還，言宋人必取河東，合先事以為備。（韓）匡嗣詆之曰：『寧有是！』已而宋人果取太原，乘勝逼燕。」〔註28〕由此一事例可知，遼國使節出使宋國時，頗銳意於觀察宋國的軍事動向，因此耶律虎古使宋之後能做出明確的判斷。

另有一例筆者認為頗值得一提，即是據《聞見前錄》提到，遼道宗「為太子時，雜入國使人內。雄州密以聞，（宋）仁宗召入禁中，俾見皇后，待以厚禮，臨歸，撫之曰：『與汝一家也，異日惟盟好是念，生靈是愛。』故虜主（遼道宗）感之」。〔註29〕可見當時遼國使節團中有時也會參雜特殊的人物，因此遼道宗為太子時藉此方式使宋，讓他有切身瞭解宋國情勢，以及與宋國帝后接觸的機會，甚至於提昇了其對宋國國情的認識。（此一史事未見他書記載，頗有存疑之處。筆者予以提出，僅供讀者參考。）

四、宋募諜經費與辦法的演變

間諜的身份與工作比較特殊，並非每個人都能從事，必須經過嚴格的訓練，而且其工作性質常有生命危險之虞，不是每個人都願意擔任，因此募諜的工作就顯得很重要。在宋代初期募諜的經費與辦法似乎是由邊將彈性運用，例如《皇朝類苑》卷一，提到宋太祖分置將帥於邊郡，「筦榷之利悉以與之，其貨易則免其征稅，故邊臣皆富於財，以養死士，以募諜者，夷人情狀、山川道路，罔不備見而周知之。」〔註30〕而至宋仁宗時，大臣賈昌朝上奏也提到，「願鑑藝祖（太祖）將帥之制，邊城財用一切委之，專使養勇士

〈論高麗買書利害箚子〉，頁73。
〔註27〕《遼史》，卷八二，列傳第十二，耶律虎古，頁1295。
〔註28〕書同前，卷七四，列傳第四，韓匡嗣，頁1234。
〔註29〕邵伯溫，《聞見前錄》（收錄於《歷代筆記小說集成》，《宋代筆記小說》，第五冊，石家莊：河北教育出版社，1994年4月），卷二，頁7～8。
〔註30〕江少虞，《皇朝類苑》（台北：文海出版社，民國70年6月），卷一，頁11。

為爪牙，而臨戰自衛，無殺將之辱。募死力為覘候，而坐知敵來，免陷兵之恥也」。〔註31〕可見宋代初期邊將往往擁有頗多可以彈性運用的錢財，因此當其募諜時常能給予豐厚的金帛。另外，據《長編》卷一三七，說：「西上閤門使果州團練高陽關路鈐轄張亢，權知瀛州，兼本路部署司事，夏守贇疾故也。亢去高陽，每遣諜者，輒厚與金帛無所吝。」〔註32〕甚至於至宋代中期，神宗於熙寧七年（遼道宗咸雍十年，1074年）五月，仍然「批河東諜知北界一點集軍甚急，可令雄、定州並河北緣邊安撫司、經略安撫司，厚以錢物體問敵中動靜以聞」。〔註33〕這表示緣邊的主事者確實具備可以充分運用錢財，以進行募諜和刺探遼事的權力。

但是此種做法不久似即有所改變，起自於同年（熙寧七年）七月辛酉（二十五日），「樞密直學士知定州薛向言：『並邊教習卒伍試閱義勇保甲，必為賞罰，使之勸向，今公使庫錢支費不足，無以充賞，而又募人伺察北邊機事，其所募人不畏誅戮者，以金帛誘之故也。今苟無以給其欲，則人莫敢赴，欲乞給錢之萬餘緡，回易以充其費。』詔以度僧牒三百賜之。」〔註34〕因此至九月甲寅（十九日），神宗「謂輔臣曰：『卿等所上邊防畫一，先擇可施行者十四事，更與樞密院議之，恐事有未盡。既而二府合奏可行之事，凡十有四，……四、近降度僧牒三百與定州安撫司，充訓練義勇保甲及募刺事人之費。其緣邊州事，宜並依定州例，量賜本錢出息，令鉤致北人之能知其國事者，或質所愛使探問敵中任事主兵人姓名，材能、性識、所管兵數、武藝強弱、屯泊處所、城壘大小、糧食多少，及出兵道路，刺其的實。逐旋以聞，候到參互比較有實者，編類成書，準備照用。其邊臣不能使人到前後探事，尤無實者，當移降。……。』」〔註35〕顯然宋代募諜的經費與辦法，至中葉時期將有所改變，據《長編》卷二五八，說：「（熙寧七年）十一月戊申（十四日），呂大忠言：『河外有土豪三兩人，自來皆交給北界權貴，欲自備錢物探事，候有驗，乞朝廷推恩。』從之。」〔註36〕可見當時宋朝廷已有依據新辦法來進行募諜工作的趨勢。因此至熙寧十年（遼道宗大康三年，1077年）

〔註31〕同註12。
〔註32〕《長編》，卷一三六，宋仁宗慶曆二年五月丙寅條，頁20。
〔註33〕《長編》，卷二五三，宋神宗熙寧七年五月甲寅條，頁8。
〔註34〕《長編》，卷二五四，宋神宗熙寧七年七月辛酉條，頁18。
〔註35〕《長編》，卷二五六，宋神宗熙寧七年九月甲寅條，頁10～11。
〔註36〕《長編》，卷二五八，宋神宗熙寧七年十一月戊申條，頁5。

三月及元豐三年（遼道宗大康六年，1080 年）七月，宋朝廷先後提出比較具體的募諜和管理宋諜辦法，據《長編》卷二八一，說：「三月乙亥（二十五日），高陽關路走馬承受王延慶乞令緣邊安撫司，精選職員使臣，主掌刺事人。樞密院言：『熙寧七年朝旨，緣邊刺事人多互傳報，徼倖賞物，人數雖多，於事無補。可下河北緣邊安撫司，選使臣牙吏有心力諳識敵情者，裁定人數，委長吏同募土著，可以深入刺事人，每事審實以聞，量事大小給錢帛，候有符驗與優賜。』詔申明行下。」〔註37〕卷二九九，則說：「七月甲戌（四日），河北緣邊安撫司言：『緣邊州軍主管刺事人，乞選募人給錢三千，以使臣、職員或百姓爲之，緣邊安撫司、廣信、順安軍各四人，雄州、北平軍各三人，霸州七人，保州、安肅軍各六人。其雄、霸州、安肅、廣信軍四榷場牙人，於北客處鉤致邊情，乞選舉通判及監官，考其偵事虛實，如至和元年詔賞罰。』從之。」〔註38〕這都顯示出至宋代中葉以後，宋朝廷比較關切緣邊州軍主管刺事者所掌管的募諜、用諜等事宜，因此在此方面比宋代初期有比較深的介入。

五、宋對本國間諜的獎賞與撫恤

當時宋國間諜往往是冒著生命的危險，在邊境或遼國境內刺探消息，但是宋朝廷對於本國間諜（刺事人）探報遼事，所給予的獎賞似乎並不多，據《長編》卷二四五，說：「宋神宗熙寧六年（遼道宗咸雍九年，1073 年）五月乙卯（十三日），斬兩地供輸人北界探事百姓王千，家屬送潭州編管。千坐放火燔白溝驛廟，誣北人以求賞也。先是雄州牒涿州捕賊，並指柴頭、草桿、蜀黍爲證。王安石言：『柴頭、草桿、蜀黍，豈獨北界有之。縱非兵士失火，安知非本地分人與兵士及村耆有隙，故放火以累之乎？』及千事敗，御史蔡確言放火罪重，千爲錢三兩千作此，恐非實。上以語安石，安石曰：『幸於不敗，故雖重法亦不憚。又報探一事實，即今後安撫司倚信非特三兩千之利而已。昨河東奏報探人尚云，十數年前報探郭恩事，得實必可倚信，由此觀之，即探報一事實，所僥後利非特三兩千也。』」〔註39〕這種獎賞的數目字顯然是偏低，因此在宋徽宗時，張舜民於〈上徽宗論河北備邊五事〉中，特別提到

〔註37〕 《長編》，卷二八一，宋神宗熙寧十年三月乙亥條，頁 7。
〔註38〕 《長編》，卷二九九，宋神宗元豐三年七月甲戌條，頁 3～4。
〔註39〕 《長編》，卷二四五，宋神宗熙寧六年五月乙卯條，頁 3～4。

「謹探報：臣觀古之爲將守邊，第一必先覘邏。苟得其術，敵人之情可以坐制。先人有奪人之功，其此之謂也。與夫戰攻而獲勝，不可同日而語。切聞河北邊上，近年探事人徒有其名，至于酬賞，全然微薄，以致覘邏之人不肯探伺。既不知敵人情實，則緩急何以枝梧？況當新舊之交，尤在精審。訪聞即日安撫司所管回易本錢不多，臣欲乞朝廷特降見錢文一十萬貫，添助回易。如探伺得實，則量添酬賞。所貴激勸邊人，虜情可得。」〔註40〕可見欲詳確探得敵情，對刺事人給予優厚的獎賞，確實是很有必要的。

　　然而宋朝廷對於在遼境因事發而潛返來歸的宋諜，則常給予優厚的獎賞或撫恤，包括賜官、賜田、賜錢等。這可能是宋朝廷念及其被遼人查獲，則其本人或家人都將會遭受到嚴厲的處罰，而且也恐怕他們會被迫洩漏本國國情和間諜網，因此對於這些人特別給予優厚的獎賞和撫恤。例如據《長編》卷一六六，說：「宋仁宗皇祐元年（遼興宗重熙十八年，1049年）正月戊午（二十五日），定州路安撫使韓琦言：『邊人嚴政者，嘗使刺事契丹。今其家忽爲契丹捕去，必盡遭屠害，乞補政爲三班差使殿侍。』從之。」〔註41〕卷一七六，說：「宋仁宗至和元年（遼興宗重熙二十三年，1054年）八月乙巳（十四日），補易州民李秀爲三班差使殿侍。始秀爲雄州探事，有邊民遁入契丹以告秀，秀畏罪乃求歸，特補之。」〔註42〕卷一七九，說：「宋仁宗至和二年（遼興宗重熙二十四年，1055年）三月乙亥（十七日），詔：『雄州探事人補三班差使殿侍者，並以爲本州指使。』」〔註43〕卷一九一，說：「宋仁宗嘉祐五年（遼興宗重熙二十九年，1060年）三月癸丑（二十四日），知雄州曹偕言：『幽州人杜清自來與雄州探刺事宜。今事覺，挈家來歸。請補外州一教練使，給良田數頃，仍以月俸贍之。』從之。……五月戊申（二十一日），賜國子博士新通判明州趙至忠銀百兩、絹百匹，至忠數以契丹機密事來獻故也。」〔註44〕卷二九五，說：「宋神宗元豐元年（遼道宗大康四年，1078年）十二月乙巳（五日），定州路安撫司言：『北界人于惟孝，因傳達邊

〔註40〕趙汝愚，《宋朝諸臣奏議》（上海：上海古籍出版社，1999年12月），卷一四〇，張舜民，〈上徽宗論河北備邊五事〉，頁1586。
〔註41〕《長編》，卷一六六，宋仁宗皇祐元年正月戊午條，頁2。
〔註42〕《長編》，卷一七六，宋仁宗至和元年八月乙巳條，頁21。
〔註43〕《長編》，卷一七九，宋仁宗至和二年三月乙亥條，頁1。
〔註44〕《長編》，卷一九一，宋仁宗嘉祐五年三月癸丑條，頁6；五月戊申條，頁15。

界事，為北人收捕甚急，今乞歸明，望朝廷憫其累報北事，及嘗告捕北界刺事人李景等，特推恩。』詔：『于惟孝與三班差使，充江南指使。……。』」〔註45〕卷二九七、三〇〇、三〇一，說：「宋神宗元豐二年（遼道宗大康五年，1079 年）三月戊寅（九日），錄北界人程詮、程岊為三班借職，程景三班差使，李弼送襄州賜地二頃，月支錢千，米一石，三年。詮等嘗為邊人刺北事，又嘗告獲姦細，事覺，來歸。定州安撫使乞推恩故也。……十月己亥（四日），錄北界歸明人武備為下班殿侍江南東路指使。備嘗為邊臣，伺敵中動靜，事泄，懼罪來歸，故錄之。……十二月丙辰（二十二日），錄北界人翟公瑾為三班借職差江南指使。以定州路安撫司言公瑾屢洩契丹事，懼禍，挈妻子來歸故也。」〔註46〕以上各項所引皆顯現出宋朝廷給予這些人相當優厚的獎賞和撫恤，一方面固然感謝他們冒著生命的危險為宋國蒐集情報，另一方面也擔心他們如果被遼人捕獲之後，遭受逼供洩漏消息，或被遼人策反，為遼人所用，則反而對宋國不利，因此特別給予重賞。

另外，也有其真正身份本來就是遼諜，但是當他來歸宋國時，宋朝廷也照樣給予重賞，據《長編》卷一五七，說：「宋仁宗慶曆五年（遼興宗重熙十四年，1045 年）十月戊辰（十六日），契丹歸明人安忠信、李文吉並為三班奉職，淮南監當，仍賜忠信銀三百兩，文吉百兩。初，文吉等嘗為契丹刺事雄州，至是來歸，特錄之。」〔註47〕宋朝廷如此做法應是想透過這些來歸的遼諜，詢問出更多有關遼國的情報，或是協助宋國辨認一些可疑的人士，例如在宋神宗熙寧十年（遼道宗大康三年，1077 年）八月，「詔：『近劉舜卿乞留投來北人科格依於代州辨彼國刺事人，已如其所請。再詳本州密邇戎境，事無巨細，彼悉知之，前歲所留色格，已可準驗，今既存留，必引惹爭理，可令發遣赴太原，候有捕獲姦人，依舜卿奏令，審辨真偽』。」〔註48〕可見宋朝廷頗能靈活運用遼諜的來歸，以便取得遼國更多的訊息。

但是有時諜人來歸，宋國卻又不敢收留，據張方平《樂全集》〈論廣信軍諜人事〉，說：「臣昨過雄州，訪知廣信軍有勾當事人易州進士梁濟世，為北

〔註45〕 《長編》，卷二九五，宋神宗元豐元年十二月乙巳條，頁3。
〔註46〕 《長編》，卷二九七，宋神宗元豐二年三月戊寅條，頁3～4；卷三〇〇，宋神宗元豐二年十月己亥條，頁9；卷三〇一，宋神宗元豐二年十二月丙辰條，頁11～12。
〔註47〕 《長編》，卷一五七，宋仁宗慶曆五年十月戊辰條，頁7。
〔註48〕 《長編》，卷二八四，宋神宗熙寧十年八月乙亥條，頁20。

界事發，拔身自歸，知軍劉貽孫奏乞令赴闕量材錄用。朝旨下河北沿邊安撫司指揮廣信軍，令腕順約迴，不得收留。切以今來邊機雄州廣信軍實為耳目，若非諜人往來探報敵中動靜，何從聞知，凡我諜人即彼姦賊，為利誘使，致家死地，事洩於彼，故當我歸，此不收留，使之何適，若來無生路，去為大戮，爾後諜人豈復為用，邊臣守將坐成聾瞽，朝廷先事制勝之術疏矣。其梁濟世伏望指揮沿邊安撫司令與資遣，候到闕特與量材處置，所貴邊臣有以使諜人，朝廷有以則邊臣，此之事機極為要切。」〔註49〕從這一段話可知宋朝廷收留來歸諜人的辦法並不一致，有時顧慮遼人的反彈，引起外交的緊張，因此反而不願收留來歸的諜人。

六、宋對遼諜的防範與捕捉

在宋國境內的遼諜既然很多，因此宋朝廷對於捕捉遼諜的工作也很注意。例如在宋真宗景德元年（遼聖宗統和二十二年，1004 年）十二月，宋遼兩國正在進行議和，宋國的鄆、齊等州安撫使丁謂卻捕獲了遼國的間諜首領，並且破獲其間諜網。當時丁謂上奏，說：「擒獲契丹諜者馬珠勒格，即斬之。鞫問其人，稱徒侶甚眾，今各具形貌年齒，請下諸路分捕。」〔註50〕《宋史》〈真宗本紀〉也說：「景德元年十一月丙子（二十六日），……鄆州得契丹諜者，斬之。」〔註51〕可見在宋遼兩國的情勢將要由對峙轉趨和平時，宋國也仍然未鬆懈捕捉遼諜的工作。但是在宋遼訂立澶淵盟約之後，兩國的外交關係已由緊張轉為和緩，這種捕捉遼諜的辦法當然也必須加以改變，以免引起兩國的誤會與衝突。因此宋真宗在與遼訂盟之後不久，即景德二年（遼聖宗統和二十三年，1005 年）二月，曾經指示說：「朝廷雖與彼通好，減去邊備，彼之動靜，亦不可不知。間諜偵候，宜循舊制。又慮為其所獲，歸曲於我。朕熟思之，彼固遣人，南來伺察，自今禽獲，當赦勿誅。但羈留之，待彼有詞，則以此報答，可也。」〔註52〕並且下「詔緣邊諸州軍：『如禽獲北界姦人，可詰其事狀，部送闕下，當釋其罪，麋置內地。』」〔註53〕可見宋真宗在提醒

〔註49〕 張方平，前引書，卷二一，〈論廣信軍諜人事〉，頁 14。
〔註50〕 《長編》，卷五八，宋真宗景德元年十二月庚辰條，頁 14。
〔註51〕 脫脫，《宋史》（台北：鼎文書局，民國 67 年 9 月），卷七，本紀第七，真宗二，頁 126。
〔註52〕 同註 11。
〔註53〕 同註 11。

朝廷大臣仍然必須重視對遼用諜之外，也指示應該改變以往擒獲遼諜即予以誅殺的做法，可以先將其羈留，等待遼人來交涉。

當時地處與遼國邊境接壤的河北諸路及河東路，是遼諜滲透與活動最密集的地區，因此宋國在這些地區防範遼諜的措施比較嚴密，捕獲的遼諜也比較多，〔註54〕而宋朝廷對於捕獲遼諜者的獎賞也相當優厚。例如宋仁宗皇祐二年（遼興宗重熙十九年，1050 年）四月「庚申（四日），詔：『河北轉運司沿邊四榷場有能察捕得北界刺事者，重賞之。』」〔註55〕同月「壬戌（六日），河北人張用為奉職，張顯、王昇並為三班差使殿侍。初，河北沿邊安撫司言：『用等各捕得兩地供輸人馮均，常往來邊郡探事以報契丹。』均既處死，乃賞用等。」〔註56〕當時宋國對於身份較為特殊的兩地供輸人，由於其能較方便取得宋遼兩國的消息，因此對其防範洩漏邊情也特別嚴格，《長編》卷一九二，即提到：「宋仁宗嘉祐五年（遼興宗重熙二十九年，1060 年）七月庚寅（四日），詔：『河北兩地供輸人輒過黃河南者，以違制論。』初，邊臣言：『兩地供輸人舊條，私出本州界並坐徒，後乃更從杖。恐漸入近南州軍刺事，難以辨奸詐。』故復著此條。」〔註57〕同書卷二四五，也提到：「宋神宗熙寧六年（遼道宗咸雍九年，1073 年）五月乙卯（十三日），斬兩地供輸人北界探事百姓王千，家屬送潭州編管。千坐放火燔白溝驛廟，誣北人以求賞也。」〔註58〕可見宋朝廷對於此種人士洩漏邊情有嚴厲的規定與處罰。

另外，宋朝廷對於在內地或京城活動的遼諜也很注意，例如在宋神宗熙寧八年（遼道宗大康元年，1075 年）二月，因為當「時北人泛使將至，慮有奸人，竊覘中國也」，〔註59〕因此神宗「手詔：『外國刺事人令都亭驛開封府密遣人跡捕，告獲一人，賞錢千緡，仍與班行，即居停知情人能告首原罪外，

〔註54〕 關於宋遼兩國彼此用諜，以及間諜在邊境地區活動和被捕獲的情形，可參閱陶晉生，〈雄州與宋遼關係〉，《國際宋史研討會論文集》（台北：中國文化大學史學研究所，民國 77 年 9 月），頁 169～184；陶玉坤，〈遼宋和盟狀態下的新對抗──關于遼宋間諜戰略的分析〉，《黑龍江民族叢刊》，1998 年第 1 期，頁 70～75。另外，關於宋代雄州兩輸地的情形，可參閱佐伯富，〈宋代雄州における緩衝地兩輸地についてし〉，《中國史研究》（1）（京都，京都大學文學部，東洋史研究會，昭和 44 年 5 月），頁 488～523。

〔註55〕 同註 19。

〔註56〕 同註 19。

〔註57〕 《長編》，卷一九二，宋仁宗嘉祐五年七月庚申條，頁 1。

〔註58〕 同註 39。

〔註59〕 《長編》，卷二六〇，宋神宗熙寧八年二月庚辰條，頁 12。

亦與酬賞。』」〔註60〕但是宋朝廷基於與遼國的友好外交關係，也並不濫捕遼
諜，例如宋神宗元豐二年（遼道宗大康五年，1079年）十月，「定州路安撫使
韓絳言：『北界崔士言屢至安肅軍刺事，結東京商人蘇文，圖寫河北州軍城圍
地理。士言為本軍百姓誘至閤臺村南兩界首執之。』」〔註61〕但是神宗「詔：
『士言未過南界，遽已捕執，慮別致引惹，自今緝知北界奸細，須誘入省地，
方許收捕。仍詔告捕蘇文賞錢千緡，班行內安排。』」〔註62〕可見宋朝廷在捕
捉遼諜和繼續維持與遼和平外交的兩件事情當中，頗能採行權宜之計的妥善
辦法。

　　但是宋國捕捉遼諜的辦法有時卻被不法官員當作邀功的手段，據《長編》
卷九七，說：「宋眞宗天禧五年（遼聖宗太平元年，1021年）三月，……辛巳
（四日），……初，磁州民張熙載詐稱黃河都部署籍並河州郡芻糧，數至貝州，
知州內園使雷孝先覺其姦，捕繫獄。然孝先狡獪，反欲因此為奇功以動朝廷。
迫司理參軍紀瑛教熙載偽契丹諜者，號景州刺史兼侍中司空太靈宮使，部送
京師。樞密院按得孝先所教狀。丙戌（九日），責孝先為潭州都監，熙載決配
海州，瑛未得與官。」〔註63〕可見這位雷孝先誣指已被捕繫獄的罪犯張熙載
為遼諜，以期邀得更大的功勞，結果事發未能得逞。但是也確實有被人誣指
為遼諜而遭受冤獄者，據《長編》卷一○三，說：「宋仁宗天聖三年（遼聖宗
太平五年，1025年）八月，……戊午（九日），……東上閤門使會州刺史王遵
度領皇城司，遣卒刺事。有沈吉者，告賈人張化等為契丹間諜，即捕繫本司
獄，所連逮甚眾。命殿中侍御史李紘覆訊，紘悉得其誣，抵沈吉罪。辛酉（十
二日），降遵度為曹州都監。時有奸人偽為皇城司刺事卒，恐民以取賕者，權
知開封府理臻募得其主名，黥竄三十餘人，都下肅然。」〔註64〕顯然當時屢
有因捕捉遼諜而發生冤獄的例子。

七、結　論

　　從以上的討論，我們可知在宋代初期因為與遼對峙，因此必須頻頻對遼
用諜，以便偵知遼國的情勢。直至宋眞宗時，兩國訂立澶淵盟約，對峙的關

〔註60〕註同前。
〔註61〕《長編》，卷三○○，宋神宗元豐二年十月壬子條，頁14。
〔註62〕註同前。
〔註63〕《長編》，卷九七，宋眞宗天禧五年三月辛巳條，頁4。
〔註64〕《長編》，卷一○三，宋仁宗天聖三年八月戊午條，頁12。

係轉趨友善，並且經常派遣使節進行交聘的活動。但是宋朝廷對遼用諜的工作並未因而停頓或鬆懈，甚至於把握了比往昔與遼國有較多接觸的機會，更深廣地蒐集遼的各種情報資訊。筆者認為這對宋國而言是很有必要的，因為從宋遼外交方面來看（此處不提及宋對遼用諜與其國防軍事等關係），我們即可體會宋朝廷必須很積極地對遼用諜，才能在比較明確掌握遼情的情況下，使其對遼的外交不致處於被動的一方。尤其是當時遼國的情勢比宋國強，在軍事方面也居於上方，因此宋朝廷為了能與遼在外交上相抗衡，以取得平等的地位，以及在進行增幣、畫界交涉時不致於吃虧，就必須很積極的對遼用諜，才能偵知更多的遼情。從本文以上的討論，我們對於此種情況應已有所體認。

徵引書目

一、史　料

1. 王稱，《東都事略》，台北：文海出版社，民國 68 年。

2. 江少虞，《皇朝類苑》，台北：文海出版社，民國 70 年。

3. 沈括，《夢溪筆談》，台北：台灣商務印書館，民國 54 年。

4. 李燾，《續資治通鑑長編》，上海：上海古籍出版社，1986 年。

5. 邵伯溫，《聞見前錄》，收錄於《歷代筆記小說集成》，《宋代筆記小說》第五冊，石家莊：河北教育出版社，1994 年。

6. 脫脫，《遼史》，台北：鼎文書局，民國 67 年。

7. 脫脫，《宋史》，台北：鼎文書局，民國 67 年。

8. 張方平，《樂全集》，《文淵閣四庫全書》，台北：台灣商務印書館，民國 72 年。

9. 劉敞，《公是集》，《文淵閣四庫全書》，台北：台灣商務印書館，民國 72 年。

10. 趙汝愚，《宋朝諸臣奏議》，上海：上海古籍出版社，1999 年。

11. 蘇軾，《蘇東坡全集》，台北：新興書局，民國 44 年。

二、論　文

1. 佐伯富，〈宋代雄州における緩衝地兩輸地についてし〉，《中國史研究》（1）京都，京都大學文學部，東洋史研究會，昭和 44 年 5 月。

2. 曹家齊，〈宋朝對邊塞進出境人員及貿易的管理〉，《廣西大學學報》，第 21 卷第 2 期，1999 年 4 月。

3. 陶玉坤，〈遼宋和盟狀態下的新對抗──關于遼宋間諜戰略的分析〉，《黑龍江民族叢刊》，1998 年第 1 期。

4. 陶晉生，〈雄州與宋遼關係〉，《國際宋史研討會論文集》，台北，中國文化大學史學研究所，民國 77 年。

5. 傅樂煥，〈宋遼聘使表稿〉，《歷史語言研究所集刊》第 14 本，收錄於《遼史彙編》（八），台北，鼎文書局，民國 62 年 10 月。

《東吳歷史學報》第 10 期（民國 92 年 12 月），頁 1～18。

第七章　宋遼使節逗留對方京城日數的探討

摘　要

　　宋遼兩國在訂立澶淵盟約之後，雙方的外交組織、事宜、和禮制等，都逐漸臻於完備，因此規定了許多必須共同遵守的事項。其中一項即是外交使節逗留於對方京城的日數，不能超過十天。當時宋遼的外交使節幾乎都能遵守此項規定，但是也有幾位是例外的。本文即是針對此一史實試作比較深入的探討，以期能使讀者對於宋遼外交有進一步的瞭解。

　　關鍵詞：宋、遼、外交、使節。

一、前　言

　　對於本文的標題，筆者必須先加以說明的是，宋國使節被派任出使遼國的任務之後，其使遼的目的地，並不一定是在遼的上京或中京，而是根據當時遼國皇帝正停駐在何地而定。這些地方可能是在上京、中京，也可能是在多捺鉢的地方，並且是在宋國使節進入遼境之後，才由遼國接伴使告訴他明確的地點。也就是至此時宋國使節才知道他必須前往何地，始能見到遼帝，進行交聘的活動。因此本文的標題──〈宋遼使節逗留對方京城日數的探討〉似乎不太恰當，但是為了簡短，以及讓讀者一看即知道筆者要探討的重點是什麼，也就如此決定標題，尚請讀者能瞭解。

　　自從宋眞宗景德元年（遼聖宗統和二十二年，1004 年）與遼訂立澶淵盟約之後，雙方的外交關係即建立起友好的情誼。這種情形一直至宋徽宗宣和四年（遼天祚帝保大二年，1122 年）派童貫率兵攻打遼為止，共維持了一百多年。在此段期間兩國使節交聘的活動很頻繁，諸如兩國太后、皇帝生辰、逝世或每年正旦等，雙方皆會派遣使節進行交聘的活動。〔註1〕當時宋遼兩國為了讓此種外交能持續進行，以及使外交功能可以高度發揮，曾制定出很多項雙方都應該遵守的規定，其中一項據《續資治通鑑長編》（以下簡稱《長編》）卷二六二，說：「故事，使者留京，不過十日。」〔註2〕這句話雖然是說，根據往例遼國的使節逗留宋國汴京不能超過十天，但是此項規定其實也是宋國使節出使遼國時必須遵守的。也就是說遼國使節來到宋國的汴京，或是宋國使節到達遼國皇帝的駐在地之後，都必須在短短的十天內趕快進行密集的交聘活動或完成交涉的事宜，然後請辭啓程返國。筆者對於這樣的約束覺得很特別，因此進一步想到是否有例外的時候？因為外交事務繁雜，有時候可能會有料想不到的狀況發生，或是當兩國對於某件事情未能達成協議時，如果仍硬性規定十天之後，前來的使節就必須請辭離開京城（或停駐地），則必定會使交涉事宜的進行導致中斷，進而影響雙方協議的達成。因此在宋遼外交史上，有關宋遼使節逗留對方京城日數的情形頗有探討的必要，而筆者也發

〔註 1〕　可參閱聶崇岐，〈宋遼交聘考〉，《宋史叢考》（下）（台北：華世出版社，民國
　　　　　75 年 12 月），頁 286～287，原載於《燕京學報》第 27 期；黃鳳岐，〈遼宋交
　　　　　聘及其有關制度〉，《社會科學輯刊》1985 年第 2 期，頁 96～97。
〔註 2〕　李燾，《續資治通鑑長編》（以下簡稱《長編》）（上海：上海古籍出版社，1986
　　　　　年 2 月），卷二六二，宋神宗熙寧八年四月丙寅條，頁 6。

現尚未有國內外的學者撰寫專文討論此一史實，〔註3〕因此就蒐集了相關的史料和論著文章，撰成本文。

二、遼使節逗留宋汴京的日數

首先筆者想知道遼國使節從抵達宋國汴京至其請辭啓程返國時，是否都能遵守前後十天的規定？對於此一問題，筆者在開始查閱相關史料時，本來認為宋遼兩國有長期的友好外交關係，雙方所派遣的使節也多達一千六百多位，〔註4〕因此在《長編》中必然記載了很多遼國使節抵達宋汴京之後，所進行的各種交聘活動，以及其逗留的日數。但是經過筆者詳細查閱《長編》之後，發現其在此方面的記載，往往只記載遼使節抵達宋汴京的日期，至於請辭準備啓程返遼的日期則多予以省略不記，因此最後筆者查得遼使節抵達與請辭兩項日期都有記載的，約只有下列七例：

（一）宋眞宗大中祥符元年（遼聖宗統和二十六年，1008年）「十一月壬午（二十五日），契丹使左武衛上將軍蕭永、……來賀承天節。……十二月乙未（九日），契丹使蕭永等辭歸國。」〔註5〕

（二）宋仁宗至和二年（遼道宗清寧元年，1055年）「十二己酉（二十六日），契丹國母遣林牙保靜節度使蕭袞、……來賀正旦，又遣林牙右領軍衛上將軍蕭鏐、……來謝冊立。」〔註6〕宋仁宗至和三年（遼道宗清寧二年，1056年）「正月己未（六日），契丹使者入辭，置酒紫宸殿。」〔註7〕

（三）宋仁宗嘉祐三年（遼道宗清寧四年，1058年）「十二月辛卯（二十五日），契丹國母遣林牙天德節度使耶律通、……、契丹遣保靜節度使耶律維新、……來賀正旦。」〔註8〕宋仁宗嘉祐四年（遼道宗清寧五年，1059年）「正

〔註3〕 在國內外學者的論著中，筆者只見到傅樂煥〈宋遼聘使表稿〉附考註6，有三百多字討論關於宋遼兩國的使節只能逗留對方京城（或停駐地）十天的規定。收錄於《遼史彙編》（八）（台北：鼎文書局，民國62年10月），頁587，原載於中央研究院《歷史語言研究所集刊》第14本。至於專文討論此一史實者，筆者未曾見及。

〔註4〕 可參閱傅樂煥，前引文，頁580。

〔註5〕 《長編》，卷七〇，宋眞宗大中祥符元年十一月壬午條，頁16、十二月乙未條，頁17。

〔註6〕 《長編》，卷一八一，宋仁宗至和二年十二月己酉條，頁15。

〔註7〕 《長編》，卷一八二，宋仁宗嘉祐元年正月乙未條，頁1。

〔註8〕 《長編》，卷一八八，宋仁宗嘉祐三年十二月辛卯條，頁15。

月辛丑（六日），契丹使辭，命宰相韓琦押燕於都亭驛，以上未御殿也。」〔註9〕

　　（四）宋神宗熙寧八年（遼道宗大康元年，1075年）「十二月癸丑（二十六日），遼主遣安東軍節度使耶律世通、……遼國母遣奉國軍節度使蕭達、……來賀正旦。」〔註10〕宋神宗熙寧九年（遼道宗大康二年，1067年）「正月癸亥（六日），……是日，六日癸亥上批：『河東分畫地界公事，韓縝、李評候北使辭訖，可降與今來合分畫去處文字仰遵守施行，仍早令起發。』」〔註11〕

　　（五）宋神宗元豐七年（遼道宗大康十年，1084年）「十二月辛卯（二十六日），遼主遣永州觀察使耶律襄、……來賀正旦。」〔註12〕宋神宗元豐八年（遼道宗大安元年，1085年）「正月己亥（四日），……詔：『賀正旦遼使令六日門辭授書賜例物。』……辛丑（六日），遼使辭於紫宸殿門外。」〔註13〕

　　（六）宋哲宗元祐二年（遼道宗大安三年，1087年）「七月戊午（九日），遼國遣崇儀軍節度使蕭德崇、……來賀坤成節。……戊辰（十九日），遼使辭。」〔註14〕

　　（七）宋哲宗元符二年（遼道宗壽昌五年，1099年）「十二月癸亥（二十六日），遼國遣使高州觀察使蕭括、……來賀正旦。」〔註15〕宋哲宗元符三年（遼道宗壽昌六日，1100年）「正月……六日，遼國使副辭於門外。」〔註16〕

　　從上述七例，我們可以發現，第一例的時間是在宋真宗大中祥符時期，此時為宋遼訂盟之後的第五年，有關遼使節逗留宋汴京的時間應為十天的規定，似乎尚未成為定制，因此遼使節蕭永在宋汴京逗留了約十五天的時間。至於第二例的時間是在宋仁宗至和年間，此時距離宋遼訂盟已有五十年之久了，因此遼使節在宋汴京逗留的時間應為十天已經成為定制。也因而從第二例至第七例，遼使節逗留宋汴京的時間都是十天左右，正符合了前面所提「故事，使者留京，不過十日。」〔註17〕的規定。但是此項規定在何年成為定制，筆者卻未見史書有明確的記載。

〔註 9〕　《長編》，卷一八九，宋仁宗嘉祐四年正月辛丑條，頁 2。
〔註 10〕　《長編》，卷二七一，宋神宗熙寧八年十二月癸丑條，頁 15。
〔註 11〕　《長編》，卷二七二，宋神宗熙寧九年正月癸亥條，頁 1。
〔註 12〕　《長編》，卷三五〇，宋神宗元豐七年十二月辛卯條，頁 13。
〔註 13〕　《長編》，卷三五一，宋神宗元豐八年正月己亥條、辛丑條，頁 1。
〔註 14〕　《長編》，卷四〇三，宋哲宗元祐二年七月戊午條、戊辰條，頁 5、19。
〔註 15〕　《長編》，卷五一九，宋哲宗元符二年十二月癸亥條，頁 10。
〔註 16〕　《長編》，卷五二〇，宋哲宗元符三年正月癸酉條，頁 1。
〔註 17〕　同註 2。

三、遼使節逗留宋汴京超過十天的特例

依上節的論述，可知遼使節往往都能遵守雙方所規定的慣例，逗留在宋汴京盡量不超過十天，但是筆者詳細查閱《長編》中相關的記載，發現至少有兩件特例，提到遼使節逗留宋汴京的日數超過十天以上。

其中一例，據《長編》卷二六二，說：「宋神宗熙寧八年（遼道宗大康元年，1075 年）四月丙寅（五日），……故事，使者留京，不過十日，（蕭）禧至以三月庚子（八日），既入辭，猶不行，與（韓）縝等爭論，或至夜分，留京師幾一月。」〔註 18〕從此段記載，我們可知，顯然蕭禧違背了宋遼外交上的慣例，竟然在宋國的汴京逗留將近一個月之久。為何其明知故犯呢？為何其已向宋國皇帝辭行，卻仍然逗留於宋汴京，而不願啟程返遼呢？

想了解此一史實，筆者認為有必要從頭說起。在此之前，遼臣蕭禧曾三次出使宋國，也就是宋英宗在治平四年（遼道宗咸雍三年，1067 年）正月死，當年「六月三日，大遼國祭奠弔慰奉使奉寧軍節度使蕭禧，……並入奠大行皇帝神御于皇儀殿。是日，御殿之東幄，禧等進慰書，入見如嘉祐之儀」。〔註 19〕此為其第一次使宋。另外，在咸雍六年（宋神宗熙寧三年，1070 年）四月丙寅（六日），「遼主（遼道宗）遣永州觀察使耶律寬、衛尉少卿程冀；其母（宗天太后）遣懷德軍節度使蕭禧、太常少卿張冀，來（宋國）賀同天節」。〔註 20〕關於蕭禧這兩次出使宋國，史書都未提到其在宋汴京逗留了多少天，但是根據判斷，其應是有遵守慣例，逗留的時間不會超過十天，因此《長編》中未提及其請辭的日期。

從以上的論述可知，後來蕭禧在熙寧七年（遼道宗咸雍十年，1074 年）、八年（遼道宗大康元年，1075 年）兩次再度使宋至汴京之前，他已有兩次使宋的經驗，當然知只能逗留宋國汴京十天的規定。但是在熙寧八年三月，他卻在請辭之後，仍不願即時啟程返遼，反而在汴京逗留長達將近一個月的時間。為何會如此呢？這又得從熙寧六年（遼道宗咸雍九年，1073 年）宋遼兩國交往的情形說起，據《長編》卷二四八，說：「（宋神宗）熙寧六年十一月戊午（十九日），契丹欲爭蔚、應、朔三州地界，事有萌芽，上（宋神宗）深

〔註 18〕 同註 2，頁 4～7。
〔註 19〕 徐松，《宋會要輯稿》（北京：中華書局，1997 年 6 月），禮二九，歷代大行喪禮上，卷 7348，頁 6。
〔註 20〕 《長編》，卷二一〇，宋神宗熙寧三年四月丙寅條，頁 1。

以爲憂。」〔註21〕同書卷二五〇，說：「熙寧七年二月壬申（四日），……知瀛州天章閣待制韓縝、同提舉在京諸司庫務，仍詔縝以瀛州事付河北東路都轉運使劉瑾，亟乘驛赴闕。時契丹將遣泛使蕭禧來，召縝館伴故也。……丙子（八日），……是日，上（宋神宗）召對輔臣于天章閣，以諜報契丹欲復求關南地也。」〔註22〕同書卷二五一，說：「熙寧七年三月丙辰（十九日），遼主遣林牙興復軍節度使蕭禧來致書，見于崇政殿。……先是，執政多以爲蕭禧來，必復求關南地。……（王）安石謂必無它，或是爭河東疆界耳。及折書，果然。上（宋神宗）諭禧曰：『此細事，疆吏可了，何須遣使？待令一職官往彼計會，北朝一職官對定如何。』禧曰：『聖旨如此，即不錯。』上問禧復有何事，禧言：『雄州展托關城，違誓書。』上曰：『誓書但云不得創築城池，未嘗禁展托。然此亦細事，要令拆去亦可。』禧曰：『北朝只欲南朝久遠不違誓書。』上曰：『若北朝能長保盟好，極爲美事。』又問禧復有何事，禧曰：『無他事也。』」〔註23〕因此至同月「癸亥（二十六日），遼使蕭禧辭於崇政殿。上面諭……禧奉詔而退」。〔註24〕可見在宋神宗熙寧七年，蕭禧前來宋國交涉邊境事宜，其在宋國汴京逗留的日數並未超過十天，仍然能遵守雙方的規定。

但是至宋神宗熙寧八年三月，蕭禧再度來到汴京交涉河東邊界事宜時，卻違背了只能逗留十天的規定，甚至於逗留汴京長達近一個月之久。初於熙寧八年正月，宋神宗即曾問大臣張方平，說：「蕭禧將復來，敵意安在？」〔註25〕及至二月，蕭禧抵宋國邊關雄州時，竟然似即有意觸犯兩國外交上的一些規定，例如據《長編》卷二六〇，說：「先是敵以河東地界議久不決，復使蕭禧來，詔太常少卿向宗儒、皇城使兼閤門通事舍人王澤接伴，於是宗儒等言蕭禧至雄州白溝驛，不肯交馬馱，欲至城北亭，非故事。上批：『蕭禧於白溝，住幾十日，至今未聞起離。向宗儒等雖再三執以舊例，禧殊未有順從之意，欲更遷延，深恐彼情愈肆彊忿，或出不遜之言，或以巡馬擁送南來，益難處置，雄州使人約闌，又致喧爭，萬一擾攘，或傷官吏，恐不可收拾。……。』」

〔註21〕《長編》，卷二四八，宋神宗熙寧六年十一月戊午條，頁8。
〔註22〕《長編》，卷二五〇，宋神宗熙寧七年二月壬申條，頁4、丙子條，頁7。
〔註23〕《長編》，卷二五一，宋神宗熙寧七年三月丙辰條，頁12～13。
〔註24〕《長編》，卷二五一，宋神宗熙寧七年三月癸亥條，頁25。
〔註25〕《長編》，卷二五九，宋神宗熙寧八年正月乙卯條，頁11。

〔註26〕「又批：『北使久留白溝，已經累日，自通好以來，無此事，朝廷處置實不可緩，蓋所爭者小，而所顧者重。……。』」〔註27〕顯然蕭禧此次出使宋國，一開始即抱著相當強硬的態度，因此從抵達宋國邊境即有意違背兩國的外交規定。結果此事也導致了向宗儒等人後來遭受到宋朝廷的處罰，據《長編》卷二六一，說：「改命太子中允開封府推官王欽臣，加太常少卿送伴遼使、皇城使兼閤門通事舍人夏伸副之，代向宗儒、王澤也。宗儒、澤乃各罰銅二十斤。初宗儒等接伴蕭禧，禧欲以行李至雄州北亭交轄，宗儒等止之，禧有不能更去之語，上怪宗儒等為國生事，仍坐嘗奏請，約回泛使，及在道問蕭禧是來理疆界否，特罰之。」〔註28〕

至熙寧八年三月「庚子（八日），遼主再遣林牙興復軍節度使蕭禧來致書，見於紫宸殿。……乙巳（十三日），大宴集英殿，蕭禧預焉」。〔註29〕根據此二則史料日期的記載，則蕭禧最遲也應該於三月十七日左右向宋神宗請辭，並且啟程返遼。但是至三月二十一日，宋朝廷見「蕭禧久留不肯還，故遣（沈）括詣敵廷面議」。〔註30〕蕭禧這種不肯辭行返遼的狀況，在之前的宋遼外交史上是未曾發生過的，因此宋朝廷似乎也不知道該如何處理，就讓他繼續在汴京逗留。直至四月五日，「遼國信使蕭禧等辭于紫宸殿，置酒垂拱殿」。〔註31〕宋朝廷才鬆了一口氣，而且宋神宗也下詔，說：「國家與契丹通和年深，終不欲以疆場細故，有傷歡好。大體既許以治平年蓋鋪處，依舊址修蓋。務從和會，即更有無照證，若不指定分水處，即恐檢視之時，難為辯撥。……今已指揮韓縝等一就檢視辯撥，處以分水嶺為界。」〔註32〕並且「遣使者持示（蕭）禧，禧乃辭去。（沈）括候禧去乃行」。〔註33〕

至此時，遼使蕭禧久留宋汴京，未遵守只能逗留十天的事件也才告一段落，但是《長編》卷二六二在記載此事件的同時，特別提出下列詳細的討論，說：「故事，使者留京，不過十日，（蕭）禧至以三月庚子（八日），既入辭猶不行，與（韓）縝等爭論，或至夜分，留京師幾一月。實錄云：禧至以三月

〔註26〕 《長編》，卷二六○，宋神宗熙寧八年二月甲申條，頁13。
〔註27〕 同前註。
〔註28〕 《長編》，卷二六一，宋神宗熙寧八年三月甲寅條，頁7。
〔註29〕 《長編》，卷二六一，宋神宗熙寧八年三月庚子條、乙巳條，頁3、4。
〔註30〕 《長編》，卷二六一，宋神宗熙寧八年三月癸丑條，頁7。
〔註31〕 《長編》，卷二六二，宋神宗熙寧八年四月丙寅條，頁4。
〔註32〕 同前註，頁6。
〔註33〕 同註32。

庚子，戊辰踰期不肯行，庚子三月八日也，戊辰乃四月七日，戊辰上當有是月事，蓋禧以四月五日丙寅入辭，越一日戊辰，猶不肯行也，不知竟用何日。神宗正史契丹外傳云：禧留京師幾一月乃行，按三月八日禧入見，四月七日猶不行，恰二十九日，此即傳所云：幾一月也。傳蓋因實錄，其行竟不知何日，然則所云，幾一月，亦未實，當考。張方平墓誌云：蕭禧當辭，偃蹇臥驛中不起，張方平誤。吳充曰：禧不即行，使主者日致饋而勿問，且使邊吏以其故檄敵中可也，充啓用其說，禧即日行。蓋墓銘飾說禧自為疆事如志故去耳。〈張升之傳〉云：蕭禧議地界理屈，臥都亭驛不敢歸，升之日致饗授，館有常禮，過期曲留，宜即裁抑，禧慚沮乃行。禧得所欲而歸耳，所稱理屈及慚沮蓋飾辭也。」〔註 34〕可見當時蕭禧逾期逗留於宋汴京，是以理屈和慚沮為藉口，但是其此一違規的行為卻使宋朝廷增加了許多困擾，這可謂是宋遼外交史上一件頗為特殊的史實。而且就此段史料來看，蕭禧後來雖然請辭了，但是仍然逗留汴京不願即時啓程返遼，甚至於最後其何日啓程，宋朝史書竟未予以記錄，這不僅令我們感到奇怪，也可知實際上蕭禧逗留於宋汴京，應至少超過一個月以上。

　　據筆者詳細查閱相關的史料發現，後來又發生了一件遼國使節蕭德崇逗留宋汴京逾期不歸的事件。在本文第二項第六例曾提到蕭德崇在宋哲宗元祐二年（遼道宗大安三年，1087 年）七月九日來賀坤成節，至七月十九日請辭返遼，可見當時蕭德崇確實能遵守不得在宋汴京逾留十天的規定。

　　但是至宋哲宗元符二年（遼道宗壽昌五年，1099 年）三月「丙辰（十三日），遼國泛使左金吾衛上將軍簽書樞密院事蕭德崇、副使樞密直學士尚書禮部侍郎李儼，見於紫宸，曲宴垂拱殿。其遣泛使止為夏國遊說息兵，及還故地也。德崇等見上（宋哲宗），遂言：『北朝皇帝告南朝皇帝，西夏事早與休得，即甚好。』上顧張宗禹令答之曰：『西人累年犯順，理須討伐，何煩北朝遣使。』德崇等唯唯而退。」〔註 35〕當時宋朝廷對於蕭德崇等人的到來，採取很謹慎的態度，例如有大臣右正言鄭浩言：「臣伏見遼國人使已於今月十三日朝見，外議以為非。泛使不至中國久矣，今此叩廷決不虛發，若非本朝自有所請，則必為羌人請命而至，此實大事，尤在審詳。」〔註 36〕因此從三月二十二日蕭德崇不肯收受宋朝廷所給的白劄子開始，宋哲宗與諸大臣均有充

〔註 34〕同註 31，頁 6～7。
〔註 35〕《長編》，卷五〇七，宋哲宗元符二年三月丙辰條，頁 3。
〔註 36〕同前註，頁 4。

分的討論。

爲了使讀者能瞭解蕭德崇逾期逗留宋汴京的過程，筆者特徵引《長編》卷五〇九中詳細的記載，其說：

先是，館伴所言：「信使以白箚子云，西人悔過謝罪，許以自新，則是全不干北朝遣使之意，兼未見答『休退兵馬，還復疆土』八字。往復久之，未肯收受。」詔二府改定進呈，（曾）布錄此段在乙丑（三月二十二日），今附此遂改定云：「夏國罪惡深重。雖遣使謝罪，未當開納，以北朝遣使勸和之故。令邊臣與之商量，若至誠服罪聽命，當相度許以自新。」上稱善。初章惇云：「夏國作過未已，北使雖來勸和，亦須討伐。若能服罪聽命，雖北朝不來勸和，亦自當聽許。」布曰：「如此止是廝罵，卻了事不得。」遂如布所定，眾皆以爲然，再對，具以白上。上亦以爲不可。既而館伴所又言，此段布錄在丙寅（三月二十三日），今附此信使得改定白箚子，亦不肯受，乞與增特停征討四字。布曰：「蔡卞已嘗言，欲添與『特免討伐』四字，正與此同。然恐未可數改。」遂詔蔡京，令不得輕許以增改語言。京又乞削去，聽其反覆偏詞，是責其主，恐彼難收受，遂與刪改云：「夏人詭辭干告，既移文計會，又遣使勸和。」是日，惇、卞不入，惇深以刪改爲不須也。此段布錄在丁卯（三月二十四日），今附此後四日，丁卯後四日，庚午（三月二十七日）惇謂布：「信使終未肯受白箚子，蓋是前來不合與添北朝勸和意，待卻取來，依前所草定言語與之。」眾皆默然。惇又謂布曰：「公每事且道定著。」布曰：「自議邊事以來，語言未嘗不定，卻不似他人，一坐之間說得三般兩樣，公適來之說使不得。如布所見，他既堅云不得回答八字不敢受。兼信使語，最無禮處，是云肯抽退兵馬，還復疆土，要一分白文字；若不肯，亦要一分白語言，方敢受。此極無禮。當答之云，朝廷既許以自新，夏人又不作過，即自無出兵討伐之理。其建置城寨係僅禦奔衝之處，兼是本朝郡縣之地，決不可還。復如此答之，看他待如何。」惇曰：「如此亦得。」布曰：「這個須道定著，但恐下來不如此答他，必不肯去。諸公更有高見，及更生異論，恐無以易此語。」惇曰：「恁他好前來言語，更不須說。」布曰：「不可。公適已言爲布欲添勸和之意，致敵人不肯

受箚子。今公議論如此,布所見如此。若不盡陳于上前,取決于上,即無由有定論。」既對。上曰:「敵人堅不肯受箚子,且勿恤更住數月亦不妨。」布曰:「陛下聖意已定,臣下足以奉行。蔡京輩館伴以來,分付得箚子,敵人未辭,是職事未了,義不自安。既得朝旨,令堅執前議,更無可商量。又聖意如此,何疑之有。」布遂悉以惇語白上。上曰:「莫難。」布又言:「惇以為臣不當添勸和一節,致敵人不受。」卞曰:「此是眾人商量,不須分辯。」布又具道布所見如前所言。上曰:「極好,然且候半月十日間未受時,卻如此指揮亦可。」布曰:「如此無不可者。」惇曰:「如聖意且更令住數月亦不妨。」是月甲戌四月一日,館伴所言:「信使兩召會食不赴,云事未了,不敢飲酒聽樂。如前日箚子只得自新兩字,北朝所言八字,並不曾答。雖餓殺亦不敢受此箚子。」蔡京又疑信使不肯造朝,已而如期造朝。上又言:「恐起居時要唐突,令密院且勿退。」既起居訖便出,一無所陳。上問:「何以處之。」布持議如前。後四日,後甲戌四日丁丑(四月四日)也館伴所又言:「信使未受箚子,欲增抽退兵馬,還復疆土之語。」眾議欲明諭以夏人聽命伏罪,朝廷許以自新,即豈有更出兵討伐之理,其邊臣進築城寨以禦其奔衝,兼係本朝郡縣境土,及藩臣作過,理須削地,無可還復,以此答之不妨。上亦以為然。是日,信使造朝,跪于庭下云:「所得白箚子只得自新兩字,未分白。乞更賜增添。」上令張宗离答以事理已盡,無可更改。使者再有所陳,上欲以前語答之,而宗离不敢再表,遂又呈嘉祐、熙寧北界打圍,亦皆批斫林木。然熙寧六年于西山打圍,七年便遣蕭禧理辨地分。十年分畫畢。元豐二年又坐冬于西京,初諸路探報北人于邊界作圍場。及于西京坐冬。惇以為不足恤。布曰:「必恐生事,蓋蕭禧理辨地界,如黃嵬山解子平一帶,河北地分尚未了。緣此生事未可知。」上亦以為然。故檢尋舊邊報,以證其舉動非無故也。後十日,丙戌(四月十三日)也,後丁丑十日同呈館伴所語錄共八件,撰定對答信使之語。如前議納于不前。又蔡京言:「信使遣二書吏來傳語,要于自新字下略添得些小抽退兵馬之意,亦可受。兼白箚子內多說興宗皇帝書意,似未便及言朝廷郡縣之地,恐生忿。京答云:

「自身已是分白無可更改，只是汝兩人誤他，使住許多日數，白箚子只說與興宗書不同，卻不似北朝容易輕出語言，便云有違先旨，那個是輕重。若言本朝郡縣之地，興州、靈州、銀、夏、綏、宥，不是朝廷地，是誰地？此地皆太宗、眞宗賜與李繼遷，如何是生拘。兩人者皆無答，但云不由人吏，是簽樞未肯受。觀其詞氣頗已屈服。」翼日遂受白箚子。翼日丁亥（四月十四日）也。〔註37〕

可見當時宋哲宗和朝廷大臣對於此次蕭德崇等人一意爭執，不顧只能逗留宋汴京十天的規定，是抱持著很大的耐心，因此在這段期間宋哲宗曾說：「敵人堅不肯受箚子，且勿恤更往數月亦不妨」、〔註38〕「極好，然且候半月十日間未受時，卻如此指揮亦可」。〔註39〕而大臣張惇也配合，說：「如聖意，且更令住數月亦不妨」。〔註40〕顯然宋哲宗對於蕭德崇在宋汴京逗留，到底要逾期多少天，已有心理上的準備。

而蕭德崇至四月十六日乞朝辭時，竟仍在文字上爭取遼國的尊嚴，因此《長編》卷五〇九，又說：

乞朝辭，乙丑日（四月十六日）館伴所又言：「信使欲改大遼國信所爲北朝字。」從之。以元祐中因敵使授生鐡箚子。欲改大遼爲北朝，既降旨從其所請，又令今後卻提空南朝字，彼亦不敢違，館伴所亦難以北白箚子內有南宋字。信使云：「西人之語，非本朝所稱。」遂已。蔡京初受詔館伴，對崇政殿，上曰：「北人以何辭解和夏國。」京曰：「彼必以尚主爲詞，蓋仁宗朝有書答北朝曰：『既論聯姻之舊，當寬問罪之師。』」上曰：「仁宗有書如此，彼何以答之。」京曰：「彼興宗有書報仁宗，屬友愛之尤深，在蕩平之亦可。」又曰：「苟有稽于一舉，終無益于兩朝。是彼嘗欲蕩平夏國也。」上曰：「善。可具錄進入。」〔註41〕

宋朝廷遂於該月「辛卯（十九日），遼國信使蕭德崇、李儼等辭，置酒于紫宸殿」。〔註42〕至此時，蕭德崇違背兩國外交上的規定，延長了逗留宋汴京日數

〔註37〕 《長編》，卷五〇九，宋哲宗元符二年四月辛卯條，頁4～6。
〔註38〕 同前註，頁5。
〔註39〕 同前註。
〔註40〕 同註38。
〔註41〕 同註37，頁6～7。
〔註42〕 同註37，頁1。

的事件，才終於告一段落，但是《長編》對於其逗留的日數，曾特別作一統計，說：「德崇、儼留京師凡三十七日乃歸。」〔註43〕

四、宋使節逗留遼皇帝駐在地的日數

由以上的討論可知，宋遼兩國互有規定雙方使節逗留對方京城（或停駐地）的日數不得超過十天，因此宋國使節出使遼國，抵達遼國皇帝的停駐地之後，也都必須遵守此項規定。筆者在查閱這一方面的史料時，發現因遼人留存下來的史料甚少，因此未見有遼人著作提到宋使節在遼國皇帝停駐地逗留多少日數的記載，只好反求之於宋人的著作。

宋眞宗大中祥符元年（遼聖宗統和二十六年，1008 年），知制誥路振曾至遼中京，祝賀遼聖宗生日，在其所撰的《乘軺錄》，說：「大中祥符元年十二月四日，過白溝河，……二十六日，持國信自東掖門入，至第三門，名曰武功門，見虜主（遼聖宗）于武功殿。……二十七日，自西掖入，至第三門，名曰文化門，見國母（承天太后）于文化殿。……二十八日，復宴武功殿，即虜主生辰也。……（大中祥符二年，遼聖宗統和二十七年，1009 年）正月……八日，辭國母于文化殿，……九日，辭虜主于武功殿，……。」〔註44〕可見當時路振逗留遼中京的日數約爲十三天左右，這種情形和本文第二項第一例的情況一樣，都是同一年，而此時因爲是宋遼訂盟之後的第五年，雙方使節逗留於對方京城（或停駐地）的日數尚未成爲定制，因此路振逗留遼中京約爲十三天。

另據沈括《熙寧使虜圖抄》，說：「臣某，……以（宋神宗熙寧八年，遼道宗大康元年，1075 年）閏四月己酉出塞，五月癸未至單于庭，凡三十有六日。以六月乙未還。己未，復至于塞下，凡二十有五日。」〔註45〕此處所言「五月癸未」、「六月乙未」即是指五月二十五日、六月五日，可見沈括逗留遼道宗停駐地，前後亦僅十天。

又據蘇頌於宋神宗熙寧十年（遼道宗大康三年，1077 年）第二次出使遼國，在其《後使遼詩》中，有詩題〈某兩使遼塞俱值郊禮之歲，今以至日到

〔註43〕同註37，頁 7。

〔註44〕路振，《乘軺錄》，收錄於《遼史彙編》（六），頁 41～50。

〔註45〕沈括，《熙寧使虜圖抄》，收錄於《永樂大典》（台北：世界書局，民國 51 年 2 月），卷一〇八七七，第 58 冊，頁 9。

北帳感事言懷寄呈問館諸公〉，〔註46〕此處所稱「以至日到北帳」，即是指該年冬至他到達遼道宗的停駐地廣平淀。而蘇頌《後使遼詩》又另有詩題〈離廣平〉，〔註47〕題下原注：「十二月十日，離廣平。」〔註48〕因此據此兩首詩題，可知蘇頌逗留遼道宗停駐地也約為十天左右。

再據蘇轍於宋哲宗元祐四年（遼道宗大安五年，1089 年）以賀遼道宗生辰國信使出使遼國，在其《使遼詩》中有題〈神水館寄子瞻兄四絕〉，〔註49〕題下原注：「十一月二十六日，是日大風。」〔註50〕此詩之後第二首詩，題為〈虜帳〉，〔註51〕此處「虜帳」是指當時遼道宗在廣平淀的行帳，因此這表示蘇轍在十一月二十六日之後又往前行，不久即到達遼道宗停駐地廣平淀。當時遼道宗為了配合正旦使賀朝，以減少麻煩，將其生辰八月七日，改為至十二月七日受賀。〔註52〕因此蘇轍在〈虜帳〉的下一首詩，有詩題為〈十日南歸馬上口占呈同事〉，〔註53〕此處所謂「十日」，是指十二月十日，正可顯示出蘇轍逗留遼道宗停駐地前後約為十天，因此也符合了宋遼外交中逗留日數的規定。

而在宋英宗治平四年（遼道宗咸雍三年，1067 年），陳襄所撰《神宗皇帝即位使遼語錄》，說：「臣襄等，昨奉敕，差充皇帝登寶位北朝皇太后皇帝國信使副，於五月十日治平四年到雄州白溝驛。……六月……十五日，黎明，館伴使副與臣等自頓城館二十里，詣帳前，……臣襄致國書于其母，面傳聖辭。……又詣其君帳前，臣坦致國書于其君，傳聖辭如前。……二十一日，……遂辭其母及其君，……二十二日，發頓城館。……。」〔註54〕顯然陳襄逗留當時遼帝停駐地的日數，比規定的十天還要短，前後約只有七、八天而已。

〔註46〕蘇頌，〈某兩使遼塞俱值郊禮之歲，今以至日到北帳感事言懷寄呈問館諸公〉，《蘇魏公文集》（台北：青友出版社，民國 49 年），卷一三，《後使遼詩》，頁 6。

〔註47〕蘇頌，〈離廣平〉，書同前，卷一三，《後使遼詩》，頁 6。

〔註48〕同前註。

〔註49〕蘇轍，〈神水館寄子瞻兄四絕〉，《欒城集》，卷一六，《奉使契丹二十八首》，頁 321，收錄於《蘇轍集》，北京：中華書局，1990 年 8 月。

〔註50〕同前註。

〔註51〕蘇轍，〈虜帳〉，《欒城集》，卷一六，頁 322。

〔註52〕參閱傅樂煥，前引文，〈附考，丙，遼帝后生辰改期受賀考〉，《遼史彙編》（八），頁 587～595。

〔註53〕蘇轍，〈十日南歸馬上口占呈同事〉，《欒城集》，卷一六，頁 322。

〔註54〕陳襄，《神宗皇帝即位使遼語錄》，收錄於《遼史彙編》（六），頁 65～74。

　　最後筆者再舉一例，即是在宋仁宗嘉祐七年（遼道宗清寧八年，1062 年）十二月，鄭獬至遼西京，朝見遼道宗賀正旦，前後也約爲十天。關於鄭獬使遼一事，未見史書有記載。但是查閱《遼史》〈道宗本紀〉，可發現從遼興宗重熙二十二年（宋仁宗皇祐五年，1053 年）至遼道宗咸雍九年（宋神宗熙寧六年，1073 年），即鄭獬考取進士至其逝世之年，除了在鄭獬死年即咸雍九年十月，遼道宗曾至西京，並在十二月接見宋使節范子雲之外，只有在清寧八年（宋仁宗嘉祐七年，1062 年）十二月，至西京。〔註 55〕而當年四月，鄭獬的官職爲右司諫、直集賢院、同修起居注，正是宋朝廷選派使遼大臣較常見的官位，因此鄭獬應於是年冬，以此官職使遼賀正旦。〔註 56〕而據鄭獬《使遼詩》中有〈離雲中〉一首，說：「南歸喜氣滿東風，草軟沙平馬足鬆。料得家人相聚悅，也知今日發雲中。」〔註 57〕此詩之後，鄭獬有注，說：「漢使離北庭常限正月四日。」〔註 58〕這可推測鄭獬本人當時也力求自己必須在規定日期之內離開遼皇帝停駐地，也就是其逗留遼西京的日數應也不會超過十天。

五、宋使節逗留遼京城超過十天的特例

　　但是外交事宜的進行難免有突發的狀況發生，因此造成宋使節也曾有逗留遼中京超過十天以上的例子。例如宋眞宗大中祥符三年（遼聖宗統和二十八年，1010 年）十月「丁卯（二十二日），命右司諫直史館李迪爲契丹主生辰使……監察御史乞伏矩爲正旦使」，〔註 59〕但是據《宋會要輯稿》，說：「（大中祥符四年，遼聖宗統和二十九年，1011 年）四月十二日，入契丹使李迪言，今月（三月）二十日迴至雄州，緣契丹國王親督兵伐高麗，以是久駐中京。」〔註 60〕可見當時李迪等人是在大中祥符三年冬啓程使遼，因爲遼聖宗的生日是在十二月二十七日，因此至四年元月初，李迪等人應可完成賀遼聖宗生辰

〔註55〕脫脫，《遼史》（台北：鼎文書局，民國 67 年 11 月），卷二十，本紀第二十，興宗三、卷二一，本紀第二一，道宗一、卷二二，本紀第二二，道宗二、卷二三，本紀第二三，道宗三，頁 245～275。

〔註56〕參閱蔣祖怡、張滌雲編，《全遼詩話》（長沙：岳麓書社，1992 年 5 月），頁 292。

〔註57〕鄭獬，〈離雲中〉，《鄖溪集》，卷二八，頁 11，《文淵閣四庫全書》（台北：台灣商務印書館，民國 72 年 10 月），集部三，別集類二。

〔註58〕註同前。

〔註59〕《長編》，卷七四，宋眞宗大中祥符三年十月丁卯條，頁 10。

〔註60〕《宋會要輯稿》，蕃夷二，卷五二五七，頁 44。

及賀正旦等外交事宜，而且最遲在元月五日左右請辭離開遼中京返宋，但是卻因遼聖宗親自率兵攻伐高麗未歸，使李迪等人逗留於遼中京，直至遼聖宗於二月中旬返抵中京後，始得謁見致賀，因此其請辭離開中京返宋已是二月中旬之後的事了，比平常的時間約晚了將近兩個月的時間。

另據《契丹國志》〈天祚紀上〉，說：「是歲（遼天祚帝天慶五年，宋徽宗政和五年，1115 年），宋遣羅選、侯益等詣遼，充賀生辰及正旦使，入國，道梗中京，阻程兩月，不得見天祚而回。」〔註 61〕這種情況比較特殊，當時因為天祚帝親征女眞，造成羅選、侯益等人雖然逗留於遼中京達兩個月之久，但是還是未能見到天祚帝，只好返宋。

六、結　論

綜合以上的論述，筆者認為宋遼兩國在訂立澶淵盟約之後，為了維持雙方友好的外交關係，制定出許多的規定確實有其必要。因為我們從當時宋遼和平的外交能延續一百多年，即可體認這些有關外交活動、人事的種種規定，都曾在宋遼外交史上發揮作用，使兩國的外交事宜大致上都能合於禮制，不致於逾越。但是我們也知道，外交工作往往會因兩國情勢的變化或突發的狀況，而導致雙方的朝廷或當事人，必須彈性的運作，因此難免會有逾越規定的舉措，假如我們能體會這一點，則對於以上所論蕭禧、蕭德崇、李迪、羅選、侯益等人延長逗留對方京城的日數一事，即可以理解，也就是這種狀況，在外交的交聘活動中，有時是很難避免的。

但是從以上的討論，筆者尚產生另一項看法，即是從遼國兩位使節蕭禧、蕭德崇，因交涉事宜不合其想法與要求，即以強硬態度逗留於宋汴京，不願及時啟程返遼，而宋朝廷竟只有消極的反應，任其所為，這顯現了當時宋遼兩國在情勢上，遼國乃是居於上方，因此在外交上也採取比較強勢的作風，甚至於不理會宋朝廷的感受如何。至於宋國使節李迪逗留遼中京長達近兩個月，那只是因為遼聖宗親征高麗未歸的緣故，並非交涉不遂而執意逗留。而羅選、侯益逗留於遼中京兩個月，也是因遼天祚帝親征女眞未歸的緣故。除了此二事之外，我們幾乎找不到還有哪些宋臣曾經違背只能逗留對方京城十天日數的規定。因此如只就這一點來說，似乎宋國的使節比較能遵守宋遼外交中的禮制與規定。

〔註61〕 葉隆禮，《契丹國志》，收錄於《遼史彙編》（七），卷十，天祚紀上，頁 98。

徵引書目

一、史　料

1. 李燾，《續資治通鑑長編》，上海：上海古籍出版社，1986 年。

2. 沈括，《熙寧使虜圖抄》，收錄於《永樂大典》，台北：世界書局，民國51 年。

3. 徐松，《宋會要輯稿》，北京：中華書局，1997 年。

4. 脫脫，《遼史》，台北：鼎文書局，民國 67 年。

5. 陳襄，《神宗皇帝即位使遼語錄》，收錄於《遼史彙編》（六），台北：鼎文書局，民國 62 年。

6. 路振，《乘軺錄》，收錄於《遼史彙編》（六），台北：鼎文書局，民國 62 年。

7. 葉隆禮，《契丹國志》，收錄於《遼史彙編》（七），台北：鼎文書局，民國 62 年。

8. 鄭獬，《郎溪集》，《文淵閣四庫全書》，台北：台灣商務印書館，民國 72 年。

9. 蘇頌，《蘇魏公文集》，台北：青友出版社，民國 49 年。

10. 蘇轍，《欒城集》，收錄於《蘇轍集》，北京：中華書局，1990 年。

二、近人著作

1. 蔣祖怡、張滌雲，《全遼詩話》，長沙：岳麓書社，1992 年。

三、論　文

1. 傅樂煥，〈宋遼聘使表稿〉，收錄於《遼史彙編》（八），台北：鼎文書局，民國 62 年。

2. 聶崇岐，〈宋遼交聘考〉，《宋史叢考》，台北：華世出版社，民國 75 年。

《空大人文學報》第 12 期（民國 92 年 12 月），頁 197～212。

第八章　宋滅北漢之前與遼的交聘活動

摘　要

　　在宋太祖、太宗時期，曾與遼建立起短暫的友好外交關係，為後來雙方訂立澶淵盟約之後，長期的友好外交關係打下了良好的基礎，產生某種程度的歷史正面作用。因此本文主要論述宋太宗尚未滅北漢，進而轉攻遼之前，宋與遼外交關係建立的經過，以及在短短六年中雙方所進行的交聘活動。

　　關鍵詞：宋、遼、北漢、交聘。

一、前　言

　　宋朝滅亡北漢是在宋太宗太平興國四年（遼景宗乾亨元年，西元 979 年）五月甲申（六日），此時距離宋太祖趙匡胤在後周顯德七年（遼穆宗應曆十年，960 年）發動陳橋兵變，篡周即位建國，已有十九年之久。在這十九年當中，宋太祖、宋太宗爲了達成全國的統一，曾經進行了多次攻伐的軍事行動。而在滅亡北漢方面，歷經了幾次的失敗，直至宋太宗時期才終於滅掉北漢。其主要原因在於北漢對遼採取巴結奉承、稱臣稱子的姿態，緊緊拉住與遼的關係，以便能獲得遼的軍事援助，共同對抗宋軍的來襲，而延續本國的國運。因此在這種情勢下，導致宋滅亡北漢之前，曾與遼有相當微妙的外交關係。

　　因爲初當宋太祖立國的第二年，即建隆二年（遼穆宗應曆十一年，961 年）十月，太祖「欲敦信保境，戊戌（八日）敕沿邊諸州禁民無得出塞侵盜，前所盜馬盡令還之。由是邊方畏慕，不敢內侮」。〔註 1〕太祖這種「務敦信保境，不欲生事邊境」〔註 2〕的作法，應是或多或少有得到遼的好感。但是我們也都知道，當時宋國一意要把北漢滅掉，以便能達成全國南北的統一，而遼國卻是一再接受北漢的求援，派兵援助北漢，與來攻的宋軍交戰，以便能維持北漢的政權。因此筆者深深覺得當時宋遼兩國在對峙的情勢下，能建立起外交關係，並且能持續進行多次的交聘活動，是非常難得的。但是筆者也認爲此時的宋遼外交關係其實是很不穩定的，因爲一方是想要滅亡北漢，另一方則是想存留北漢，因此宋代初期與遼的外交關係顯然不像後來宋遼簽訂澶淵盟約之後，兩國友好的外交發展那麼穩定。

　　基於以上的史實，使筆者認爲假如要論述宋代初期與遼的外交，應該可以把宋太宗滅北漢，並且移師攻遼，導致雙方外交斷絕之前，當作一個斷限，也因而筆者在本文中擬專就宋滅北漢之前與遼的交聘活動加以探討。至於宋滅北漢之後，在宋太宗積極企圖收復燕雲，數次發動對遼的戰爭，使宋遼兩國的外交關係爲之斷絕，直至宋眞宗時與遼訂立澶淵盟約，才再度展開友好的外交關係，則視爲另一階段的史實，本文擬不予討論。

〔註 1〕 李燾，《續資治通鑑長編》（以下簡稱《長編》）（上海：上海古籍出版社，1986年 2 月），卷二，宋太祖建隆二年十月戊戌條，頁 15。

〔註 2〕 李攸，《宋朝事實》（台北：文海出版社，民國 56 年 1 月），卷二十，經略幽燕，頁 4。

二、宋初與遼建立外交關係的經過

宋太祖在後周恭帝顯德七年（宋太祖建隆元年，遼穆宗應曆十年，北漢睿宗天會四年，960 年）正月建國後，六月，北漢即以「宋兵圍石州，帝（北漢睿宗）遣使告遼」，〔註 3〕而遼則「遣大同軍節度使阿剌率四部往援，詔蕭斯溫以三部兵助之」。〔註 4〕雖然遼在後周太祖郭威、後周世宗柴榮攻打北漢時，即已屢次援助北漢，但是這次宋遼的軍事行動，可說是宋建國之後攻打北漢邊境的開始，也是遼在宋建國之後初次援助北漢。

但是宋太祖並不急於發動大軍攻打北漢，據《長編》的記載，在同年八月，「忠武節度使兼侍中陽曲張永德徙武勝節度使……時，上（宋太祖）將有事於北漢，因密訪策略，永德曰：『太原兵少而悍，加以契丹為援，未可倉卒取也。臣愚以為每歲多設游兵，擾其田事，仍發間使諜契丹，先絕其援，然後可圖。』上曰：『善。』」〔註 5〕因此直至開寶元年（遼穆宗應曆十八年，968 年）八月，宋太祖才展開攻打北漢的軍事部署，準備從潞、晉二州分兩路進圍太原，〔註 6〕其間足足有七年時間，宋太祖都未對北漢進行大規模的戰爭。但是在此七年當中，宋太祖進行了征伐南方各國的軍事行動，而且為了防止北漢乘其南征時來犯，常派兵對北漢邊境進行小規模的騷擾，〔註 7〕促使北漢經常向遼求援，例如遼穆宗「慶曆十四年（宋太祖乾德二年，964年）春正月……戊戌（二十一日），漢以宋將來襲，馳告。二月壬子（五日），詔西南面招討使撻烈進兵援漢。……壬申（二十五日），漢以敗宋兵石州來告。夏四月丁巳（十一日），漢以擊退宋軍，遣使來謝。」〔註 8〕另外遼也經常派兵入犯宋國沿邊各州，例如「遼穆宗慶曆十三年（宋太祖建隆四年，963年）春正月丙寅（十三日），宋欲城益津關，命南京留守高勳、統軍使崔延勳以兵擾之」、〔註 9〕「宋太祖乾德三年（遼穆宗應曆十五年，965 年）十一

〔註 3〕 吳任臣，《十國春秋》（台北：鼎文書局，民國 74 年 1 月），卷一〇五，北漢二，睿宗本紀，頁 4。

〔註 4〕 脫脫，《遼史》（台北：鼎文書局，民國 64 年 10 月），卷六，本紀第六，穆宗上，頁 76。

〔註 5〕 《長編》，卷一，宋太祖建隆元年八月丙子條，頁 18。

〔註 6〕 《長編》，卷九，宋太祖開寶元年八月丙寅、戊辰條，頁 8。

〔註 7〕 參閱《長編》，卷四，宋太祖乾德元年十一月乙亥條，頁 24～25、乾德元年十二月乙巳條，頁 26。

〔註 8〕 《遼史》，卷七，本紀第七，穆宗下，頁 81。

〔註 9〕 《遼史》，卷六，本紀第六，穆宗上，頁 77。

月乙未（二十九日），契丹侵易州，略居民，上（宋太祖）令監軍李謙昇率兵入其境，俘生口如所略之數，俟契丹放還易州之民，然後縱之」、〔註 10〕「乾德四年（遼穆宗應曆十六年，966 年）春正月，……是月，契丹又侵易州，監軍任德義擊走之」。〔註 11〕

在以上所論的情勢之下，我們可知當時實在沒有任何契機足以讓宋遼兩國建立起外交的關係，而至開寶元年八月，宋太祖開始部署大規模征伐北漢的軍事行動，以「內客省使盧懷忠等二十二人將禁兵赴潞州，昭義節度使李繼勳為行營前軍都部署、侍衛步軍都指揮使党進副之、宣徽使曹彬為都監、棣州防禦使何繼筠為前鋒部署、懷州防禦使康延沼為都監、建雄節度使趙贊為汾州路部署、絳州防禦使司超副之、隰州刺史李謙溥為都監，帥兵大入」。〔註 12〕北漢睿宗劉承鈞卻已於該年七月死，由少帝劉繼恩繼立，九月遇弒，英武帝劉繼元立，因此「乃急遣使上表契丹，且請兵為援」。〔註 13〕而遼穆宗在九月，「知宋欲襲河東，諭西南面都統、南院大王撻烈豫為之備」。〔註 14〕十月，當宋軍圍北漢太原之際，更「詔撻烈為兵馬總管，發諸道兵救之」。〔註 15〕至十一月，「契丹以兵來援北漢，（宋將）李繼勳等皆引歸。北漢因入侵，大掠晉、絳二州之境」。〔註 16〕這是宋太祖第一次大規模征伐北漢的軍事行動，卻因遼的援助北漢而宣告失敗。因此使宋遼兩國在此情勢下，更無從建立起外交的關係。

宋太祖這種發動軍隊進行大規模征伐北漢的軍事行動，直至其死為止又進行了兩次，那就是在開寶二年（遼穆宗應曆十九年，969 年）一月，宋太祖又展開征伐北漢的軍事準備，陸續派將帥先赴太原，〔註 17〕並且於二月戊午（十一日），下「詔親征」。〔註 18〕當時宋太祖曾特別對遼軍援救北漢一事加以防範，因此在二月二十日，彰德節度使韓重贇來朝時，即「謂之曰：『契丹知我是行，必率眾來援，彼意真定無備，將由此路入，卿可為朕領兵，倍道兼行，出其不

〔註 10〕《長編》，卷六，宋太祖乾德三年十一月乙未條，頁 15。
〔註 11〕《長編》，卷七，宋太祖乾德四年正月條，頁 2。
〔註 12〕《十國春秋》，卷一○五，北漢二，少主本紀，頁 9。
〔註 13〕《長編》，卷九，宋太祖開寶元年辛卯條，頁 9。
〔註 14〕《遼史》，卷七，本紀第七，穆宗下，頁 86。
〔註 15〕註同前。
〔註 16〕《長編》，卷九，宋太祖開寶元年十一月條，頁 12。
〔註 17〕《長編》，卷十，宋太祖開寶二年正月壬寅、丙午條、二月乙卯、己未條，頁 1、2。
〔註 18〕《長編》，卷十，宋太祖開寶二年二月戊午條，頁 2。

意破之。』」〔註19〕而在遼國方面，遼穆宗卻於此時遇刺身死，據《遼史》〈穆宗本紀〉，說：「應曆十九年（宋太祖開寶二年，969年），二月己巳（二十二日），（遼穆宗）如懷州，獵獲熊，歡飲方醉，馳還行宮。是夜，近侍小哥、盥人花哥、庖人辛古等六人反，帝遇弒，年三十九。」〔註20〕遼國此一情勢的變化，適予宋太祖征伐北漢一個很好的機會，也更激勵宋太祖滅亡北漢的企圖。因此於三月二十一日進圍太原，並且兩次打敗前來救援北漢的遼軍，於「四月，大敗契丹，斬首千餘級，獲鎧甲甚眾。北漢陰恃契丹，城久不下，上（宋太祖）乃以所獻鎧甲、首級示之，城中人奪氣。五月，契丹見旗幟，大駭，欲遁去，（韓）重贇急擊之，大破其眾，獲馬數百匹」。〔註21〕至於北漢見來援的遼軍被宋軍擊敗於途中，只好死力防守。〔註22〕而宋太祖見「太原城久不下，時大軍頓甘草地中，會暑雨多被腹病，而契丹亦復遣兵來援。……癸丑（閏五月七日），移幸城東罕山之南，始議班師也」。〔註23〕

　　宋太祖在第二次征伐北漢失利後，不久又派兵南下攻打南漢、南唐，因此從開寶二年六月至開寶九年（遼景宗保寧八年，976年）八月，再度下令征伐北漢之前，並未與北漢發生大規模的戰爭。反而在此期間與遼展開了和平外交的往來，拉開了宋遼外交史的序幕。據《遼史・景宗本紀》，說：「（遼景宗）保寧六年（宋太祖開寶七年，974年）三月，宋遣使請和，以涿州刺史耶律昌朮加侍中與宋議和。」〔註24〕但是關於此一史實，宋人的著作在人名和時間方面，卻與《遼史》有不同的記載。〔註25〕由於宋遼外交的開始對當時宋、遼與北漢三國的情勢發展有很大的影響，因此筆者擬作一仔細的探討，

〔註19〕　《長編》，卷十，宋太祖開寶二年二月丁卯條，頁2。

〔註20〕　《遼史》，卷七，本紀第七，穆宗下，頁87。

〔註21〕　《長編》，卷十，宋太祖開寶二年四月壬子條、五月戊寅條，頁5、6。

〔註22〕　《長編》，卷十，宋太祖開寶二年閏五月戊申條，頁7～8。

〔註23〕　《長編》，卷十，宋太祖開寶二年閏五月辛亥、癸丑條，頁8～9。

〔註24〕　《遼史》，卷八，本紀第八，景宗上，頁94。

〔註25〕　可參閱謝昭男，《澶淵之盟以前遼宋關係史事繫年》，頁51，收錄於《遼史彙編補》（台北：鼎文書局，民國63年4月）。據其按語，「昌朮」為「曷住」之誤，即宋人所稱「耶律琮」，而耶律琮字伯玉，小字合住，因此《遼史・耶律合住傳》，說「保寧初，加右龍虎衛上將軍，以宋師屢梗南邊，拜涿州刺史。……宋數遣人結懽，冀達和意。合住表聞其事，帝許議和。安邊懷敵，多有功焉。」（《遼史》，卷八六，列傳第十六，耶律合住，頁1321）可見耶律昌朮、耶律曷朮、耶律琮、耶律合住均為同一人。另外，陳述，《全遼文》（台北：龍文出版社，民國80年）中收錄有郭奇〈耶律琮神道碑〉（殘文），卷四，頁84～86，也可當作參考。

特引宋人相關的記載如下：《東都事略》卷第二，說：「開寶七年十一月，契丹來求通好。」〔註26〕同書卷第一二三，說：「開寶七年，其涿州刺史耶律琮，以書遺雄州孫全興乞修好。其書有云：『臣無交於境外，言則非宜，事有利於國家，專之亦可。』」〔註27〕《長編》卷一五，說：「開寶七年十一月甲午（二十日），契丹涿州刺史耶律琮，致書于權知雄州內園使孫全興，其略云：『兩朝初無纖隙，若交馳一介之使，顯布二君之心，用息疲民，長爲鄰國，不亦休哉。』」〔註28〕《宋朝事實》卷二十，說：「開寶七年十一月，其涿州刺史耶律琮以書遺知雄州孫全興，曰：『琮受君恩，猥當邊任。臣無交于境外，言則非宜，事有利於國家，專之亦可。竊思南北兩地，古今所同，曷嘗不世載歡盟，時通贄幣，往者，晉氏後主，政出多門，惑彼彊臣，忘我大義，干戈以之日用，生靈于是罹災。今茲兩朝，本無纖隙，若或交馳一介之使，顯布二君之心，用息疲民，重修舊好，長爲與國，不亦休哉。琮以其微，敢干斯義。遠希通悟，洞垂鑒詳。』」〔註29〕據以上宋人著作的記載，宋遼外交的展開似以該年十一月較爲正確。

至於是哪一國先提議通好呢？據《長編》卷四六，說：「（宋眞宗）咸平三年（遼聖宗統和十八年，1000 年），……是春，上以手詔訪知開封府錢若水備禦邊寇，勦滅蕃戎之策，若水上言曰：『……太祖臨御十七年間，未嘗令疆場生事，故匈奴（指契丹）先遣使上書乞和。』」〔註30〕可見宋人大多認爲是先由遼提出講和之議。另據聶崇岐〈宋遼交聘考〉註一中，說：「惟據耶律琮致孫全興書辭，此議之動自遼，可能性較大。」〔註31〕而陶晉生《宋遼關係史研究》，也說：「宋遼外交關係的建立，是在宋開寶七年（遼景宗保寧六年，974 年）。雙方都指對方先發起建交。……由耶律琮信裏『臣無交於境外，言則非宜，事有利於國家，專之亦可』看來，確爲契丹地方官首先發起建交之

〔註26〕王稱，《東都事略》（台北：文海出版社，民國56年1月），卷第二，本紀二，太祖皇帝二，頁6。

〔註27〕《東都事略》，卷第一二三，附錄一，遼國上，頁2。

〔註28〕《長編》，卷一五，宋太祖開寶七年十一月甲午條，頁11。

〔註29〕《宋朝事實》，卷二○，經略幽燕，頁7。另見彭百川，《太平治蹟統類》（台北：成文出版社，民國55年4月），卷二，太祖經略幽燕，頁3；徐松，《宋會要輯稿》（八）（北京：中華書局，1997年6月），卷五二五七，蕃夷一，契丹，頁1～2。此三書所記大致相同。

〔註30〕《長編》，卷四六，宋眞宗咸平三年三月條，頁14～16。

〔註31〕聶崇岐，〈宋遼交聘考〉，《宋史叢考》（下）（台北：華世出版社，民國75年12月），頁284，原載於《燕京學報》第27期。

舉。」〔註32〕

遼人這種提議講和之舉，可謂使宋遼兩國的交往有了劃時代的開始。因此在同月（十一月）「辛丑（二十七日），（孫）全興以（耶律）琮書來上，上（宋太祖）命全興答書，并修好焉」。〔註33〕顯然當時宋太祖也是有意與遼建立起友好的關係。但是宋遼兩國此一舉動，卻引發了北漢非常大的恐慌，除了在當年十二月二十三日，「搜其軍中子弟，自十七以上，皆籍爲兵，盡括民馬」，〔註34〕以加強北漢的軍隊之外，甚至於想乾脆和遼翻臉，派兵去攻打遼國。據《長編》卷一五，說：「是歲（開寶七年），……契丹將通好于我，遣使諭北漢主，以強弱勢異，無妄侵伐。北漢主聞命慟哭，謀出兵攻契丹。宣徽使馬峰固諫，乃止。」〔註35〕《十國春秋》卷一○五，也提到：「廣運二年三月，遼與宋求成（原注：遼遣克實克舒蘇以書如宋結成，宋遣郝榮（崇）信、呂端報聘，自是吉凶慶弔並遣使往還），遣使來告，命我通好于宋，無妄興師，帝（北漢英武帝）聞命慟哭，謀出兵攻契丹，宣徽使馬峰固諫，乃止。」〔註36〕可見北漢英武帝相當擔心遼與宋交好之後，其國運將不能保，因此才會有如此劇烈的反應。但是這樣情勢的發展，應該也是一意企圖滅亡北漢的宋太祖所樂於見到的。這也正是筆者擬進一步探討的重點，因爲論述至此，我們尚存有一項疑問，那就是有哪些原因促使兩國願意建立起外交的關係？關於這個問題，因爲相關史料的欠缺，我們實在不容易明確找到所有促使宋遼建交的理由，因爲這可能涉及兩國軍政上多項的策略，但是就宋國而言，我們比較容易理解的，其中一個原因應是想要孤立北漢，使宋國滅亡北漢的障礙減少，因此宋太祖願意與遼通好，我們從前文提到北漢在宋遼議和後的反應，即可知道對宋而言，確實有這樣的作用與效果。至於遼國方面又有哪

〔註32〕 陶晉生，〈宋遼間的平等外交關係：澶淵盟約的締訂及其影響〉，《宋遼關係史研究》（台北：聯經出版公司，民國 73 年 7 月），頁 19。關於宋遼兩國何者先提議通好？曾瑞龍在《經略幽燕》中，也認爲從耶律琮措辭來看，宋人是不會如此撰寫的，因此應是由遼人發起。但是其又提到《遼史》所載宋遣使請和一事是在保寧六年三月，而宋人收到耶律琮書信是在當年十一月，因此也不能排除宋人最先從口頭上提出講和的可能性。（香港：中文大學出版社，2003 年 8 月，頁 50）

〔註33〕 《長編》，卷一五，宋太祖開寶七年十一月辛丑條，頁 11。

〔註34〕 《長編》，卷一五，宋太祖開寶七年十二月丙寅條，頁 12。

〔註35〕 《長編》，卷一五，宋太祖開寶七年十二月條，頁 12。

〔註36〕 《十國春秋》，卷一○五，北漢二，英武帝紀，頁 13。

些原因願意與宋通好呢？據筆者的看法，其中一個原因應是與遼和北漢的外交不和有關。因爲據《長編》卷四，說：

> （宋太祖）乾德元年（遼穆宗應曆十三年，北漢睿宗天會七年，963年）閏十二月丙子（二十八日），……初北漢主（劉承鈞）嗣位，所以事契丹者多略，不如世祖時，每事必稟之，於是契丹遣使持書來責，其略曰：「爾先人窮來歸我，我先兄天授皇帝待以骨肉，泊余繼統，益修前好，爾父即世，我用命爾即位圖前，丹青之約，我無所負。爾父據有汾州七年，止稱乾祐，爾不遵先志，輒肆改更。李筠包藏禍心，舍大就小，無所顧慮，姑爲覬覦，軒然舉兵，曾不我告。段常，爾父故吏，本無大惡，一旦誣害，誅及妻子，婦言是聽，非爾而誰。我務敦大義曲容瑕垢，父子之道所不忍渝，爾宜率德改行，無自貽伊戚也。」北漢主得書恐懼，遣使重幣往謝，契丹執其使不報。北漢主再遣使修貢，契丹又執其使不報。〔註37〕

可見北漢引起遼不悅的原因有三，一是擅改年號；二是北漢響應李筠攻打宋，未先告知遼；三是聽信誣告殺死段常。北漢雖然立即派人赴遼謝罪，但是遼仍然以扣留北漢使節當作懲罰，造成了遼與北漢外交上的緊張。

筆者進一步探討此問題時，發現當時遼雖然在軍事上仍然繼續援助北漢，但是遼對於北漢在外交事務上處理不當，引起其不悅的態度卻很堅決、強硬，因此「使者至契丹輒見留，承鈞奉之愈謹，而契丹待承鈞益薄」、〔註38〕「自是，契丹使不來，而使往輒見留，群臣悉以使北爲懼」。〔註39〕至第二年（遼應曆十四年，北漢天會八年，964年），「是歲，……北漢主四遣使詣契丹賀正旦、生辰、端午，契丹皆執其使不報」。〔註40〕但是北漢仍然繼續派遣使節赴遼，例如在第三年（遼應曆十五年，北漢天會九年，965年），劉承鈞「遣

〔註37〕《長編》，卷四，宋太祖乾德元年閏十二月丙子條，頁28；另見彭百川《太平治蹟統類》，卷二，太祖太宗親征北漢，頁27～28。以上所引，應可說明遼爲何願意和宋通好的原因，而曾瑞龍在《經略幽燕》，又提到「遼人備受宋軍侵擾的困苦可能構成雄州和議的動機。〈耶律琮神道碑〉寫出議和前夕，涿州一片哀鴻遍野的苦況，……如與《遼史・耶律合住傳》中的記載對看，則遼人渴望和平似非虛言」。（頁52）

〔註38〕歐陽修，《新五代史》（台北：鼎文書局，民國65年11月），卷七〇，東漢世家，〈劉承鈞傳〉，頁868。

〔註39〕《十國春秋》，卷一〇五，北漢二，睿宗本紀，頁5。

〔註40〕《長編》，卷五，宋太祖乾德二年十二月條，頁20。

駙馬都尉白昇奉表謝過於契丹，具請釋遣前使，契丹不報」、〔註41〕「又遣其子繼文及宣徽使李光美往，亦被執。自是，文武內外官屬悉以北使爲懼，而抱負才氣不容於權要者，乃多爲行人矣。」〔註42〕

遼與北漢這種緊張的外交狀態，直至遼應曆十八年（北漢天會十二年，968年）七月，北漢主劉承鈞死，其弟劉繼恩繼位，是爲北漢少帝，遼才又「遣使來弔祭」，〔註43〕但是遼與北漢的外交關係並未因而有所改善，必須等到兩國都換了新君之後，此一事件才出現轉機。也就是同年九月，劉繼恩被供奉官侯霸榮刺殺，由劉繼元繼位，不改年號，是爲北漢英武帝。而遼穆宗也在應曆十九年（北漢天會十三年，969年）二月，被近侍、庖者等人所殺，由耶律賢繼位，改元保寧，是爲遼景宗。此種人事上的變化，造成兩國的君主都是屬於新立者，因此得以盡釋前嫌，化解遼與北漢外交上的緊張狀態。在遼景宗保寧二年（北漢英武帝天會十四年，970年），「北漢主（劉繼元）遣使持禮幣賀契丹主（遼景宗），樞密使高勳言於契丹主曰：『我與晉陽父子之國也，歲嘗遣使來覲，非其大臣，即其子弟，先君以一怒而盡拘其使，甚無謂也。今嗣主新立，左右皆非舊人，國有憂患，寧不我怨，宜以此時盡歸其使。』契丹主曰：『善。』乃悉索北漢使者，前後凡十六人，厚其禮而歸之」。〔註44〕可見遼與北漢數年來緊繃的外交關係，隨著遼景宗的繼位，而有了改善的契機。但是不久當遼景宗「命李弼爲樞密使，劉繼文爲保義節度使，詔北漢主委任之。繼文等久駐契丹，復受其命，歸秉國政，左右皆譖毀之。未幾，繼文爲代州刺史，弼爲憲州刺史，契丹主聞之，下詔責北漢主曰：『朕以爾國連喪二主，僻處一隅，期於再安，以資共治。繼文，爾之令弟，李弼，爾之舊臣，一則有同氣之親，一則有耆年之故，遂行並命，俾效純誠，庶幾輯寧，保成歡好，而席未遑暖，身已棄捐，將順之心，於我何有？』北漢主得書恐懼，且疑繼文報契丹，乃密遣使按責繼文，繼文以憂懼死」。〔註45〕顯然遼與北漢的外交關係，並未獲得多大的改善。而且遼長期以來對北漢的軍事援助，畢竟也是遼的一項負擔，因此促使遼願意和宋建立起外交的關係，而不加以

〔註41〕書同前，卷六，宋太祖乾德三年十二月條，頁16。

〔註42〕註同前。

〔註43〕《十國春秋》，卷一〇五，北漢二，少主本紀，頁8。

〔註44〕《長編》，卷一一，宋太祖開寶三年正月己巳條，頁1。

〔註45〕註同前，頁1～2。另可參閱文秀，〈劉繼文墓誌〉，收錄於陳述，《全遼文》，卷四，頁87～89。

考慮北漢將會有如何的反應。

三、宋初與遼交聘的使節任務

宋遼兩國既然於開寶七年（遼景宗保寧六年，974 年）年底建立起友好的外交關係，因此也開始派遣使節進行各項交聘的活動。筆者將這些使節所負的任務細分如下：〔註 46〕

（一）賀正旦

1. 據《遼史》〈景宗本紀〉，說：「保寧七年（宋太祖開寶八年，975 年）春正月甲戌朔（一日），宋遣使來賀。」〔註 47〕但是，據《遼史索隱》卷一，說：「……案此爲宋使賀正旦之始。錢氏大昕《廿二史考異》：『宋使始於開寶八年七月，當遼保寧七年七月，未詳此年正月賀使。』」〔註 48〕因此在這一年宋國是否曾派賀正旦使至遼，頗有疑問，尤其是宋太祖在去年十一月二十七日，才「命（孫全興）答書，并修好焉」，〔註 49〕應是來不及派使節賀遼正旦，因此《遼史》所記令人存疑。

2. 據《長編》卷一六，說：「（宋太祖）開寶八年十一月庚辰（十二日），是日，命校書郎直史館宋準賀契丹正旦，殿直邢文度副之。」〔註 50〕但是《宋史》〈太祖本紀〉，說：「開寶八年十一月丙戌（十八日），以校書郎宋準、殿直邢文慶充賀契丹正旦使。」〔註 51〕此二則記載，有「庚辰」、「丙戌」、「邢文度」、「邢文慶」的不同，當以《長編》所記爲準確。

3. 據《長編》卷一六，說：「開寶八年十二月甲子（二十七日），契丹遣右衛大將軍耶律烏鎮、禮賓使蕭呼嚕固、通事左千牛衛將軍陳延正，來賀明年正旦。……九年春正月己卯（十二日），……幸左飛龍院，觀衛士射。遂幸北苑，令衛士與契丹使騎射。」〔註 52〕《宋史》〈太祖本紀〉，也說：「開寶八

〔註 46〕有關宋遼使節所負的外交任務，可參閱轟崇岐，前引文，頁 286～287；黃鳳岐，〈遼宋交聘及其有關制度〉，《社會科學輯刊》1985 年第 2 期，頁 96～97。

〔註 47〕《遼史》，卷八，本紀第八，景宗上，頁 94。

〔註 48〕陳漢章，《遼史索隱》，收錄於《遼史彙編》（三）（台北：鼎文書局，民國 62 年 10 月），卷一，頁 24。

〔註 49〕同註 3。

〔註 50〕《長編》，卷一六，宋太祖開寶八年十一月丙戌條，頁 16。

〔註 51〕脫脫，《宋史》（台北：鼎文書局，民國 67 年 9 月），卷三，本紀第三，太祖三，頁 45。

〔註 52〕《長編》，卷一六，宋太祖開寶八年十二月甲子條，頁 2、開寶九年正月己卯

年十二月甲子（二十七日），契丹遣使耶律烏正來賀正旦。」〔註53〕另外在《宋
會要輯稿》中，有較詳細的記載，說：「太祖開寶八年十二月，契丹遣使邪律
烏正、禮賓使蕭護里國、通事左千牛衛將軍陳延正，進賀來年正旦。獻御衣
一襲、金帶一、金鞍轡馬一、銀花鏤鞍轡馬一、散馬七十匹，烏政等各獻朝
見馬有差。詔賜如八月，惟副使減銀器五十兩，通事止銀帶，隨從又有舍利
判官、皮事通引之名所賜，羌損前數。時，初平江南，李煜至闕下，烏正在
館聞之，各獻名馬、弓箭為賀。及入辭，加賜金靴韈、束帶皁花欹正袍、暈錦
紫綺紮器等物。……，九年正月，幸北苑，觀騎士與契丹國使騎射。及辭，
又厚賜以遣之。」〔註54〕

4. 據《長編》卷一八，說：「（宋太宗）太平興國二年（遼景宗保寧九年，
977年）二月甲午（三日），契丹遣使來賀上（宋太宗）登極、賀正。」〔註55〕
《宋史》〈太宗本紀〉，說：「太平興國二年二月甲午（三日），契丹遣使來賀
即位及正旦。」〔註56〕《宋會要輯稿》則說：「太平興國二年正月，契丹遣使
蕭浦泥禮、王英等奉御衣、金玉帶、玉鞍勒馬、金銀飾戎杖及馬百匹來賀太
宗皇帝登極。又別奉御衣、金帶、鞍馬為賀正之禮。是日，對泥禮等於崇德
殿及其從者凡八十二人賜衣帶、器幣有差。」〔註57〕《長編》及《宋史》皆
記為「二月甲午」，而《宋會要輯稿》記為「正月」，筆者再查閱《遼史》〈景
宗本紀〉，則說：「保寧八年十二月壬寅（十日），遣蕭只古、馬哲賀宋即位。」
〔註58〕此為派任日期，而據遼使節至宋汴京的行程來判斷，〔註59〕當以「二
月甲午」為正確，也就是該年遼國將賀正旦的交聘活動，延至二月三日與賀
宋太宗即位一併進行。

5. 據《長編》卷一八，說：「太平興國二年十一月甲午（八日），命監察
御史李瀆，閤門祇候鄭偉為契丹正旦使。」〔註60〕另外，《宋史》〈太宗本紀〉，

條，頁2。
〔註53〕 同註51。
〔註54〕 《宋會要輯稿》，卷五二五七，蕃夷一，契丹，頁3。
〔註55〕 《長編》，卷一八，宋太宗太平興國二年二月甲午條，頁5。
〔註56〕 《宋史》，卷四，本紀第四，太宗一，頁55。
〔註57〕 《宋會要輯稿》，卷五二五七，蕃夷一，契丹，頁4。
〔註58〕 《遼史》，卷八，本紀第八，景宗上，頁96。
〔註59〕 可參閱蔣武雄，〈歐陽修使遼行程考〉，《東吳歷史學報》第8期（台北：東吳
大學，民國91年3月），頁1～27。
〔註60〕 《長編》，卷一八，宋太宗太平興國二年十一月甲午條，頁20。

說：「太平興國二年十一月甲午（八日），遣李濬等賀契丹正旦。」〔註61〕此二則爲宋朝廷任命大臣前往遼國賀明年正旦的記載。

　　6. 據《長編》卷一八，說：「太平興國二年十二月壬午（二十六日），契丹遣太僕卿耶律特爾格、爾賓副使王英，來賀明年正（旦）。」〔註62〕另外，《宋會要輯稿》說：「太平興國二年十二月，遣使太僕卿耶律迭列、禮賓副使王英以良馬、方物賀正。至上元，召其使觀燈，又宴崇德殿，賜賚倍常。及還，又命儀鸞副使孫宴送至境上，別賜其使大衣著百匹、大銀器百兩，副使半之。」〔註63〕此二則爲宋人記載遼國使節抵汴京賀正旦及受到禮遇的情形。

　　7. 據《長編》卷一九，說：「太平興國三年十一月丁亥（六日），遣供奉官閤門祗候吳元載、太常寺太祝毋賓古爲契丹賀正使。」〔註64〕

　　8. 據《長編》卷一九，說：「太平興國三年十二月戊寅（二十七日），契丹遣使蕭巴固濟等，來賀來年正旦」〔註65〕《宋史‧太宗本紀》，說：「太平興國三年十二月戊寅（二十七日），契丹遣使來賀正旦。」〔註66〕《宋會要輯稿》則說：「太宗太平興國三年十二月，契丹遣使蕭蒲骨只等以良馬、方物來貢，賀明年正旦。時，帝（宋太宗）幸玉津園，又召其使令觀群臣習射。」〔註67〕

（二）賀生辰

　　1. 據《長編》卷一七說：「開寶九年（遼景宗保寧八年，976年）二月辛亥（十四日），契丹遣太僕卿耶律延寧等，來賀長春節。」〔註68〕《宋史‧太祖本紀》，說：「開寶九年二月辛亥（十四日），……契丹遣使耶律延寧，以御衣、玉帶、名馬、散馬、白鶻來賀長春節。」〔註69〕另據《宋會要輯稿》，說：「太祖開寶九年二月，契丹遣使耶律延寧，來賀長春節，獻御衣、玉帶、名馬二匹、鞍勒副之、散馬百匹、白鶻二。」〔註70〕此應爲遼派遣使節來賀宋

〔註61〕　《宋史》，卷四，本紀第四，太宗一，頁57。
〔註62〕　《長編》，卷一八，宋太宗太平興國二年十二月壬午條，頁21。
〔註63〕　《宋會要輯稿》，卷五二五七，蕃夷一，契丹，頁4。
〔註64〕　《長編》，卷一九，宋太宗太平興國三年十一月丁亥條，頁14。
〔註65〕　《長編》，卷一九，宋太宗太平興國三年十二月戊寅條，頁16。
〔註66〕　《宋史》，卷四，本紀第四，太宗一，頁60。
〔註67〕　《宋會要輯稿》，卷五二五七，蕃夷一，契丹，頁4。
〔註68〕　《長編》，卷一七，宋太祖開寶九年二月辛亥條，頁4。
〔註69〕　《宋史》，卷三，本紀第三，太祖三，頁46。
〔註70〕　《宋會要輯稿》，卷五二五七，蕃夷一，契丹，頁3。

朝皇帝生日的開始。宋太祖的生日為二月十六日，長春節為其生日嘉名，因此遼使節於二月十四日來賀。

2. 據《長編》卷一七，說：「開寶九年五月甲申（十八日），以東上閤門副使田守奇賀契丹生辰，右贊善大夫房彥均副之。」〔註71〕《宋史》〈太祖本紀〉，說：「開寶九年五月甲申（十八日），以閤門副使田守奇等充賀契丹生辰使。」〔註72〕此為宋朝廷首次派使節前往遼國祝賀其皇帝的生日，當時田守奇等人於七月初抵達遼廷，因此《遼史》〈景宗本紀〉，說：「保寧八年秋七月辛未（六日），宋遣使來賀天清節。」〔註73〕遼景宗的生日為七月二十五日，天清節即為其生日的嘉名。《遼史索隱》卷一，也說：「保寧八年，宋遣使來賀天清節。案：宋使賀生辰始此。」〔註74〕

3. 據《長編》卷一八，說：「太平興國二年冬十月辛酉（四日），……契丹遣使耶律阿穆爾，來賀乾明節。己巳（十二日），幸京城西北隅，視衛士與契丹使馳射。又召近臣及劉鋹、李煜、契丹使宴射苑中。」〔註75〕《宋史》〈太宗本紀〉，說：「太平興國二年冬十月辛酉（四日），契丹來賀乾明節。己巳（十二日），幸京城西北，觀衛士與契丹使騎射，遂宴苑中。」〔註76〕《宋會要輯稿》，則說：「太宗太平興國二年十月四日，契丹遣使耶律阿摩里，來賀乾明節。獻御衣二襲、金玉帶各一、馬百匹。……是月十二日，車駕幸子城西北隅，親（視）衛士與其使騎射。」〔註77〕宋太宗的生日為十月十七日，乾明節為其生日的嘉名。

4. 據《長編》卷一九，說：「太平興國三年十月癸丑朔（一日），契丹遣太僕卿耶律諧理、茶酒庫副使王琛，來賀乾明節。」〔註78〕《宋史》〈太宗本紀〉，說「太平興國三年十月癸丑朔（一日），契丹遣使來賀乾明節。」〔註79〕《宋會要輯稿》，說：「太宗太平興國三年十月，遣使太僕卿耶律諧里、茶酒庫副使王琛等，獻御衣二襲、金帶、弓箭、金鞍轡、鐵鞍轡各一、御馬四匹、散馬百匹

〔註71〕 《長編》，卷一七，宋太祖開寶九年五月甲申條，頁10。
〔註72〕 《宋史》，卷三，本紀第三，太祖三，頁47。
〔註73〕 《遼史》，卷八，本紀第八，景宗上，頁95。
〔註74〕 《遼史索隱》，卷一，頁25。
〔註75〕 《長編》，卷一八，宋太宗太平興國二年十月辛酉條、己巳條，頁19。
〔註76〕 《宋史》，卷四，本紀第四，太宗一，頁57。
〔註77〕 《宋會要輯稿》，卷五二五七，蕃夷一，契丹，頁4。
〔註78〕 《長編》，卷一九，宋太宗太平興國三年十月癸丑條，頁13。
〔註79〕 《宋史》，卷四，本紀第四，太宗一，頁60。

來賀乾明節。」〔註80〕當時耶律諧理等人頗受禮遇，例如十月八日，宋太宗「幸武功郡王德昭第，……還，召近臣、契丹使宴苑中」〔註81〕到了十月二十一日，「契丹使耶律諧理等辭歸國，（宋太宗）詔供奉官閤門祇候王侁送至境上，送伴使蓋始此」。〔註82〕另據《宋會要輯稿》，說：「是月，帝（宋太宗）畋於朱延頓，因令諧里從獵，帝射中走兔，諧里等貢馬為賀。及辭日，加賜如例，惟無大銀器，而有漆器各一棹，命供奉官閤門祇候王侁送至境上。」〔註83〕可見耶律諧理在汴京逗留期間，因頗受禮遇，而與宋太宗有較多的互動。

（三）告　哀

1. 因為宋太祖在開寶九年十一月二十日死，因此《遼史》〈景宗本紀〉，說：「保寧八年十一月丙子（十四日），宋主匡胤殂，其弟炅自立，遣使來告。」〔註84〕但是宋人的著作例如《長編》卷一七，則說：「開寶九年十一月壬午（二十日），遣著作郎馮正、著作佐郎張玘使契丹，告終稱嗣也。」〔註85〕而《宋史》〈太宗本紀〉，又說：「開寶九年十一月己丑（二十七日）遣著作郎馮正、佐郎張玘使契丹告哀。」〔註86〕三者所記日期雖然不一致，但是無論如何都是指同一件當時宋遼外交中的重要活動，即是因宋太祖死，由宋朝廷派遣使節向遼國告哀。

（四）弔　慰

1. 據《遼史》〈景宗本紀〉，說：「保寧八年十一月辛卯（二十九日），遣郎君王六、撻馬涅木古等使宋弔慰。」〔註87〕

（五）修賻禮

1. 據《長編》卷一七，說：「太平興國元年十二月戊午（二十六日），契丹使鞍轡庫使蕭巴固濟來修賻禮。上（宋太宗）命引進副使田守奇勞于城外，加賜以遣之。」〔註88〕《宋史》〈太宗本紀〉，說：「太平興國元年十二月戊午

〔註80〕《宋會要輯稿》，卷五二五七，蕃夷一，契丹，頁4。
〔註81〕《長編》，卷一九，宋太宗太平興國三年十月庚申條，頁13。
〔註82〕《長編》，卷一九，宋太宗太平興國三年十月癸酉條，頁13。
〔註83〕《宋會要輯稿》，卷五二五七，蕃夷一，契丹，頁4。
〔註84〕《遼史》，卷八，本紀第八，景宗上，頁96。
〔註85〕《長編》，卷一七，宋太祖開寶九年十一月壬午條，頁21。
〔註86〕《宋史》，卷四，本紀第四，太宗一，頁54。
〔註87〕同註84。
〔註88〕《長編》，卷一七，宗太平興國元年十二月戊午條，頁22。

（二十六日），契丹遣使來賻。」〔註89〕另外，《宋會要輯稿》說：「太祖開寶九年十二月，契丹遣使鞍轡庫使蕭蒲骨只及從人粘毛骨等奉慰書來聘，修賻禮也。命引進副使田守奇宴勞於城外，恩賜如例。及還，又加賜銀器二百兩，衣著二百匹。」〔註90〕

（六）賀即位

1. 據《遼史》〈景宗本紀〉，說：「保寧八年（宋太祖開寶九年，宋太宗太平興國元年，976 年）十二月壬寅（十日），遣蕭只古、馬哲賀宋即位。」〔註91〕但是前文在賀正旦一項當中，據宋人的著作《長編》、《宋史》、《宋會要輯稿》卻是稱太平興國二年二月，遼遣使來賀即位，似是一為派任日期，另一為至宋汴京日期。至於宋人其他著作，例如《東都事略》卷一二三，也說：「太平興國二年，復遣使來賀太宗即位。」〔註92〕

（七）致先帝遺物

1. 據《遼史》〈景宗本紀〉，說：「保寧九年二月庚子（九日），宋遣使致其先帝遺物。」〔註93〕

（八）助　葬

1. 據《長編》卷一八，說：「太平興國二年夏四月甲寅（二十四日），契丹遣鴻臚少卿耶律敞等，來助葬。」〔註94〕《宋史》〈太宗本紀〉，說：「太平興國二年夏四月丁酉（七日），契丹遣使來會葬。」〔註95〕此兩項史料所言，日期竟相差十七天。另《宋會要輯稿》，說：「太宗太平興國二年四月，又遣使源臚鄉（卿）耶律敞等，獻助山陵，馬三十匹，又獻御衣三襲、金帶二、御馬三匹、黃金鞍勒副之，金飾戎具一副。」〔註96〕

（九）報　謝

1. 據《遼史》〈景宗本紀〉，說：「保寧九年秋七月甲子（五日），宋遣使

〔註89〕 同註86。
〔註90〕 《宋會要輯稿》，卷五二五七，蕃夷一，契丹，頁3。
〔註91〕 同註84。
〔註92〕 《東都事略》，卷第一二三，附錄一，遼國上，頁2。
〔註93〕 《遼史》，卷九，本紀第九，景宗下，頁99。
〔註94〕 《長編》，卷一八，宋太宗太平興國二年四月甲寅條，頁10。
〔註95〕 《宋史》，卷四，本紀第四，太宗一，頁55。
〔註96〕 《宋會要輯稿》，卷五二五七，蕃夷一，契丹，頁4。

來聘。」〔註 97〕此一記載未提到宋使節為何事赴遼。但是另據《遼史殿本局本考證彙編》，卷九，說：「保寧九年七月，宋遣使來聘。按《續通鑑長編》載，四月，葬永昌陵。契丹遣鴻臚少卿耶律敵會葬。五月，命起居舍人辛仲甫使於契丹，右贊善大夫穆波（被）副之。」〔註 98〕顯然當時辛仲甫是以報謝的任務赴遼。因此，《宋史・太宗本紀》，說：「太平興國二年五月庚午（十日），……遣辛仲甫使契丹。」〔註 99〕另外，《文獻通考》卷三四六，也說：「太平興國二年，遣使賀太宗即位。四月，又遣使奉貢助太祖山陵。五月，令起居舍人辛仲甫等報聘。」〔註 100〕至於辛仲甫在遼地的交聘活動，宋人有較詳細的記載，例如《東都事略》卷三六〈辛仲甫傳〉，說：「太平興國初，遷起居舍人，奉使契丹，契丹主（遼景宗）問党進何如人，（辛）仲甫曰：『國家異人間出，党進何足道哉？』。契丹主欲留之，仲甫曰：『信以成命，義不可留，有死而已。』契丹主竟不能屈。」〔註 101〕而《長編》卷一八，更詳細記載，說：「太平興國二年五月庚午（十日），命起居舍人辛仲甫使于契丹，右贊善大夫穆被副之。仲甫至境上，聞朝廷議興師伐北漢，實倚契丹為援，遲留未敢進。飛奏，竢報有詔遣行，既至，契丹主問曰：『聞中朝有党進者，真驍將，如進之比凡幾人？』仲甫對曰：『名將甚多，如進鷹犬之材，何可勝數。』契丹主頗欲留之。仲甫曰：『信以成義，義不可留，有死而已。』契丹主知其秉節不可奪，厚禮遣還，上（宋太宗）嘗謂左右曰：『仲甫遠使絕城，練達機宜，可謂不辱君命，若更得人如仲甫數人，朕何患也。』」〔註 102〕

（十）問宋伐北漢原因

1. 據《遼史》〈景宗本紀〉，說：「乾亨元年（宋太宗太平興國四年，979年）春正月乙酉（五日），遣撻馬長壽使宋，問興師伐劉繼元之故。……丙申（十六日），長壽還，言：『河東逆命，所當問罪，若北朝不援，和約如舊，

〔註 97〕同註 93。

〔註 98〕清代江蘇書局編，《遼史殿本局本考證彙編》，卷九，頁 1，收錄於《遼史彙編》（三）。

〔註 99〕《宋史》，卷四，本紀第四，太宗一，頁 56。

〔註 100〕馬端臨，《文獻通考》（台北：新興書局，民國 47 年 10 月），卷三四六，四裔考二三，契丹中，頁 2707。

〔註 101〕《東都事略》，卷第三六，列傳一九，辛仲甫傳，頁 2。

〔註 102〕《長編》，卷一八，宋太宗太平興國二年五月庚午條，頁 12。另外，《契丹國志》，收錄於《遼史彙編》（七）（台北：鼎文書局，民國 62 年 10 月），卷六，景宗紀，頁 51～52、《太平治蹟統類》，卷二，太祖太宗親征北漢，頁 35，也都有與《長編》相同事蹟的記載。

不然則戰。』」〔註103〕可見宋太宗滅北漢的企圖相當強烈，即使導致與遼的友好外交關係發生破裂也在所不惜，而且從宋太宗此一言論也已隱隱顯現出宋太宗在滅亡北漢後，準備即時進行征伐遼國的企圖。

（十一）問起居

1. 據《長編》卷二〇，說：「太平興國四年二月丙子（二十七日），契丹遣使尚書耶律伊埒摩哩奉書問起居。丁丑（二十八日），見於臨城縣。」〔註104〕另據《宋會要輯稿》，說「太宗太平興國四年二月，契丹遣使耶律尚書拽刺梅里奉書問起居，對于行在所，賜梅里金帶、銀鞍勒馬。」〔註105〕當初在二月十五日，宋太宗從汴京出發親征北漢，因此遼國使節來問起居，乃見於臨城行在所。而且遼使來見，遼景宗的真正目的，應是在刺探軍情，以便派兵援助北漢。

（十二）修　貢

1. 在太平興國四年，因遼援助北漢的軍事行動失利，造成宋軍得以圍困北漢太原城，而在此時遼國朝廷有意改善與宋的緊張關係，因此又派使節前來宋太宗行在所進行修貢的交聘活動，據《長編》卷二〇，說：「太平興國四年夏四月壬申（二十四日），夜漏未盡，上（宋太宗）幸城西，督諸將攻城，……。會，契丹遣使修貢，賜宴便殿，因出劍士示之，數百人袒裼鼓譟，揮刃而入，跳擲承接，曲盡其妙，契丹使者不敢正視。」〔註106〕

（十三）奉書來聘

1. 在宋太祖開寶八年三月，宋遼兩國外交初建，遼國派遣使節奉書來聘，此為兩國使節正式交往的開始，因此遼使抵宋之後，頗受到宋朝廷的禮遇。據《宋史》〈太祖本紀〉，說：「開寶八年三月己亥（二十七日），契丹遣使克沙骨慎思以書來講和，……辛丑（二十九日），召契丹使於講武殿，觀習射。」〔註107〕宋人著作對於此一重要史實，有較詳細的記載，筆者特別引三種史書的記載如下，其中所記雖然大致相同，但是卻可以讓我們互相印證參考，進而知道當時宋遼的外交關係是如何展開。例如《長編》卷一六，說：「開寶八

〔註103〕《遼史》，卷九，本紀第九，景宗下，頁101。另，《十國春秋》，卷一〇五，北漢二，英武帝本紀，頁15～16，也有相同的記載。
〔註104〕《長編》，卷二〇，宋太宗太平興國四年二月丙子條、丁丑條，頁4。
〔註105〕《宋會要輯稿》，卷五二五七，蕃夷一，契丹，頁4～5。
〔註106〕《長編》，卷二〇，宋太宗太平興國四年四月壬申條，頁7。
〔註107〕《宋史》，卷三，本紀第三，太祖三，頁44。

年三月己亥（二十七日），契丹遣使克卜茂固舒蘇奉書來聘。詔閤門副使郝崇信至境上迓之。及至，館于都亭驛，是日召見，及其從者十二人，賜衣帶、器幣各有差，宴於長春殿。仍召至便坐，觀諸班騎射，令其二從者拉古爾綽和爾，與衛士馳射毛毬，截柳枝。及解辭歸國，復召見，賜器幣，因謂宰相曰：『自五代以來，北敵彊盛，蓋由中原衰弱，遂致晉帝蒙塵，亦否之極也。今景慕而至，乃時運使然，非涼德能致。』先是，涿州遣孫全興書云：『遣使克卜茂固舒蘇。』至是發書。但云克舒蘇，或云克，其官號也。又曰其姓氏也。」〔註108〕《宋朝事實》卷二，說：「開寶八年三月，遣款附使格什古星什奉書來聘，稱契丹國。上命閤門副使郝崇信至境上迓之。及至，館于都亭驛。太祖召見，賜以襲衣、金帶、銷金、皁羅帽、烏皮靴、器幣二百、銀鞍勒馬，其傔（當作僕）從衣物、器幣有差。宴于內殿，仍召至便坐，觀諸班騎射，令其一使者與衛士馳射毛毬，截柳枝。及辭歸國，召見，賜器幣、衣服，帝因謂宰相曰：『自五代以來，北敵強盛，蓋由中原衰弱，以至晉帝蒙塵，亦否之極也，今慕化而至，乃期運使然，非涼德能致。』左右皆稱萬歲。自是，契丹始與中國交聘。」〔註109〕《宋會要輯稿》，說：「太祖開寶八年三月二十六日，契丹遣款附使克妙骨慎思等十二人奉書來聘，其書稱契丹國，詔東上閤門副使郝崇信至境上迓之。及至，館于都亭驛，召見崇德殿，賜襲衣、金帶、銷金、皁羅帽、烏皮靴、器幣二百、銀鞍勒馬，其從者十二人衣服、器幣有差。二十八日，晉王及宰相百官以契丹通好詣崇德殿稱賀，帝謂宰相曰：『自晉漢以來，北戎強盛，蓋由中原無主，以至晉帝蒙塵，乃否之極也，今慕化而來，亦由時運，非涼德所致。』先是，涿州以來使書雄州孫全興稱：『克妙骨慎思』，至是啓書但云：克慎思，或云克是官號令，姓氏與官俱未詳，故兩存焉。二十九日，詔契丹使於講武殿，觀諸殿騎士習射，令其二從者裊屋六條首里與衛士馳射毛毬，截柳枝。三十日，又宴於長春殿。」〔註110〕可見宋太祖非常重視宋遼外交的建立，因此對於遼使的到來，給予特別的禮遇，並且於當年七月十日，「遣西上閤門使郝崇信、太常丞呂端使於契丹。」〔註111〕

（十四）其　他

從宋遼外交建立之後到宋太宗滅亡北漢之前，有幾次兩國使節交聘的活

〔註108〕《長編》，卷一六，宋太祖開寶八年三月己亥條，頁4～5。
〔註109〕《宋朝事實》，卷二〇，經略幽燕，頁7。
〔註110〕《宋會要輯稿》，卷五二五七，蕃夷一，契丹，頁2。
〔註111〕《長編》，卷一六，宋太祖開寶八年七月庚辰條，頁9。

動，在史書中並未提到該使節所負的任務為何？因此筆者將此些情況以「其他」一項概括。

1. 據《長編》卷一六，說：「開寶八年八月壬戌（二十三日），契丹遣左保鸞大將軍耶律霸德、弓箭庫使雅勒呼、通事左監門衞將軍王英來聘，獻御衣、玉帶、名馬，上（宋太祖）皆厚賜之。因令從獵近郊，上親射走獸，矢無虛發。使者俯伏呼萬歲。私謂譯者曰：『皇帝神武無敵，射必命中，所未嘗見也。』」〔註112〕《宋史》〈太祖本紀〉，說：「開寶八年八月壬戌（二十三日），契丹遣左衞大將軍耶律霸德等致御衣、玉帶、名馬。」〔註113〕筆者另查《宋朝事實》、《太平治蹟統類》和《宋會要輯稿》〔註114〕，也都是只提到耶律霸德等人來聘，但是其任務為何？卻均未見記載。只是《宋會要輯稿》對於當時宋賜給遼使節團的禮物記載得很詳細，說：「太祖開寶八年八月，契丹遣使左衞大將軍耶律霸德、弓箭庫使堯盧骨、通事左監門衞將軍王英來聘，獻御衣一襲，玉帶一、御馬三、并鞍轡帶甲馬五十。賜冠帶器幣有差，使副皆量錦旋襴衣一襲、金帶一、衣著百疋、銀器百兩、金鍍銀鞍轡馬一、皀羅銷金帽一、鞾一。通事衣一襲、公服、靴、笏、金帶幞頭絲鞾衣著五十疋、銀器五十兩、銀鞍轡馬一。小底書表二人，各紅錦旋襴金鍍銀帶、銀器二十兩、衣著三十疋。軍將馬群蹋馬，拽剌梅里等四十六人，各中錦旋襴金鍍銀帶絲鞾，銀器十兩、衣著二十疋，又賜通事從使人二十人，各中錦旋襴銀帶銀器五兩、衣著十疋，書表已下隨身十二人，錦襖銀帶，銀器三兩、衣著五疋，因令從獵出郊，及辭，又賜衣服、器幣以遣之。」〔註115〕

2. 據《遼史》〈景宗本紀〉，說：「保寧八年正月癸酉（六日），宋遣使來聘。」〔註116〕

3. 據《宋會要輯稿》，說：「太宗太平興國二年八月，契丹小底述訥辭還本國，詔賜窄衣、金鞊韉、銀器百兩、衣著百匹。」〔註117〕

4. 據《遼史》〈景宗本紀〉，說：「保寧九年十一月乙巳（十九日），遣太

〔註112〕《長編》，卷一六，宋太祖開寶八年八月壬戌條，頁10。
〔註113〕《宋史》，卷三，本紀第三，太祖三，頁45。
〔註114〕《宋朝事實》，卷二○，經略幽燕，頁8；《太平治蹟統類》，卷二，太祖經略幽燕條，頁4；《宋會要輯稿》，卷五二五七，蕃夷一，契丹，頁2～3。
〔註115〕《宋會要輯稿》，卷五二五七，蕃夷一，契丹，頁2～3。
〔註116〕《遼史》，卷八，本紀第八，景宗上，頁95。
〔註117〕《宋會要輯稿》，卷五二五七，蕃夷一，契丹，頁4。

保迷烈割等使宋。」〔註118〕

　　5. 據《長編》卷一九，說：「太平興國三年五月癸巳（九日），遣左補闕李吉使契丹，通事舍人薛文寶副之。」〔註119〕《宋史》〈太宗本紀〉，說：「太平興國三年五月癸巳（九日），遣李從吉等使契丹。」〔註120〕

　　6. 據《遼史》〈韓匡嗣傳〉，說：「耶律虎古使宋還，言宋人必取河東，合先事以爲備。匡嗣詆之曰寧有是，已而，宋人果取太原，乘勝逼燕。」〔註121〕另據《遼史》〈耶律虎古傳〉，說：「十年，使宋還。以宋取河東之意聞于上，燕王韓匡嗣曰：『何以知之。』虎古曰：『諸僭號之國，宋皆併收，惟河東未下，今宋講武習，戰意必在漢。』匡嗣力沮，乃止。明年，宋果伐漢，帝以虎古能料事器之，乃曰：『吾與匡嗣慮不及此。』授涿州刺史。」〔註122〕可見在遼景宗保寧十年，耶律虎古曾以使節身分前往宋國，但是只據《遼史》記載，卻未能知曉其當時是負何種任務出使宋國。

四、結　論

　　由以上的討論可知，在宋代建國之後，雖然宋兵幾次征伐北漢，而遼則數次應北漢的求援，派兵加以援救，使宋遼的兩國的外交關係遲遲無法建立起來。但是後來因遼不滿北漢對其臣服的態度，以及宋國擬藉與遼建交，而對北漢加以牽制，以便有利其滅亡北漢的進行，因此宋遼兩國的外交關係終於得以建立起來。〔註123〕並且在短短數年當中進行了尚稱密集的交聘活動，包括賀正旦、賀生辰等任務。尤其是在這一段期間，因爲宋太祖的死亡，使宋遼兩國使節的交聘活動更包括了告哀、弔慰、修賵禮、助葬、致先帝遺物等項目，甚至於有賀宋太宗即位的交聘活動。因此我們可謂在宋太宗太平興國四年滅北漢之前，雖然兩國仍然是一者攻北漢，另一者救北漢，但是兩國的外交往來，還算是融洽的、和平的。

　　可惜的是從太平興國四年五月六日，宋太宗滅北漢之後，〔註124〕至六月

〔註118〕《遼史》，卷九，本紀第九，景宗下，頁100。
〔註119〕《長編》，卷一九，宋太宗太平興國三年五月癸巳條，頁8。
〔註120〕《宋史》，卷四，本紀第四，太宗一，頁58～59。
〔註121〕《遼史》，卷七四，列傳第四，韓匡嗣，頁1234。
〔註122〕《遼史》，卷八二，列傳第一二，耶律虎古，頁1295。
〔註123〕可參閱王曉波，〈宋太祖時期宋遼關係的變化〉，《宋代文化研究》，第七輯（成都：巴蜀書社，1998年5月），頁222～237。
〔註124〕可參閱李裕民，〈宋太宗平北漢始末〉，《山西大學學報》，1982年第2期，頁

十三日，宋太宗即親自率兵征伐遼國，準備收復燕雲十六州。因此展開了直至宋眞宗景德元年（遼聖宗統和二十二年，1004 年）與遼訂立澶淵盟約之前的長期戰爭和對立，前後約有二十五年之久，期間雖然有數次恢復外交關係的契機，但是均未能付之於進行，例如《遼史》〈聖宗本紀〉，說：「乾亨四年（太平興國七年）十二月辛酉（四日），南京留守荊王道隱奏：『宋遣使獻犀帶請和。』詔以無書卻之。……統和十二年（宋太宗淳化五年，994 年）八月乙酉（六日），宋遣使求和，不許。……九月辛酉（十二日），宋復遣使求和，不許。」〔註 125〕另外，《宋史》〈韓國華傳〉也提到：「（宋太宗）淳化二年（遼聖宗統和九年，991 年），契丹請和，朝議疑其非實，遣（韓）國華使河朔以察之。既至，盡得其詐以聞。」〔註 126〕可見宋遼兩國的外交在宋太宗伐遼之後，確實即宣告中斷。而這也顯現出假如要把宋遼外交關係初期的演變，予以比較明確的劃分，則在宋太宗滅北漢前後，是一個很大的轉變。這也是筆者以此觀點來擬定本文題目的一個主要原因。

另外，筆者要強調的是在這一段期間，宋遼兩國透過外交使節的交往，進行了多方面的交聘活動，對於後來宋遼兩國訂立澶淵盟約之後，很快就形成比較制度化、組織化、成熟化的外交關係，具有正面的作用。也就是宋代初期宋遼兩國前後將近六年的外交關係和期間所進行的各項交聘活動，等於提供了後來宋遼在訂立澶淵盟約之後，維持了一百多年和平外交的一種學習、摸索、實驗、參考和調整的機會。例如使節的選派（包括名目、選擇、官位）、國書的體制（包括兩國國君的稱謂、國書的格式）、使節的接送（包括路徑、伴使的選取、地方官的迎送）、使節的待遇（包括沿途的待遇、就館及朝見後的待遇）、禮儀（包括賀正旦或生辰使朝見的禮儀、告哀及發哀的禮儀、祭奠、弔慰的禮儀、告登位致遺留的禮儀、雜儀）等，〔註 127〕因

86～94。

〔註 125〕《遼史》，卷十，本紀第十，聖宗一，頁 108、卷十三，聖宗四，頁 145。

〔註 126〕《宋史》，卷二七七，列傳第三六，韓國華，頁 9443。

〔註 127〕可參閱《遼史》，卷五十，志十九，禮志二，凶儀，頁 839～844、卷五一，志二十，禮志四，賓儀，頁 846～856、卷五二，志二一，禮志五，嘉儀上，頁 857～865、卷五三，志第二二，禮志六，嘉儀下，頁 867～880；《宋史》卷一百一十，志第六三，禮一三，嘉禮一，頁 2639～2651、卷一百一十一，志第六四，禮一四，嘉禮二，頁 2653～2669、卷一百一十二，志第六五，禮一五，嘉禮三，頁 2671～2808、卷一百二十四，志第七七，禮二七，凶禮三，頁 2897～2901。

此在宋眞宗景德元年（遼聖宗統和二十二年，1004 年）十二月，與遼訂立澶淵盟約之後，翌年二月，重新展開對遼友好的交聘活動，派孫僅爲契丹國母生辰使，「時議草國書，令樞密學士院求兩朝（宋太祖、太宗）遺草於內省，悉得之。凡所與之物，皆約舊制而加增損」。〔註 128〕另外，《玉壺清話》卷四，也說：「（宋眞宗）景德初，北戎請盟，欲撰答書，久亡體制。時趙文定安仁爲學士，獨記太祖朝書札規式，詔撰之。及修明講好之制，深體輕重，朝論美之。」〔註 129〕可見在宋尚未滅北漢，以及轉攻遼之前，與遼短暫的外交和各項交聘活動，確實在此方面曾發揮了正面的作用，使宋對遼再度建立起來的友好外交關係，有一個好的開始，並且得以延續、發展，直至北宋末年宋徽宗時期。

徵引書目

一、史　料

1. 王稱，《東都事略》，台北：文海出版社，民國 56 年。
2. 江蘇書局編，《遼史殿本局本考證彙編》，收錄於《遼史彙編》（三），台北：鼎文書局，民國 62 年。
3. 吳任臣，《十國春秋》，台北：鼎文書局，民國 74 年。
4. 李攸，《宋朝事實》，台北：文海出版社，民國 56 年。
5. 李燾，《續資治通鑑長編》，上海：上海古籍出版社，1986 年。
6. 徐松，《宋會要輯稿》，北京：中華書局，1997 年。
7. 馬端臨，《文獻通考》，台北：新興書局，民國 47 年。
8. 陳述，《全遼文》，台北：龍文出版社，民國 80 年。
9. 陳漢章，《遼史索隱》，收錄於《遼史彙編》（三），台北：鼎文書局，民國 62 年。
10. 脫脫，《遼史》，台北：鼎文書局，民國 64 年。
11. 脫脫，《宋史》，台北：鼎文書局，民國 67 年。
12. 彭百川，《太平治蹟統類》，台北：成文出版社，民國 55 年。
13. 葉隆禮，《契丹國志》，收錄於《遼史彙編》（三），台北：鼎文書局，民國 62 年。
14. 歐陽修，《新五代史》，台北：鼎文書局，民國 65 年。

〔註 128〕《長編》，卷五九，宋眞宗景德二年二月戊戌條，頁 11。
〔註 129〕釋文瑩，《玉壺清話》（北京：中華書局，1984 年 7 月），卷四，頁 6。

15. 釋文瑩，《玉壺清話》，北京：中華書局，1984 年。

二、近人著作

1. 謝昭男，《澶淵之盟以前遼宋關係史事繫年》，收錄於《遼史彙編補》，台北：鼎文書局，民國 63 年。

2. 曾瑞龍，《經略幽燕》，香港：中文大學出版社，2003 年。

三、論　文

1. 王曉波，〈宋太祖時期宋遼關係的變化〉，《宋代文化研究》，第七輯，成都：巴蜀書社，1998 年。

2. 李裕民，〈宋太宗平北漢始末〉，《山西大學學報》，第 2 期，1982 年。

3. 黃鳳岐，〈遼宋交聘及其有關制度〉，《社會科學輯刊》，第 2 期，1985 年。

4. 陶晉生，〈宋遼間的平等外交關係：澶淵盟約的締訂及其影響〉，收錄於《宋遼關係史》，台北：聯經出版公司，民國 73 年。

5. 蔣武雄，〈歐陽修使遼行程考〉，《東吳歷史學報》，第 8 期，民國 91 年。

6. 聶崇岐，〈宋遼交聘考〉，收錄於《宋史叢考》，台北：華世出版社，民國 75 年。

《東吳歷史學報》第 11 期（民國 93 年 6 月），頁 1～27。

第九章　宋臣在對遼外交中辱命與受罰的探討

摘　要

　　宋代與遼曾有密切的友好外交關係，經常派遣使節進行交聘活動。但是有少數的宋國大臣因為疏忽，違背了外交禁令與規定而遭受處罰。本文即是針對此問題作比較詳細的探討，以便讀者對宋遼外交關係史能有進一步的了解。

　　關鍵詞：宋、遼、外交。

一、前　言

　　宋朝廷自從在宋真宗景德元年（遼聖宗統和二十二年，西元 1004 年），與遼訂立澶淵盟約之後，即經常派遣大臣出使遼國，進行交聘的工作。當時為了維持和平、友好的關係，每當兩國皇太后與皇帝的生日或死亡，以及每年的正旦等，雙方就都會派遣使節前往對方的國家祝賀、祭弔。此種交聘活動一直持續至宋徽宗宣和四年（遼天祚帝保大二年，1122 年）派童貫率兵攻打遼，造成兩國外交關係決裂才告終止。而在這一百十八年當中，如以兩國派遣使節的次數加以計算，則賀生辰一項，宋遣使至遼約有一百四十一次，遼遣使至宋約有一百三十四次；賀正旦一事，宋遣使至遼約有一百四十一次，遼遣使至宋約有一百四十三次；祭弔等事，宋遣使至遼約有四十八次，遼遣使至宋約有四十五次；另外交涉國事的泛使，宋遣使至遼約有十九次，遼遣使至宋約有二十三次，總共約有六百八十四次，〔註 1〕可見宋遼兩國使節的往來相當頻繁。又如以使節人數的多寡來計算，包括宋初與遼短暫交往在內，〔註 2〕則雙方所派的使節共計約有一千六百多人，〔註 3〕再加上兩國擔任接、館、送伴使的大臣，以及使節團中的三節人等，筆者估計在整個宋遼外交關係史上，雙方所有曾經接觸過兩國外交事件者，共計至少有一萬五千人以上。

　　而據筆者近年對於宋遼外交關係史的研究，發現宋遼兩國大多數大臣，在被派任使節的工作之後，往往都能致力於交聘的活動，圓滿地達成其所負的任務。但是由於外交工作責任重大，而且禮儀相當繁瑣，因此有少數大臣在出使或接送的過程中，以及與對方皇帝、大臣或來聘的使節進行酬唱、應

〔註 1〕　參閱聶崇岐，〈宋遼交聘考〉，《宋史叢考》（下）（台北：華世出版社，民國 75年 12 月），頁 334～375，原載於《燕京學報》第 27 期。本文中的統計數字是依據聶文所列「生辰國信使副表」、「正旦國信使副表」、「祭弔等國信使副表」、「泛使表」加以計算的結果。

〔註 2〕　可參閱蔣武雄，〈宋滅北漢之前與遼的交聘活動〉，《東吳歷史學報》，第 11 期（台北：東吳大學，民國 93 年 6 月），頁 1～27。

〔註 3〕　據傅樂煥，〈宋遼聘使表稿〉，說：「宋遼約和自澶淵之盟（1005）迄燕雲之役（1122），凡一百十八年，益以開寶迄太平興國間之和平（974～979，凡六年），綜凡一百二十四年。估計全部聘使約一千六百餘人，《長編》、《遼史》所載者約一千一百五十人，以其他文籍補苴者一百四十餘人，待考者約有三百二三十人。」收錄於《遼史彙編》（八）（台北：鼎文書局，民國 62 年 10 月），頁 580。原載於中央研究院《歷史語言研究所集刊》第 14 本。

對時，﹝註4﹞有時可能會因爲雙方國情的不同，一時失察或不檢，而導致違背外交的禁令，辱及本國的尊嚴，甚至也有幾位使節大臣竟然明知故犯，增加本國朝廷的困擾，而遭受本國政府的處罰。

筆者認爲假如要深入了解宋遼的外交關係，則對於兩國使節大臣在外交中辱命與受罰的情形，有加以探討的必要。但是截至目前爲止，筆者尚未見有國內外學者撰寫專文討論此一方面的史實，﹝註5﹞因此筆者選擇現存較多相關史料的宋國爲例，﹝註6﹞以〈宋臣在對遼外交中辱命與受罰的探討〉爲題，論述宋朝廷愼選對遼外交的人選，以及對使遼和伴遼使大臣的禁令等問題，並且以《續資治通鑑長編》（以下簡稱《長編》）和《宋會要輯稿》所記載的內容爲主，列舉出宋代少數大臣在對遼外交中辱命與受罰的事例。

二、宋朝廷愼選對遼外交的人選

宋朝廷自從於宋眞宗景德元年和遼國訂立澶淵盟約之後，爲了維持與遼和平、友好的外交關係，並且希望能在外交上取得平等的地位與尊嚴，﹝註7﹞

﹝註4﹞ 可參閱蔣武雄，〈宋遼外交中的詩歌交往〉，《中國中古史研究》，第 1 期（台北：蘭臺出版社，民國 91 年 9 月），頁 229～245。

﹝註5﹞ 筆者僅見聶崇岐，〈宋遼交聘考〉文中，在「使節辱命之譴責」一項有簡短的論述。前引書，頁 331～332。

﹝註6﹞ 至於遼國大臣在對宋外交中辱命與受罰的情形，雖然史書較少記載，但還是有類似的事例，例如《遼史》〈耶律合里只傳〉，說：「耶律合里只，……充宋國生辰使，館于白溝驛。宋宴勞，優者嘲蕭惠河西之敗。合里只曰：『勝負兵家常事。我嗣聖皇帝俘石重貴，至今興中有石家寨。惠之一敗，何足較哉？』宋人慚服。帝（遼興宗）聞之曰：『優伶失辭，何可傷兩國交好？』鞭二百，免官。」見脫脫，《遼史》（台北：鼎文書局，民國 67 年 11 月），卷八六，列傳第一六，〈耶律合里只傳〉，頁 1327。另據虞仲文，〈甯鑑墓誌銘〉，說：「……（甯鑑）加少府少監，明年冬，接伴南宋人使，以小心得過，出爲忠順軍節度副使。」見陳述，《全遼文》（台北：龍文出版社，民國 80 年），卷十，虞仲文，《甯鑑墓誌銘》，頁 309。可見遼國方面，也是曾有使節或接伴使，在對宋的外交事務中，因辱命而受罰。另外，據《遼史·聖宗本紀》，說：「開泰五年（宋眞宗大中祥符九年，1016 年）……五月甲子，尚書蕭姬隱坐出使後期，削其官。」（卷一五，本紀第一五，聖宗六，頁 178）筆者查閱過聶崇岐，前引文中有關宋遼兩國的「生辰國信使副表」、「正旦國信使副表」、「祭弔等國信使副表」、「泛使表」（頁 334～375），以及傅樂煥，前引文中「宋遼聘使表」（頁 546～580），均未提到蕭姬隱是否因出使宋國耽誤行程而被處罰。但是從這一件事例，可知當時遼國大臣也確實有人因爲在外交事宜中失當而受罰。

﹝註7﹞ 由於在宋遼外交中，遼使有時會以其國勢較強，顯現出高傲態度，因此宋朝

因此在進行交聘活動的相關事宜時，對於派遣大臣擔任出使遼國或接伴遼國使節的人選方面，都採取很謹慎的態度與做法，常以優秀的文人大臣爲優先考慮的對象。例如在與遼訂立澶淵盟約之後的第三年，即宋眞宗景德三年（遼聖宗統和二十四年，1006 年）十一月，宋朝廷原先以「工部郎中陳若拙接伴契丹賀正旦使，若拙談辭鄙近。丙午（七日），命太子中允直集賢院孫僅代之。若拙多誕妄，寡學術，雖以第三人及第，素無文。舊語第三人及第，號榜眼，因目若拙爲瞎榜」。〔註 8〕可見宋朝廷在考慮對遼外交的人選方面確實採取很謹慎的做法，一旦原定的人選有不妥之處，即予以更換。因此陶晉生在〈從宋詩看宋遼關係〉中，說：「宋人有意炫耀其文明，以影響契丹人，往往妙選著名文人爲大使。」〔註 9〕而聶崇岐在〈宋遼交聘考〉中，也說：「宋初遣使，文武先後，並無定例。……泊澶淵盟後，制乃畫一，大使皆用文，副使皆用武，惟報哀使率以武人應選，百餘年間，相因不改。」〔註 10〕

　　宋朝廷對於出使遼國或接、館、送伴遼國使節的人選，既然在挑選的態度和做法上很謹慎，因此對於大臣所提有關對遼交外人選辦法的建議，也往往都能加以重視。例如據《長編》卷一〇〇，說：「宋仁宗天聖元年（遼聖宗太平三年，1023 年）四月，……丁巳（二十四日），臣僚上言：『竊覩自繼好以來，每差臣僚奉使，必須經濟得人。欲乞今後文臣給事中以上，武臣遙郡以上，每至選差入國之次，預行詔敕，事委奏舉，方得差充。候迴別無曠職，優賜擢任，以旌勞效。』宰相奏：『自今欲止令中書樞密院選擇充使。』奏可。」〔註 11〕同書卷一二三，說：「宋仁宗寶元二年（遼興宗重熙八年，1039 年）三月……壬子（二十一日），右司諫韓琦言：『乞自今差國信及接伴使副，委中書樞密選擇進名，若有臣僚輒敢陳乞，望賜嚴斷。』從之。」〔註 12〕同

　　　廷往往以文臣爲使遼人選，一則可以詩歌折難遼使的舉動，降低遼使高傲的氣焰；也可紓解存在於宋人心中長期以來因國勢不如遼國的抑悶，得到心理上些許的平衡。（可參閱王水照，〈論北宋使遼詩的兩個問題〉，《山西師大學報》，社會科學版，19 卷 2 期，1992 年 4 月，頁 37～43）

〔註 8〕 李燾，《續資治通鑑長編》（以下簡稱爲《長編》）（上海：上海古籍出版社，1986 年 2 月），卷六四，宋眞宗景德三年十一月丙午條，頁 8。

〔註 9〕 陶晉生，〈從宋詩看宋遼關係〉，《宋遼關係史研究》（台北：聯經出版公司，民國 73 年），頁 181。

〔註 10〕 聶崇岐，前引文，頁 304～305。

〔註 11〕 《長編》，卷一〇〇，宋仁宗天聖元年四月丁巳條，頁 11。

〔註 12〕 《長編》，卷一二三，宋仁宗寶元二年三月壬子條，頁 7。另見徐松，《宋會要輯

書卷一六一，說：「宋仁宗慶曆七年（遼興宗重熙十六年，1047 年）八月，……甲寅（十二日），詔：『自今使契丹毋得用二府臣僚親戚，其文臣擇有出身才望學問人。武臣須達時務，更職任者充。其引伴西人，亦選差使臣。』從御史何郯之言也。」〔註13〕同書卷一六六，也說：「宋仁宗皇祐元年（遼興宗重熙十八年，1049 年）三月，……庚子（八日），監察御史陳旭言：『近來所差接伴及入國使副，多是權貴之家未嘗歷事年少子弟，或緣恩例陳請。乞應差入國使副於武臣中擇曾歷邊任或履踐繁劇，有才幹者充。』詔：『今後仔細擇人。』」〔註14〕從以上諸所引，可知在宋朝廷重視對遼外交的情況下，使宋國的大臣們也都能注意及對遼外交人選的問題，因此經常提出相關的建言，以期使宋對遼的交聘活動能進行得更為得宜。

另外，宋朝廷的諫官對於接觸對遼外交的人選，如果認為某位不適任時，也往往都會提出其看法。例如在宋仁宗慶曆三年（遼興宗重熙十二年，1043 年）八月，宋朝廷以「起居舍人知制誥孫抃為契丹國母生辰使」，〔註15〕但是當時諫官歐陽修對於孫抃擔任此一使節職務有意見，因此提出他的看法，說：「『伏見差孫抃等使契丹，臣謂朝廷新遭契丹侮慢凌辱之後，必能發憤，每事掛心，凡在機宜，合審措置。及見抃等被選，乃知忘忽慮患，依舊因循。今西賊議和，事連北敵，中間屢牒邊郡，來問西事了與未了。今專使到彼，必先問及。應對之間，動關利害。一言苟失，為患非輕。豈可令抃先往？抃本蜀人，語音訛謬。又其為性靜默自安，軍國之謀，未嘗與議；凡關機事，多不諳詳。臣聞古者遣使最號難才，不授以辭，詳其專對，蓋取其臨事而敏，應變無窮。今抃既不可預教以言，則將何以應變。苟一疏脫，取笑遠人。其孫抃欲乞不令出使，或恐中書不能逆抃人情，尚守前議。即乞別令一人，言語分明，稍知朝廷事者先往，貴不誤事。且契丹君臣頗為強黠，中國常落其計，不是不知。今欲雪前恥，雖知未能，其如後患，豈可不慮。伏望聖慈，早令兩府別議。』不報。」〔註16〕顯然歐陽修以宋遼兩國局勢多變化，惟恐孫抃無法勝任，因此特別奏請朝廷另擇他人，但是當時並未獲得朝廷的接受。

另一例，據《長編》卷一六七，說：「宋仁宗皇祐元年（遼興宗重熙十八

稿》（北京：中華書局，1997 年 6 月），卷一三三二七，職官五一，國信使，頁 1。
〔註13〕《長編》，卷一六一，宋仁宗慶曆七年八月甲寅條，頁 3。
〔註14〕《長編》，卷一六六，宋仁宗皇祐元年三月庚子條，頁 10。
〔註15〕《長編》，卷一四二，宋仁宗慶曆三年八月己酉條，頁 21。
〔註16〕註同前，頁 22。

年，1049 年）八月……己卯（十九日），……著作佐郎直集賢院同修起居臣呂溱爲契丹正旦使，右班殿直閤門祇候魏公佐副之。御史陳旭言：『比歲，入國副使多不擇人，或緣內降指揮魏公佐，前入國爲上節，今乃爲副使，恐取輕敵國。』即改命閤門通事舍人侯宗亮代公佐，仍詔樞密院自今選人。」〔註17〕可見御史陳旭認爲魏公佐原是從人上節身分，而今以副使身分出使遼國，恐怕會引起遼朝廷的誤會，覺得宋國有輕視遼國的意思，因此特別提出此一建言，而且獲得宋朝廷的採納，改派較爲恰當的人選。

三、宋朝廷對使遼和伴遼使大臣的禁令

（一）宋朝廷對使遼大臣的禁令

宋朝廷除了愼重挑選使遼的人選之外，對於使遼大臣的出使期間的言行，也都訂有嚴謹的禁令或指示，尤其是在與遼訂立澶淵盟約之後，很多禁令逐漸成爲定制。例如宋眞宗景德二年（遼聖宗統和二十三年，1005 年）二月，宋朝廷任「命開封府推官、太子中允、直集賢院孫僅爲契丹國母生辰使」，〔註18〕這是宋與遼訂立澶淵盟約之後，第一次正式對遼派遣使節，因此受到了遼國特別的禮遇。當時「（孫）僅等入契丹境，其刺史皆迎謁。又命幕職、縣令父老捧厄獻酒於馬前，民以斗焚香相迎。門置水漿、盂杓於路側，接伴者察使人中途所須，即供應之。具蕃漢食味，漢食貯以金器，蕃食貯以木器。所至，無得鬻食物受錢，違者，全家處斬。國主每歲避暑於含涼淀，聞使至，即來幽州。屢召僅等晏會張樂，待遇之禮甚優。僅等辭還，賜以器服，及馬五百餘匹。自郊勞至於餞飲，所遣皆親信。詞禮恭恪者，以致勤厚之意焉」。〔註19〕但是孫僅在此濃情厚意的禮遇之下，對於自己在遼國期間的言行卻更加謹愼，因此「禮或過當，僅必抑而罷之，其他隨事損益，俾豐約中度。後奉使者率循其制，時稱得體」。〔註20〕顯然宋與遼訂立澶淵盟約之後，孫僅首次代表宋國出使遼國，即在言行、應對方面樹立了良好的典範，讓後來的宋國使節們得以有所遵循。因此《王文正公筆錄》也提到，說：「景德中，初契丹通好。首命故給事中孫公僅奉使而往。洎至彼國，屬修聘之始，迎勞饗餼

〔註17〕《長編》，卷一六七，宋仁宗皇祐元年八月己卯條，頁 5。
〔註18〕《長編》，卷五九，宋眞宗景德二年二月癸卯條，頁 11。
〔註19〕註同前。
〔註20〕同註18。

頒給文禮，殊未詳備，北人館待優異，務在豐腆，無所然，事或過差，僅必抑而罷之，自餘皆為，隨事損益，俾豐腆中度而後已。迄今信使往復，不改其制。故奉使鄰境，由僅為始時得禮制。」〔註21〕

至景德三年十一月，據《長編》卷六四，說：「（宋眞宗）詔入契丹使從人不過百人。上以使臣奉命外境，慮其事體不一，每遣使，即詔有司，諭以近例，俾其遵守，無輒改易。其書題有文詞者，皆樞密院送學士院看詳，必中禮乃用之。閻承翰等言：『朝廷遣賜契丹國信，其使副隨從兵士，已差馬軍員寮一人部轄，望更令使臣同共管句。』上曰：『若更差使臣，則本國恐難為禮，但令增差軍員。』上又謂輔臣曰：『使契丹者，要在謹重寡言，委之達王命而已。且朝廷用人，不可求備，凡遣使者，朕每戒諭，當謹禮容。蓋中朝禮法所出，將命出疆，眾所瞻仰，稍復違失，即致嗤誚。況彼所遣使來奉中朝，皆能謹恪邪？自今遣使，卿等宜各以朕意曉之。』」〔註22〕可見宋眞宗本人很重視對遼外交的事務，因此對於被派任為出使遼國的使節大臣，特別要求其在文辭、言行上都必須合於禮法，不能有所違失。類似此種指示，例如《長編》卷一二五，說：「宋仁宗寶元二年（遼興宗重熙八年，1039 年）十一月戊戌（十一日），兵部郎中知制誥聶冠卿為契丹生辰使，代龐籍也。冠卿五世祖師道，楊行密叛，奏號問政先生鴻臚卿。及使契丹，契丹主謂曰：『君家先世奉道，子孫固有昌者。嘗觀所著蘄春集，詞極清麗。』因自擊毬縱飲，命冠卿賦詩，禮遇特厚。……丙寅（二十一日）詔：『奉使契丹，不得輒自賦詩，若彼國有請者，聽之。』」〔註23〕可見謹言慎行一向是宋皇帝對使節的重要要求。

（二）宋朝廷對伴遼使大臣的禁令

聶崇岐在〈宋遼交聘考〉文中，說：「接送館伴使副，職責雖不若銜命出疆者重，但話默動止，稍不合度，亦足貽譏辱國，故選擇仍不得不慎。」〔註24〕因此宋朝廷對於接待遼國使節的工作也很重視，例如在宋與遼訂立澶淵盟約之後的第二年，即宋眞宗景德二年五月，因為兩國交聘活動即將展開，因

〔註21〕 王曾，《王文正公筆錄》，收錄於《宋代筆記小說》（石家莊：河北教育出版社，1995 年 2 月），頁 3。

〔註22〕 《長編》，卷六四，宋眞宗景德三年十一月丙午條，頁 8～9。

〔註23〕 《長編》，卷一二五，宋仁宗寶元二年十一月戊戌條、丙寅條，頁 3、4。另見脫脫，《宋史》（台北：鼎文書局，民國 67 年 9 月），卷二九四，列傳第五三，聶冠卿，頁 9820。

〔註24〕 聶崇岐，前引文，頁 305。

此邊臣「知雄州何承矩言：『將來契丹使入界，欲令暫駐新城，俟接伴使至，迎於界首。』從之。承矩又言：『使命始通，待遇之禮，宜得折中，庶可久行。』乃悉條上。手詔嘉納。仍聽事有未盡者，便宜裁處。」〔註25〕可見宋真宗在此一與遼重建友好外交的初期，也很希望能在接待遼國使節的禮儀上儘量做到周延、恰當的地步，以期使兩國的外交關係得以維持長久。因此當時宋朝廷接待遼使的做法是「宋之接、送、館伴使副，大致同國信使副，皆以文官充大使、武官充副使。」〔註26〕同時「凡契丹使及境，遣常參官、內職各一人，假少卿監諸司使以上接伴，……及畿境，遣開封府判官勞之，又命台省官諸司使館伴，迎於班荊館……又令近臣餞於班荊館，開封府推官餞於郊外，接伴副使復為送伴，……。」〔註27〕這表示當遼國使節往還於宋國境內時，以及逗留於汴京期間，宋朝廷都會分別派遣接伴使、館伴使、送伴使等官員，負責有關外交接待的事宜，以便能盡地主之誼。

由於宋朝廷對於接待遼國使節的禮儀特別要求合宜，因此宋國的接伴使、館伴使、送伴使在和來聘的遼國使節相處期間，往往都很注意自己的言行，力求避免犯錯。例如在宋真宗大中祥符二年（遼聖宗統和二十七年，1009年）二月，因為「契丹使蕭知可等至白溝驛，與送伴使陳知微酌酒為別，遣舍利以所乘馬遺知微，又以二馬至，令自擇之，知微固辭不受。」〔註28〕宋真宗在得知此事之後，特以「務懷遠俗」為原則，〔註29〕下「詔：『自今契丹使有例外贈遺接伴、館伴使者，再辭不已，則許納之，官給器幣為答。』」〔註30〕可見當時送伴使陳知微在接待遼使的過程中，行事相當謹慎，以求自己不致於違犯宋對遼外交的規矩。至大中祥符三年（遼聖宗統和二十八年，1010年）正月，宋真宗對於接待遼國使節的事宜，又有進一步的指示，曾「謂樞密院曰：『管勾國信閻承翰等，累奏應副契丹使事例，多有增損不同，事繫長久，可盡取看詳。或有過當，於理不便者，並改正之，咸令遵守。緣路修館舍，排當次第，已曾畫一指揮，不至勞煩，可降宣命，悉令仍舊。』」〔註31〕可見宋朝廷對於身為接伴

〔註25〕《長編》，卷六○，宋真宗景德二年五月乙亥條，頁9。
〔註26〕同註24，頁304～305。
〔註27〕同註25，頁9～10。
〔註28〕《長編》，卷七一，宋真宗大中祥符二年二月壬寅條，頁8。
〔註29〕註同前。
〔註30〕同註28。另見《宋會要輯稿》，卷一三三二七，職官五一，館伴使，頁44～45。
〔註31〕《長編》，卷七三，宋真宗大中祥符三年正月丁丑條，頁3。

使、館伴使、送伴使的大臣，常有一些屬於禁令的指示與規定，以避免他們發生損及宋國尊嚴和國格的事情。

四、宋臣在對遼外交中辱命與受罰的事例

（一）使遼大臣在對遼外交中的辱命與受罰

雖然宋朝廷對於出使遼國的大臣在人選方面，有如以上所論述，確實是很謹慎的進行挑選，對於他們的言行也有許多禁令、指示與規定，而宋國使節本人在出使遼國的期間，對於自己的言行也大多能加以注意。但是難免有疏忽的時候，尤其是他們離鄉背井跋涉於遼的途中，身心正處於疲累的狀態，〔註 32〕再加上對於遼國的禮俗並不熟習，因此其言行均有可能失察、不檢、犯錯，而損及宋國的尊嚴、國格。等到他們返回宋國之後，即會遭受朝臣的彈劾以及應有的處罰。關於此種情形，筆者仔細查閱《長編》與《宋會要輯稿》的記載之後，發現當時宋國使遼的正、副使大臣，在使遼期間因為言行失察、不檢、犯錯而遭受彈劾，或進一步被處罰者，竟有二十二條之多，現依年代的先後將各項事例詳細條列如下：

1. 宋眞宗景德四年（遼聖宗統和二十五年，1007 年）九月己卯（十六日），命……戶部判官殿中丞滕涉為國主生辰使，侍禁閤門祗候劉煦副之。……及還，煦坐輕肆，鮮禮，免官，削兩任。〔註 33〕

2. 宋眞宗大中祥符四年（遼聖宗統和二十九年，1011 年）九月己丑（十九日），以工部郎中龍圖閣待制張知白為契丹國主生辰使，崇儀副使薛惟正副之。……惟正至幽州赴會，飲射不如儀。使還，詔劾其罪。〔註 34〕

3. 宋眞宗大中祥六年（遼聖宗開泰二年，1013 年）九月乙卯（二十六日），以翰林學士晁迥為契丹國主生辰使，崇儀副使王希範副之。……上謂輔臣曰：「向者東封西祀，皆遣使馳書諭契丹。今謁太清宮，密邇京師，重于遣使，就令迥等，以此意諭之，可也。」迥等使還，……有言迥與遼人勸酬戲謔，道醉而乘車，皆可罪。上曰：「此雖無害，然使乎絕

〔註 32〕參閱蔣武雄，〈從宋人使北詩論使遼旅程的艱辛〉，《史學與文獻》（三）（台北：東吳大學歷史學系，民國 90 年 4 月），頁 99～117。該文論述的項目，包括宋國使節使遼啟程時的心情、使遼路程遙遠險惡、使遼時氣候嚴寒、使遼懷鄉思親與望歸的心情。

〔註 33〕《長編》，卷六六，宋眞宗景德四年九月己卯條，頁 19。

〔註 34〕《長編》，卷七六，宋眞宗大中祥符四年九月己丑條，頁 9。

域，遠人觀望，一不中度，要爲失體。」王旦曰：「大抵遼使，貴在謹重。至於飲酒，不當過量。」上然之。〔註35〕

4. 宋仁宗天聖四年（遼聖宗太平六年，1026 年）三月戊寅（一日），以翰林學士承旨兼侍讀學士工部尙書李維爲相州觀察使。初，塞下訛言契丹使將絕盟，故遣維往使。契丹主素服其名，館勞加禮，使即席賦兩朝悠久詩，下筆立成，契丹主大喜。既還，上欲用爲樞密副使，或斥維與契丹詩，不當自稱小臣，沮罷之。乃加刑部尙書。維久厭書詔之勞，辭不拜，引李士衡故事求換官，故有是命。左正言劉隨奏：「維以詞臣，求換武職，非所以勵廉節。」不報，尋命維知亳州，事簡不欲尸重祿，請赴相州，從之。〔註36〕

5. 宋仁宗天聖四年（遼聖宗太平六年，1026 年）七月乙丑（二十二日），工部郎中龍圖閣待制韓億爲契丹妻生辰使，崇儀副使田承說副之。詔：「億名犯北朝諱，權改日意。」承說，皇太后之姻也，庸而自專，妄傳皇太后旨於契丹曰：「南北歡好，傳示子孫。兩朝之臣，勿相猜沮。」億初不知也，契丹主命別置宴，使其大臣來伴，且問億曰：「太后即有旨，大使宜知之，何獨不言？」億對曰：「本朝每遣使，太后必於簾前以此語戒敕之，非欲達於北朝也。」契丹主聞之大喜，舉手加額曰：「此兩朝生靈之福也。」即以語附億令致謝。時皆美億能因副介失辭，更爲恩意焉。〔註37〕……天聖五年（遼聖宗太平七年，1027 年）三月丙辰（十五日），龍圖閣待制韓億、崇儀副使田承說，各罰銅三十斤，以奉使契丹，而不相善也。〔註38〕

6. 宋仁宗天聖五年（遼聖宗太平七年，1027 年）十二月己丑（二十三日），左正言直史館孔道輔爲左司諫龍圖閣待制，時道輔使契丹猶未還也，

〔註35〕《長編》，卷八一，宋眞宗大中祥符六年九月乙卯條，頁 11。

〔註36〕《長編》，卷一〇四，宋仁宗天聖四年三月戊寅條，頁 4。另見《宋史》，卷二八二，列傳第四一，李維，頁 9542。

〔註37〕《長編》，卷一〇四，宋仁宗天聖四年七月乙丑條，頁 13。另見王稱，《東都事略》（台北：文海出版社，民國 68 年 7 月），卷第五八，列傳四一，韓億，頁 1；《宋史》，卷三一五，列傳第七四，韓億，頁 10298。

〔註38〕《長編》，卷一〇五，宋仁宗天聖五年三月丙辰條，頁 4。此段引文提到「罰銅」一事，關於宋代對失職官員罰銅懲戒的情形，可以參閱梅原郁，〈宋代的贖銅和罰銅〉，《前近代中國的刑罰》（京都：京都大學人文科學研究所，平成 8 年 12 月），頁 223～259。

契丹燕使者，優人以文宣王爲戲，道輔艴然徑出。契丹主使主客者，邀道輔還坐，且令謝。道輔正色曰：「中國與北朝通好，以禮文相接。今俳優之徒，侮慢先聖，而不之禁，北朝之過也，道輔何謝？」契丹君臣默然。又酌大卮謂曰：「方天寒，飲此可以致和氣。」道輔曰：「不和固無害。」既還，言者以爲生事，且開事端。上問其故，道輔曰：「契丹比爲黑水所破，勢甚蹙。每漢使至，輒爲侮慢。若不校，恐益易中國。」上然之。〔註39〕

7. 宋仁宗景祐元年（遼興宗重熙三年，1034 年）五月癸亥（四日），知宣州兵部員外郎劉隨爲工部郎中知應天府。故事奉使契丹者，遣皇城卒二人與偕，察其舉措，使者悉姑息以避中傷。隨前賀契丹母生辰，以病足瘁不能拜，爲皇城卒所誣。有司劾奏，奪一官，出知信州。徙宣州，踰年未復。既而天章閣待制李紘賀契丹生辰還，具言其枉，乃遷隨南京。〔註40〕（此條所記，當事人劉隨受誣而被劾。在此列出，僅供參考）

8. 宋仁宗慶曆二年（遼興宗重熙十一年，1042 年）四月壬午（九日），右正言知制誥劉沆，出知潭州。始沆使契丹，館伴杜防強沆以酒，沆霑醉，拂袖起，因罵曰：「蕃狗，我不能飲，何強我。」於是，契丹使來以爲言，故出之。尋又降知和州。因詔：「奉使契丹，及接伴、送伴臣僚，每燕會，毋得過飲，其語言應接，務存大體。」〔註41〕

9. 宋仁宗慶曆五年（遼興宗重熙十四年，1045 年）五月戊辰（十三日），知制誥余靖前後三使契丹，益習外國語，嘗對契丹主爲蕃語詩。侍御史王平、監察御史劉元瑜等劾奏靖失使者體，請加罪。元瑜又言靖知制誥，不當兼領諫職。庚午（十五日），出靖知吉州。〔註42〕

〔註39〕《長編》，卷一○五，宋仁宗天聖五年十二月己丑條，頁 20。另見《東都事略》，卷第六○，列傳四三，孔道輔，頁 4；《宋史》卷二九七，列傳第五六，孔道輔，頁 9884。

〔註40〕《長編》，卷一一四，宋仁宗景祐元年五月癸亥條，頁 14。另見《宋史》，卷二九七，列傳第五六，劉隨，頁 9890。

〔註41〕《長編》，卷一三五，宋仁宗慶曆二年四月壬午條，頁 21。另見《東都事略》，卷第六六，列傳第四九，劉沆，頁 7；《宋史》，卷二八五，列傳第四四，劉沆，頁 9606。

〔註42〕《長編》，卷一五五，宋仁宗慶曆五年五月戊辰條、庚午條，頁 13。另見《東都事略》卷第七五，列傳五八，余靖，頁 1；《宋史》，卷三二○，列傳第七九，

10. 宋仁宗慶曆六年（遼興宗重熙十五年，1046 年）四月甲寅（四日），
降新河東轉運使、刑部郎中、集賢校理李昭遘知澤州，坐奉使契丹，
其從者嘗盜敵中銀杯也。昭遘從者既杖死，詔以銀杯送敵中。議者謂
盜已正法，送銀杯於體有損。判大名夏竦亦奏乞罷送。不聽。知雄州
王仁旭直納軍資庫，人稱其得體。〔註43〕

11. 宋仁宗慶曆七年（遼興宗重熙十六年，1047 年）二月丙午（一日），
刑部員外郎知制誥王琪責授信州團練副使，不簽書州事。初，琪對便
殿，上從容謂曰：「卿雅有心計，若三司使缺，互無以易卿。」及使
契丹，道屬疾，肩輿以行。使還，其副錢晦希執政意，言琪至靴淀，
敵遣醫候之，云無疾，更飲以馬溺，又在道多失言。御史何郯亦言琪
與樞密院有親嫌，自當辭行。既冒寵利，又託疾廢事，啓外蕃疑心，
不可不懲。琪坐是黜降。〔註44〕

12. 宋仁宗慶曆八年（遼興宗重熙十七年，1048 年）二月壬午（十四日），
祠部員外郎集賢校理同修起居注判度支勾院韓綜，落修起居注知滑
州。綜前使契丹，遼主問其家世，綜言：「父億在先朝已嘗持禮來。」
遼主喜曰：「與中國通好久，父子繼奉使，宜酌我。」綜率同使者五
人起為壽，遼主亦離席酬之，歡甚。既還，宰相陳執中以為生事，故
責之。尋改知許州，以滑州當北使所由道也。〔註45〕

13. 宋仁宗至和元年（遼興宗重熙二十二年，1054 年）九月辛巳（二十
一日），三司使吏部侍郎王拱辰為回謝契丹使，德州刺史李洵副之。
拱辰見契丹主於混同江，其國每歲春一漲，於水上置宴釣魚，惟貴

余靖，頁 10409～10410。至於余靖當時所作〈蕃語詩〉，據《中山詩話》，說：
「余靖兩使契丹，情益親，習能北語，作北語詩，契丹主（遼道宗）曰：『卿
能道，我為卿飲。』靖舉曰：『夜宴設邏（厚盛也）臣拜洗（受賜），兩朝厥荷
（通好）情感勤（厚重）。微臣稚魯（拜舞）祝荐統（福祐），聖壽鐵擺（嵩高）
俱可忒（無極也）。』主大笑，遂為釂觴。」（劉攽，《中山詩話》，《文淵閣四
庫全書》（台北：台灣商務印書館，民國 72 年 10 月），集部九，詩文評類，頁
15～16）余靖即是因為作此詩受御史王平等劾，以失使體，而出知吉州。

〔註43〕《長編》，卷一五八，宋仁宗慶曆六年四月甲寅條，頁 7～8。

〔註44〕《長編》，卷一六○，宋仁宗慶曆七年二月丙午條，頁 3。另見《宋史》，卷三
一二，列傳第七一，王琪，頁 10246。

〔註45〕《長編》，卷一六三，宋仁宗慶曆八年二月壬午條，頁 3。另見《東都事略》，
卷第五八，列傳四一，韓綜，頁 2；《宋史》，卷三一五，列傳第七四，韓綜，
頁 10300。

族近臣得與，一歲盛禮在此。每得魚，必親酌勸拱辰。又親鼓琵琶
侑之。謂其相劉六符曰：「南朝少年狀元入翰林十五年矣，吾故厚待
之。」契丹國母愛其少子宗元，欲以爲嗣，問拱辰曰：「南朝太祖、
太宗，何親屬也？」拱辰曰：「兄弟也。」曰：「善哉，何其義也。」
契丹主曰：「太宗、眞宗，何親屬也？」拱辰曰：「父子也。」曰：「善
哉，何其禮也。」既而，契丹主屏人謂拱辰曰：「吾有頑弟，他日得
國，恐南朝未得高枕也。」……至和二年（遼興宗重熙二十四年，
1055 年）五月，……是月，殿中侍御史趙抃又言：「王拱辰報聘契
丹，行及靴淀，未致君命。契丹置宴餞宋選、王士全、拱辰等，遂
窄衣與會，自以隨行京酒換所設酒，痛飲深夜，席上聯句，語同俳
優。選及士全，因醉與敵使爭。及契丹主自彈琴以勸拱辰酒，拱辰
既不能辭，又求私書爲己救解。失禮違命，損體生事，乞加黜降。」
宋選尋坐罪責通判宿州。朝廷獨不問拱辰。抃又言：「拱辰比吳奎罪
惡爲大，兩府惡奎即逐之，乃陰庇拱辰，不顧邦典。頃年，韓綜坐
私勸契丹主酒，落職知許州。去年契丹遣泛使，欲援綜例上壽，賴
接伴楊察以朝廷曾黜綜以告之，敵使乃止。拱辰既輒當契丹主彈琴
送酒之禮，今若不責拱辰，異時敵使妄欲擾拱辰例，則朝廷將何辭
拒之。」詔拱辰罰金二十斤。……七月戊辰（十二日），宣徽北院使
判并州王拱辰復爲尚書左丞端明殿學士兼翰林侍讀學士知永興軍，
從御史之言也。先是趙抃言宣徽使，舊是前兩府，或見任節度使有
勳勞者所除之職，近侍未嘗親授，又況無功有罪如拱辰者。拱辰舊
掌計司，以舉豪民鄭旭，被黜。前知并州，姑息兵士，民心不安，
與僚屬褻狎，復倖求恩命。近充契丹使，多言生事。既當契丹主彈
琴送酒之禮，又有兄弟傳位之語，乃云用間夷狄，飾非矯詐，無所
不至……。〔註46〕

14. 宋神宗熙寧八年（遼道宗大康元年，1075 年）七月癸未（二十三日），
詔知丹州宋昌言降通判差遣，文思副使郭若虛降一官。坐使遼不覺翰
林司卒逃遼地不獲故也。〔註47〕

〔註46〕 《長編》，卷一七七，宋仁宗至和元年九月辛巳條，頁 4～5；卷一七九，至和
二年五月條，頁 11；卷一八○，至和二年七月戊辰條，頁 12～13。另見《宋
史》，卷三一八，列傳第七七，王拱辰，頁 10360～10361。

〔註47〕 《長編》，卷二六六，宋神宗熙寧八年七月癸未條，頁 12。

15. 宋神宗熙寧十年（遼道宗大康三年，1077 年）正月庚辰（二十九日），
給事中程師孟罷判將作監歸班。以奏使至涿州南高排坐次不當，遣人
計會，改正，不從，因託疾不赴北亭餞送。涿州移牒言其不循故事也。
初詔特罰銅十斤，放罪，翌日乃有是命。〔註48〕

16. 宋哲宗紹聖元年（遼道宗大安十年，1094 年）正月二十二日，詔：「東
上閤門使成州團練使王湛奉使遼國，與館伴妄爭濮王諱字，卻韓參政
慰狀，及與呂陶相逢，擅不赴坐，對答率易，特罰銅二十斤，罷所居
官。」三月八日，給事中呂陶等言具析，到昨充宣仁聖烈皇后遺留使
副于北界遇朔望，依元豐八年王震故例，用治平四年、嘉祐八年不赴
宴會例，按明道年遺留使副語錄，內在北界遇朔望日並赴昨宣仁聖烈
皇后。上僊臣僚遇朔望日亦無祭奠舉哀之儀，與嘉祐、治平、元豐故
例不同。呂陶等未嘗奏稟，輒引用直作朝旨行牒，北界朔望不赴筵會，
及請移宴日仍以疾不赴，致罷曲宴，雖已該恩，詔呂陶除集賢院學士
知陳州，于是詔張舜民等到北界，因語及呂陶事，即答云：「昨宣仁
聖烈皇后，上僊朔望日別無禮制聞，陶等誤用故例，妄有移牒，及請
移宴日，舜民等比在路中，已聞陶等降黜，并言主上敦重信好，所以
特有行遣之意。……九月十七日，國信所繳奏回謝北朝國信使張舜
民、副使鄭价與送姚企貢問答失當，各特罰銅二十斤。」〔註49〕

17. 宋哲宗元符二年（遼道宗壽昌五年，1099 年）三月丁巳（十四日），
樞密院言：「賀北朝生辰使副試禮部尚書騫序辰，皇城使秦州團練使
李嗣徽，於北界合得擡箱錢，不以例收受，充折小絹。又見辭日於
客省帳不依例，茶酒并授香藥酒，添一拜，匿不以聞。并輒受移宴
就館押送使副從人擡箱馬共十匹。」詔大理少卿周鼎、權殿中侍御
史左膚就寺置司取索推究。先是序辰等既坐違例，受擡箱絹，各罰
金八斤，又自言移宴就館得例外馬，取旨，上欲逐賜與。曾布曰：「序
辰擅收擡箱絹，隱藏五六次，不以實對。章惇謂罰金太輕，如此則

〔註48〕 《長編》，卷二八○，宋神宗熙寧十年正月庚辰條，頁 8。《宋史》〈程師孟
傳〉有較詳細的記載：「（程師孟）賀契丹生辰，至涿州，契丹命席，迎者
正南向，涿州官西向，宋使介東向。師孟曰：『是卑我也。』不就列。自日
昃爭至暮，從者失色，師孟辭氣益厲，叱儐者易之，於是更與迎者東西向。
明日，添人餞於郊，疾馳過不顧。添人移雄州，以為言，坐罷歸班。」（卷
三三一，列傳第九○，程師孟，頁 10661。）

〔註49〕 《宋會要輯稿》，卷一三三二七，職官五一，國信使，頁 5～6。

自今奉使者，人人敢擅改故事，據理自當降官，或罷賜與。若罰金亦須三二十斤，臣緣序辰數見侵，進呈時，不敢不就輕典，若更賜與例外馬，恐三省以為不當。」上曰：「罷之。」……已而，三省密院同進呈王詔語錄，有跪受香藥酒，舊例不拜。遼人言序辰已拜，詔亦拜，并序辰於客省帳茶酒皆非舊例，即詔序辰、詔等分析。元符元年授之為生辰使，王詔為正旦使。序辰乃言：「范鎧紹聖三年生辰使。林邵四年正旦使。皆曾拜。」而鎧、邵及張宗卨副林邵者皆云不拜。蔡卞曰：「須付有司。」布與惇，亦以為當。上許之。布又進呈：「序辰所修儀式冊但云跪領，無先拜之文。兼檢到紹聖之後，奉使臣僚申到儀式，皆云跪受跪領訖，就一拜起，序辰所修乃增以請大使出班先一拜跪興十字。又於客省帳茶酒亦無例，序辰妄引祥符二年王曉例，曉乃弔喪，序辰賀生辰固不同。又序辰上殿箚子云，舊儀式已編次，如王曉等變例，亦乞編次，付將命者，貴臨事有所折衷，此蓋序辰文過飾非。」黃履曰：「此欺罔太甚，兼此數事皆未足論，序辰將命見日，遼主當有宴移於客省帳，又當大宴亦移就館，遼人待序辰一切簡慢禮數，而序辰乃獨增拜，及宴日例外贈馬，欣然受而不辭，此最辱命。及歸，又不具以聞，便關國信所請絹，此尤為不可。」上令送御史臺。章惇曰：「安惇與序辰同職事，看訴理，恐不可。」上曰：「莫不妨。」布曰：「此事固不可變易，然恐有嫌，則周鼎亦可使，若更以一言事官同之，則無不盡矣。」乃降是詔。惇、布又言：「天久不雨，恐有德音，則制勘但為空文耳。乞不以赦降原減。」上從之。右正言鄒浩奏：「臣伏聞蹇序辰奉命使遼，頗失使事之體，為遼人所慢。除改例受絹，既已施行外，其宴於客省，及飲酒輒拜等行見行取問，臣竊以使事所係，實為朝廷重輕，故雖一言一語之間，猶必致謹而不敢忽。況有大於此者，今序辰乃宴非其所，拜不以道，曾不思故事當循，而惟遼人之命是從。遼雖無知，豈不萌輕中國之心乎。孔子曰：使於四方，不辱君命，可謂士矣。士且不可辱命，而序辰為尚書反辱命如此，宜典刑之所先而不赦也。然序辰善事執政，世所共知，竊慮早晚供到文字進呈之時，執政必有多方致力為序辰之助者，萬一此計得行，有所寬貸，則不惟無以懲戒後人，兼恐彼中目此指為故事，永不可改，其恥不小。伏望聖慈深賜省察，出自獨斷，重行黜責，以慰天下公議。」……六月己

卯（八日），奉議郎祕閣校理權發遣河東路提點刑獄時彥特追一官勒停，朝請大夫吏部郎中林邵特勒停。供備庫副使閤門通事舍人權管勾樞密副承旨公事張宗卨特免追官，罰金三十斤，勒停。朝散郎度支郎中王詔，西京左藏庫使曹曚罰金二十斤。並以充北朝正旦國書信使副，拜不如儀故也。蹇序辰等既付有司，左司諫陳次升言：「制勘蹇序辰乃知開封呂嘉問壻，所用獄子等，多是府隸，乞替換，仍差內臣監勘。」上不樂曰：「內臣豈是臺諫官所差，獄子無非開封府取到者。」曾布曰：「內臣在聖意可否，若有開封人在內，會替換不妨。」章惇曰：「無可施行。」布曰：「若有開封人，須令替換。」上從之。先是制勘所上殿言：「時彥、范鎧、林邵在蕃皆曾拜受香藥酒，得旨令並取勘。」次升疑獄官有所偏，故有是請。上頗訝其喋喋也。已而內降序辰奏：「制勘所取勘，客省帳茶酒，有王曉例，拜受香藥酒，依林邵等例，移宴就館例外送馬，是書送回答之物，不可不受，乞聖鑒省察。」樞密院勘會富弼奉使亦以契丹主瘡病，伴酒三行，差官就館伴酒食。刁納奉使，以契丹母老病，久坐不得，伴酒三行，差官就館賜御筵。除蹇序辰所引王曉例，事體不同外，即無例，就客省帳茶酒及移宴就館，不曾例外送馬，並序辰稱係書送回答之物，各不委自來有無似此體例。兼不獨序辰不于語錄內聲說拜受酒一節，時彥以下亦不曾聲說，並合取勘，令制勘所詳此及序辰狀內事件，逐一子細根勘，取見詣實圖結公案聞奏。應合取勘之人，如已經三問，今來供答，更有未承伏情狀，並具奏聽旨，與三省同入文字。御寶批依遂行下。蔡卞曰：「客省帳茶酒，有王曉例，恐難云無例。」布為之增改云：「事體不同。」遂已。布又言：「勘會到富弼乃納例甚分明，王曉例即不同。」上曰：「甚好。」布曰：「兼富弼等，亦不曾例外受馬。臣處此事極平，所以云不獨序辰不于語錄內聲說拜受酒一節。」上曰：「此指揮尤好。」布曰：「制勘所先已申陳云，入夏禁繫多，罪人多病不可淹延。乞追攝范鎧等，故令已經三問，更不招承，即具奏聽旨。」上曰：「固合如此。」布曰：「此事若已所擬定，稍有未安，三省必不肯簽書。」上曰：「是同入文字甚好。」布曰：「猶恐臣僚有所開陳，望陛下審察。」上深然之。……布又指受例外馬事云：「序辰言有條，辭不獲免聽收，制勘所但云無例，令招不合收，豈有不用條而用例，臣以為辭不獲免

聽收，須如黃履押宮北人送例外物，便具箚子進納，乃是依例。」
上云：「須如此乃是。」布曰：「序辰得例外馬，既不辭卻，便與常
例合得土物五十八匹，一處奏請支絹，莫不可。制勘所令招不合不
剔，具狀申明。序辰又以為不當。」又云：「拜是承例如此，則序辰
一切無罪。」又曰：「陛下憂勤閔雨之際，心不體國，淹延刑禁，卻
乞別推，豈是體國。」上曰：「范鎧等皆有徒罪。」布曰：「鎧雖有
對制不實之罪，然卻有奏狀云：于奉使絕域，不應拜而拜，有辱君
命，取輕北人，恭俟重行竄謫。如此似稍知體，與序辰顓頇殊不類
矣。」眾亦以為然。上曰：「何以處之？」許將曰：「候案上取旨。」
眾亦云當爾。遂令依此行下。……是日，制勘官安惇、趙挺之上殿，
尋申乞重斷時彥、林邵、王詔等一行公事。布問：「上曾差中使監勘
否？」上曰：「不曾差，不消得。」初，蔡卞乞差中人監勘，上許之。
既而不聞差人，果已罷，久之，安惇及趙挺之上殿，乞重斷時彥、
林邵、王詔等。于是，林邵拜受香藥酒，于語錄內隱避不奏，約法
合罰銅三十斤放罪。張宗禹合追一官勒停。上以林邵為首，宗禹為
從，輕重未允，宗禹特免追官，并邵各罰金三十斤勒停。時彥供語
錄在前，奏不實在後，合從事發更為，又以首增一拜，特追一官勒
停。……癸巳（二十二日），朝散郎試給事中范鎧落職知蘄州，皇城
使泰州團練使李嗣徽降授慶州刺史，朝奉大夫權禮部尚書蹇序辰落
職降一官知黃州，供備庫使兼閤門通事舍人帶御器械向絳落帶御器
械，並降供備庫副使一官衝替。並以奉使遼國，拜不如儀，又不依
例受擡箱馬，及對制不實等事故也。朝請大夫吏部郎中林邵降授朝
散大夫衝替，前降勒停指揮，更不施行。……布曰：「法必不如此，
彼此皆只是落一待制爾。臣非有意于重序辰，序辰奉使，易擡箱絹，
拜受酒客省帳茶酒，例外受馬，自當削職，更有九十斤不實之罪。
鎧止拜受酒一事，若一等斷罪，何以厭天下公議，何以弭范鎧之口？」
因言：「王琪止因副使言詐稱疾，貶信州團練副使。」上曰：「太重。」
布曰：「先朝李師中只因薦司馬光、蘇軾亦貶副使。」上曰：「以害
政故須爾。」布曰：「此誠如聖諭，然序辰不可與鎧等。」〔註50〕

〔註50〕 《長編》，卷五○七，宋哲宗元符二年三月丁巳條，頁 5～6；卷五一一，六
月己卯條，頁 2～6；卷五一一，六月癸巳條，頁 11～12。另見《宋史》，卷
三二九，列傳第八八，蹇序辰，頁 10606；卷三五四，列傳第一一三，時彥，

18. 宋哲宗元符三年（徽宗即位未改元）（遼道宗壽昌六年，1100 年）二月二十一日，詔國信使尚書司勳員外郎韓粹彥、文思副使賈裕回至白溝，聞國哀不別送伴，皆罰金。〔註51〕

19. 宋徽宗崇寧四年（遼道宗乾統五年，1105 年）五月，林攄奉使契丹，國中新爲碧室，云如中國之明堂，伴使舉令曰：「白玉石，天子建碧室。」林對曰：「口耳王，聖人坐明堂。」伴使云：「奉使不識字，只有口耳壬，卻無口耳王。」林詞窘，罵之，幾辱命。彼之大臣云：「所爭非國事，豈可以細故成隙？」遂備牒奏上，朝廷一時爲之降黜。後以其罵虜，進用至中書侍郎。〔註52〕

20. 宋徽宗崇寧五年（遼道宗乾統六年，1106 年）正月二十一日，詔馬防罷刑部侍郎，降授中奉大夫知蘄州，以奉使辱命也。〔註53〕

21. 宋徽宗政和七年（遼天祚帝天慶七年，1117 年）二月十二日，詔朝請大夫杜充降授朝散大夫，勒停；武顯郎宣贊舍人狄璘降授武略郎宣贊舍人，勒停。坐嘗奉使輕紊典章故也。〔註54〕

22. 宋徽宗宣和四年（遼天祚帝保大二年，1122 年）正月二十四日，詔朝奉大夫宋孝先降一官，勒停。坐奉使遼國，傲慢失職故也。〔註55〕

頁 11168。

〔註51〕同註49，頁 7。

〔註52〕此則引自趙彥衛，《雲麓漫鈔》（北京：中華書局，1998 年 5 月），卷第十，頁 165。當時林攄出使遼國，與遼臣發生爭端，據《東都事略》，說：「當是時朝廷用兵西方，遣人遣使爲請命。攄報聘，攄至虜廷，盛氣言曰：『夏羌數寇邊，罪在不赦，北朝屢遣使勸和，當俟其服，然後可副勸和之意。』虜廷君臣皆不答。及辭，虜主欲爲夏人求復進築城砦，攄曰：『北朝往日夏人不庭，亦嘗取唐隆鎮，今還之乎？』虜不勝憤。」（卷第一〇三，列傳八六，林攄，頁 2～3）另外，蔡絛，《鐵圍山叢談》，也說：「使北者，始聖旨與遼人聘問，往來北使至我，則閤門史必詣都亭驛，俾使習其儀，翌日乃引見，懼使鄙不能乎朝故也。及我使至彼，則亦有閤門史來，但說儀而已，不必習而見。攄時奉使至北，而北主已驕縱，則必欲令我亦習其儀也，攄不從。因力強不可，於是大怒，絕不與飲食。我雖汲，亦爲北以不潔污其井。一旦，又出兵刃擁攄出，從者泣，攄亦不爲動。既出即郊野，乃視攄以虎圈，命觀虎而已，且謂：『何如？』攄瞋目視之，曰：『此特吾南朝之狗爾，何足畏？』北素諱狗呼，聞之氣沮。攄竟不屈還。」蔡絛，《鐵圍山叢談》，收錄於《宋代筆記小說》（石家莊：河北教育出版社，1995 年 2 月），卷第三，頁 17。

〔註53〕同註49，頁 8。

〔註54〕註同前。

〔註55〕同註53。

（二）伴遼使大臣在對遼外交中的辱命與受罰

宋國的接伴使、館伴使、送伴使接觸遼國使節的地點與範圍，雖然都是在宋國境內，對於本國的禮俗也比較熟習，可以減少一些失察、不檢、犯錯可能性，但是其言行稍一疏忽，還是會損及宋國的尊嚴與國格，因此遭受宋朝廷的處罰。此種情形筆者在詳閱《長編》、《宋會要輯稿》之後，發現也有九條之多，現在仍依年代的先後將各項事例條列如下：

1. 宋真宗大中祥符五年（遼聖宗開泰元年，1012 年）十二月丙子（十三日），詔劾管勾國信內臣閻承翰、張繼能等。坐契丹使在驛，輒歸第，供億有闕。案奏，特原其罪，自餘第懲罰之。〔註56〕

2. 宋真宗大中祥符七年（遼聖宗開泰三年，1014 年）九月乙巳（二十二日），度支副使刑部員外郎直史館孫冕，坐前接伴契丹使被酒不謹。丙午（二十三日），責知壽州。〔註57〕

3. 宋真宗乾興元年（遼聖宗太平二年，1022 年）六月己未（二十一日），降監鹽鐵判官都官員外郎楊蛻為屯田員外郎，蛻接伴契丹祭奠使者，在道虧失儀範，故責及之。〔註58〕

4. 宋仁宗天聖二年（遼聖宗太平四年，1024 年）六月乙丑（九日），權戶部判官殿中侍御史李孝若為祠部員外郎同判鄆州，坐接伴契丹使失儀檢也。上謂輔臣曰：「比選近臣館伴北使，頗難其人。」因嘆才識之士為不易得。王欽若等對曰：「累朝文物之盛，人才固多。陛下推誠，孜孜獎拔，必有以副聖選。然高才當不次用之，乃克盡忠。」上深然之。〔註59〕

5. 宋神宗熙寧八年（遼道宗大康元年，1075 年）三月甲寅（二十二日），改命太子中允開封府推官王欽臣，加太常少卿送伴遼使。皇城使兼閣門通事舍人夏伸副之，代向宗儒、王澤也。宗儒、澤乃各罰銅二十斤，初宗儒等接伴蕭禧，禧欲以行李至雄州北亭交轄，宗儒等止之，禧有不能更去之語，上怪宗儒等為國生事，仍坐嘗奏請，約回泛使，及在道問蕭禧是來理疆界否，特罰之。〔註60〕

〔註56〕《長編》，卷七九，宋真宗大中祥符五年十二月丙子條，頁 15。
〔註57〕《長編》，卷八三，宋真宗大中祥符七年九月乙巳條，頁 9。
〔註58〕《長編》，卷九八，宋真宗乾興元年六月己未條，頁 3。
〔註59〕《長編》，卷一○二，宋仁宗天聖二年六月乙丑條，頁 9。
〔註60〕《長編》，卷二六一，宋神宗熙寧八年三月甲寅條，頁 7。

6. 宋神宗熙寧九年（遼道宗大康二年，1076 年）五月丙辰（一日），以接伴遼使主客員外郎朱溫其知舒州。先是遼使耶律孝滸問溫其：「南蠻有何事？」溫其曰：「南蠻為寇，已遣人討伐。」又問：「兵一二萬乎？」溫其曰：「無，止一二千爾。」又問：「誰為將？」答曰：「郭逵、趙卨。」以不豫稟朝廷，故溫其坐黜，而以戶部判官度支員外郎秘閣校理安燾代之。〔註61〕

7. 宋神宗元豐元年（遼道宗大康四年，1078 年）閏正月辛巳（六日），詔開封府劾權戶部判官主客郎中張充宗、內殿承制勾當右騏驥院高遵制，接伴遼使緣路不法事，先衝替，聽追攝。後充宗、遵制各追一官，勒停。坐以違禁物償遼使所亡器皿，於驛舍與雜戶通故也。〔註62〕

8. 宋哲宗元符二年（遼道宗壽昌五年，1099 年）十二月甲寅（十七日），詔遼國賀興龍節人使，於相國寺集禧觀拈香，不依舊例重行立，其館伴使副安惇、向宗良不合依隨，各特罰金三十斤。〔註63〕

9. 宋徽宗政和四年（遼天祚帝天慶四年，1114 年）四月五日，詔尚書屯田員外郎楊信功送吏部。以言者論其送伴北朝人使肆言褻狎，有損國威故也。〔註64〕

（三）其　他

筆者在查閱前文所舉事例的史料時，發現尚有幾位宋國大臣在出使遼國之前，或接觸宋遼外交事宜時，因為言行失察、不檢，因此也受到朝廷的處罰，例如：

1. 宋仁宗天聖二年（遼聖宗太平四年，1024 年）七月丁未（二十二日），刑部郎中判戶部勾李若谷為契丹妻生辰使，內殿承制閤門祇候范守慶副之。若谷等辭日，不俟垂簾請對，遽詣長壽殿奏事。太后不悅，尋命刑部郎中直史館章得象、供奉官閤門祇候馮克忠代焉。〔註65〕

2. 宋仁宗明道元年（遼興宗景福二年，1032 年）正月戊寅（六日），降

〔註61〕《長編》，卷二七五，宋神宗熙寧九年五月丙辰條，頁 1～2。
〔註62〕《長編》，卷二八七，宋神宗元豐元年閏正月辛巳條，頁 14。
〔註63〕《長編》，卷五一九，宋哲宗元符二年十二月甲寅條，頁 7。另見《東都事略》，卷第一一九，外戚傳一○二，向宗良，頁 7～8。
〔註64〕同註 49，頁 8。
〔註65〕《長編》，卷一○二，宋仁宗天聖二年七月丁未條，頁 14。另見《東都事略》，卷第五○，列傳四○，李若谷，頁 4；《宋史》，卷二九一，列傳第五○，李若谷，頁 9739。

閣門宣事舍人夏元正爲閣門祗候，坐捧契丹書失儀也。〔註66〕

3. 宋仁宗慶曆二年（遼興宗重熙十一年，1042 年）十一月丁酉（二十八日），徙通判雄州太常博士梁蒨通判德州。初，契丹使蕭偕入境，而接伴未至，蒨遂引至京師。知諫院田況劾其不俟命，故徙之，知雄州。六宅使忠州刺史杜惟序，尋亦徙知滄州，坐專遣蒨也。〔註67〕

4. 宋仁宗慶曆七年（遼興宗重熙十六年，1047 年）一月壬午（七日），降鹽鐵副使禮部員外郎劉湜知沂州，度支副使吏部員外郎陳洎知濠州，戶部副使戶部員外郎梅摯知海州。舊制紫宸殿燕契丹使，三司副使當坐東廡下，閣門吏以告，而湜等謂：「曲燕例坐殿上，今但當止殿門外爾。」因不即坐，趨出。閣門使張得一奏之。上怒，故黜湜等。〔註68〕

以上四例，筆者認爲雖然與前文所論述者不太一樣，但是也可以當作我們了解宋臣在對遼外交中辱命與受罰等史實的參考，因此特別加以列上。

五、結　論

由於宋朝在國勢上不如遼，因此特別在外交方面加以充分運作，不僅希望藉此能和遼維持長期的友好外交關係，保障兩國的和平；並且也希望能在外交上壓制遼國高傲的氣勢，爭取國家的尊嚴與平等的地位，以便降低宋人在宋弱遼強情勢下的抑悶。因此對於接觸宋遼外交事宜的人選和表現，就非常的重視與注意。從本文以上的討論，我們可知在使節與接、館、送伴遼國使節的人選方面，宋朝廷的做法與規定確實是很謹慎、嚴謹。因此不僅正使的人選往往是以文臣擔任，而且假如使節在才能方面不適任，或身體違和有可能無法勝任使節的任務時，即予以更換，〔註69〕以求外交人選的才能和體力都是在比較恰當的情況之下，來進行繁重的外交事宜。另外，宋朝廷也提出許多外交上的禁令和應該注意的事項，來規範外交人員必須謹言慎行，以期他們不僅能圓滿達成外交任務，也能保持宋國的尊嚴和對遼的平等地位。

但是我們也都知道一個人的才能、注意力和體力總是有其極限，而出現

〔註66〕《長編》，卷一一一，宋仁宗明道元年正月戊寅條，頁1。
〔註67〕《長編》，卷一三八，宋仁宗慶曆二年十一月丁酉條，頁16。
〔註68〕《長編》，卷一六〇，宋仁宗慶曆七年一月壬午條，頁1。另見《宋史》，卷二九八，列傳第五七，梅摯，頁9902；卷三〇四，列傳第六三，劉湜，頁10075。
〔註69〕可參閱蔣武雄，〈宋遼對兩國使節病與死的處理〉，《東吳歷史學報》，第 9 期（台北：東吳大學，民國 92 年 3 月），頁 81～96。

行爲不及、失察、不檢或犯錯的時候，因此有些宋國大臣在出使遼國，或接送遼國使節時，因爲疏忽而違犯了外交的禁令，損及宋國的尊嚴與國格，導致遭受本國大臣的彈劾和朝廷的處罰。因此筆者根據以上的論述，發現宋國使遼大臣所犯的禁令，包括「輕肆鮮禮」、「飲射不如儀」、「勸酬戲謔、道醉乘車」、「與契丹詩，不當自稱小臣」、「正副二使，不相善」、「生事開事端」、「罵契丹爲蕃狗」、「爲蕃語詩」、「從者嘗盜敵中銀杯」、「在道多失言」、「托疾廢事，啓外蕃疑心」、「席上聯句，語同俳優」、「因醉與敵使爭」、「失禮違命，損體生事」、「使遼不覺翰林司卒逃遼地不獲」、「不循故事」、「與館伴爭濮王諱字」、「擅不赴坐，對答率易」、「違例，受擡箱絹」、「拜不如儀」、「聞國哀不別送伴」、「詞窘，罵之，幾辱命」、「奉使輕紊典章」、「傲慢失職」等情節。而伴遼使大臣所犯的禁令，則有「契丹使在驛，輒歸第，供億有闕」、「被酒不謹」、「在道虧失儀範」、「失儀檢」、「爲國生事」、「問答不豫稟朝廷」、「以違禁物償遼使所亡器皿」、「不合依隨」、「肆言褻狎，有損國威」等情況。至於其他觸犯外交禁令的，有「不俟垂簾請對，遂詣長壽殿奏事」、「捧契丹書失儀」、「接伴未至，遂引遼使至京師」、「舊制紫宸殿燕契丹，三司副使當坐東廡下，卻不即坐，趨出」等。可見宋臣是在頗多的狀況下，觸犯了外交的禁令，或失禮損及宋國的尊嚴與國格，因此其受罰也是應該的。至於其受罰的情形，則有降官、勒停、黜知某州、罰銅、罰金、徙至他州等。

　　筆者認爲宋朝廷在外交上有關人事的做法與管理是值得肯定的。因爲我們從本文以上的探討和整個宋遼外交關係史來看，畢竟當時違犯外交禁令的宋臣向屬少數，而大多數的宋臣都能注意並且遵守這些禁令，全力以赴地達成任務。因此在某種程度上維護了宋國的尊嚴，也保持了宋對遼的平等地位，更持續了宋遼兩國長期的和平外交，這種情形筆者認爲在宋遼外交關係史上都有其正面的作用，同時在中國歷史上也顯現出特殊的意義。

徵引書目

一、史　料

1. 王曾，《王文正公筆錄》，收錄於《宋代筆記小說》，石家莊：河北教育出版社，1995 年。

2. 王稱，《東都事略》，台北：文海出版社，民國 68 年。

3. 李燾，《續資治通鑑長編》，上海：上海古籍出版社，1986 年。

4. 徐松，《宋會要輯稿》，北京：中華書局，1997 年。

5. 脫脫，《遼史》，台北：鼎文書局，民國 67 年。

6. 脫脫，《宋史》，台北：鼎文書局，民國 67 年。

7. 陳述，《全遼文》，台北：龍文出版社，民國 80 年。

8. 趙彥衛，《雲麓漫鈔》，北京：中華書局，1998 年。

9. 蔡絛，《鐵圍山叢談》，收錄於《宋代筆記小說》，河北教育出版社，1995 年。

10. 劉攽，《中山詩話》，《文淵閣四庫全書》，台北：台灣商務印書館，民國 72 年。

二、論　文

1. 王水照，〈論北宋使遼詩的兩個問題〉，《山西師大學報》，山西：社會科學出版社，第 19 卷第 2 期，1992 年。

2. 陶晉生，〈從宋詩看宋遼關係〉，《宋遼關係史研究》，台北：聯經出版公司，民國 73 年。

3. 梅原郁，〈宋代的贖銅和罰銅〉，《前近代中國的刑罰》，京都：京都大學人文科學研究所，平成 8 年 12 月。

4. 傅樂煥，〈宋遼聘使表稿〉，《歷史語言研究所集刊》，第 14 本，收錄於《遼史彙編》（八），台北：鼎文書局，民國 62 年 10 月。

5. 蔣武雄，〈從宋人使北詩論使遼旅程的艱辛〉，《史學與文獻》（三），台北：東吳大學歷史學系，民國 90 年 4 月。

6. 蔣武雄，〈宋遼外交中的詩歌交往〉，《中國中古史研究》，第 1 期，台北：蘭台出版社，民國 91 年 9 月。

7. 蔣武雄，〈宋遼對兩國使節病與死的處理〉，《東吳歷史學報》，第 9 期，台北：東吳大學歷史學系，民國 92 年 3 月。

8. 蔣武雄，〈宋滅北漢之前與遼的交聘活動〉，《東吳歷史學報》，第 11 期，台北：東吳大學歷史學系，民國 93 年 6 月。

9. 聶崇岐，〈宋遼交聘考〉，《燕京學報》，第 27 期，收錄於《宋史叢考》（下），台北：華世出版社，民國 75 年 12 月。

《東吳歷史學報》第 12 期（民國 93 年 12 月），頁 25～53。

第十章　遼皇帝接見宋使節的地點

摘　要

　　宋遼兩國經常互相派遣外交使節進行交聘的活動，但是遼皇帝接見宋使節的地點，卻常隨著其駐在地的不同而不固定，根據各種史書的記載約有十幾處，今筆者在本文中將這些地點作初步的整理與列舉，希望能給想對此一方面史實作進一步研究的學者有一些幫助。

　　關鍵詞：遼、宋、外交、使節。

一、前　言

　　宋遼兩國的交聘活動，在宋代初期曾有一段短暫的互動時期，[註1] 而至宋眞宗景德元年（遼聖宗統和二十二年，西元 1004 年）與遼簽訂澶淵盟約之後，雙方更是經常互相派遣使節進行交聘的活動。[註2] 當時兩國使節所負的外交任務，包括賀正旦國信使、賀生辰國信使、告哀使、遺留禮信使、皇帝登寶位國信使、祭奠國信使、弔慰國信使、賀登位國信使、賀冊禮國信使、回謝禮信使、泛使、答謝國信使等。[註3] 當對方的使節來到時，本國朝廷都會進行隆重的儀式，以及給予優厚的待遇，而且本國皇帝也會接見來聘的使節，以表示兩國友好的外交情誼。

　　但是此種接見的活動，就地點來說，宋遼兩國卻有很大的不同。因爲「宋之帝后，少出都城，受禮之處率在東京（汴京、開封）……。若遼則不然，其俗好漁獵，帝后居處，年每數徙，故受禮之處不一」。[註4] 也就是說宋爲一農業朝廷的國家，其皇帝一向長駐於京城——汴京，因此接見遼國的使節，也就都在汴京一地。而遼國皇帝接見宋國使節的地點則不固定，因爲遼爲一漁獵、農業並行的國家，該國皇帝每年會隨著四季季節的變化而移動其駐在所，形成所謂的「捺鉢文化」。[註5] 關於此種情形，傅樂煥在其〈宋人使遼

〔註 1〕可參閱蔣武雄，〈宋滅北漢之前與遼的交聘活動〉，《東吳歷史學報》，第 11 期（台北：東吳大學，民國 93 年 6 月），頁 1～27；王曉波，〈宋太祖時期宋遼關係的變化〉，《宋代文化研究》，第七輯（成都：巴蜀書社，1998 年 5 月），頁 222～237。

〔註 2〕當時宋遼兩國使節交聘活動很頻繁，據傅樂煥，〈宋遼聘使表稿〉說：「宋遼約和自澶淵之盟（1005 年）迄燕雲之役（1122 年）凡一百十八年，益以開寶迄太平興國之和平（974～999 年，凡 6 年），綜凡一百二十四年，估計全部聘使均一千六百餘人，《長編》、《遼史》所載者約一千一百五十人，以其他文籍補苴者一百四十餘人，待考者尚有三百二、三十人。」收錄於《遼史彙編》（八）（台北：鼎文書局，民國 62 年 10 月），頁 580，原載於中央研究院《歷史語言研究所集刊》，第 14 本。

〔註 3〕參閱聶崇岐，〈宋遼交聘考〉，收錄於《宋史叢考》（下）（台北：華世出版社，民國 75 年 12 月），頁 286～287，原載於《燕京學報》，第 27 期；黃鳳岐，〈遼宋交聘及其有關制度〉，《社會科學輯刊》，1985 年第 2 期，頁 96～97。

〔註 4〕聶崇岐，前引文，書同前，頁 303。

〔註 5〕可參閱傅樂煥，〈遼代四時捺鉢考五篇〉中之前四篇，即「一、春山秋水考」、「二、廣平淀考」、「三、四時捺鉢總論」、「四、遼史遊幸表証補」，收錄於《遼史叢考》（北京：中華書局，1984 年 11 月），頁 39～158。；姚從吾，〈契丹人的捺鉢生

語錄行程考〉一文中，有清楚的說明：「契丹本是一個遊牧的民族，但在吞併四鄰，尤其是掠奪得一部分中國領土人民之後，漸漸漢化，遂變成一個城居的國家，但同時他們還保存了一部分舊有的遊牧習慣。他們的君主雖則也有都城宮殿，卻絕不像中國君主，蟄居不出，而時時到各處去捕漁打獵。於是宋使見他的地方，也隨之漫無定所了。」〔註6〕因此在長達一百多年的宋遼外交關係中，遼皇帝接見宋使節的地點就至少有十幾處之多。〔註7〕

　　筆者查閱相關的史料之後，發現遼皇帝接見宋使節的地點雖然有十幾處之多，但是大部分散見於宋人所著的各種史書當中，因此覺得頗有予以整理、列舉、論述的必要。同時筆者也發現，前輩學者對於此一方面的史實，目前似乎仍未有人撰寫專文加以論述，〔註8〕因此筆者著手蒐集相關的史料，以及前輩學者的研究成果，以〈遼皇帝接見宋使節的地點〉為題，先討論遼皇帝接見宋使節地點並不固定的情形，再逐一列舉遼皇帝接見宋使節地點的名稱（即使同地異名者也予以分別列舉），同時舉某位或某幾位曾到過這些地點的宋國使節為例證。至於這些地點正確的地理位置在今天何處，以及同地異名的情形，雖然有一些學者也進行過考證，但是因為仍有部分地點至今尚未成為定論，〔註9〕因此在本文中，對此情形暫不予以討論。

活與若干特殊習俗〉，《邊疆文化論集》（台北：中華文化出版事業委員會，民國43年7月），頁57～83；姚從吾，〈說契丹的捺鉢文化〉，《東北史論叢》（下）（台北：正中書局，民國48年5月），頁1～30；姚從吾，〈遼朝契丹族的捺鉢文化與軍事組織、世選習慣、兩元政治及游牧社會中的禮俗生活〉，《中山學術文化集刊》第1期（台北：中山學術文化集刊委員會，民國57年3月），頁621～678；李健才，〈遼代四時捺鉢的地址和路線〉，《博物館研究》，1998年1期，頁33～36；趙振績，〈契丹捺鉢文化的涵義〉，《松州學刊》，1993年5期；黃鳳岐，〈契丹捺鉢文化探論〉，《社會科學輯刊》，2000年4期，頁99～103；谷文雙，〈遼代捺鉢制度研究〉，《黑龍江民族叢刊》，2002年3期，頁93～98。

〔註6〕傅樂煥，〈宋人使遼語錄行程考〉，收錄於《遼史叢考》，頁21。

〔註7〕關於遼皇帝接見宋使節的地點，據傅樂煥，〈宋人使遼語錄行程考〉，說：「歷來以為遼主接見宋使是在三兩個固定的地點，並已曾有人試對於到達此數地點所經的路線，加以考証過了。然而事實上，其接見的地點是漫無定處的，我們現在所可考知的，便已有十幾處，則路線至少亦在十條以上。」《遼史叢考》，頁2。

〔註8〕筆者只見在傅樂煥，〈宋人使遼語錄行程考〉中「（九）說遼主見宋使非拘於數地」一項有簡短的探討（《遼史叢考》，頁20～22），而轟崇岐，〈宋遼交聘考〉（《宋史叢考》（下），頁303），也有一小段論述遼皇帝接見宋使節的地點。至於綜合列舉遼皇帝接見宋使節各個地點的文章則尚未見及。

〔註9〕關於遼皇帝接見宋使節地點的正確位置，以及同地異名的情形，例如傅樂煥，

二、遼皇帝接見宋使節的地點並不固定

　　由於遼國皇帝每年四季都會隨著季節的變化，而移動其駐在所，因此遼皇帝接見宋使節的地點並不固定，此種情形在史書中多有述及，例如：李燾《續資治通鑑長編》（以下簡稱《長編》）卷七九，說：「（王）曾使遼還，言：『……初，奉使者止達幽州，後至中京，又至上京，或西涼淀、北安州、炭山、長泊。……。』」〔註10〕這段話等於把遼皇帝接見宋使節的地點做一簡略的總結，說明了從宋遼兩國簽訂澶淵盟約之後，宋朝廷每年所派遣的使遼大臣，其晉見遼皇帝的地點，初期是在幽州，後來為了配合遼皇帝不固定的駐在所，因此宋使節有至中京者，甚至有至上京、西涼淀、北安州、炭山、長泊等地。而宋人晁載之在路振《乘軺錄》的跋語中，也說：「（遼皇帝）見宋使無常處，不皆在中京也。」〔註11〕可見遼皇帝接見宋使節確實不會固定在同一個地點。

　　基於以上的情況，因此每當宋使節使遼時，常常行至宋遼邊境，與前來迎接的遼國接伴使會合之後，方由遼國的接伴使告知，必須前往何地才能見到遼國的皇帝。例如陳襄在《神宗皇帝即位使遼語錄》，即說：「于五月十日

〈廣平淀考〉，稱廣平淀即是白馬淀、藕絲淀、靴淀、中會川，甚至於說：「《遼史》又每載諸帝駐木葉山，亦即指廣平淀一帶。……長寧淀……亦當指廣平淀一帶。」（《遼史叢考》，頁63～86）另在〈廣平淀續考〉中，說：「襄考遼代四時捺鉢，知其冬捺鉢所在之廣平淀，別有『藕絲淀』，『中會川』，『長寧淀』，『靴淀』諸稱，頗訝其異名過多，因疑此數名，或為各具意義，各指潢、土二河合流點附近平原上某一特點之稱。（見拙撰〈廣平淀考〉，載本所集刊十本二分）比更考之，始知數者均非定名，『藕絲』者契丹語寬大之稱，『藕絲淀』猶言寬大之平地，『廣平淀』乃『藕絲淀』之譯語，『中會川』謂潢、土二河會流處之平原，『長寧淀』謂長寧縣之淀也。（靴淀意義尚不能詳）。」（《遼史叢考》，頁173）又如白光、張漢英〈遼代炭山考〉，說：「……因而國內外史學界對其（炭山）地理位置進行了大量的考證。但至今為止，關於炭山的詳細位置還沒有形成一個完整、統一的觀念。現今對炭山之說有5種提法：（1）萬全縣說，（2）慶州黑山說，（3）黑龍山說，（4）灤河上游說，（5）古北口說。」（《北方文物》，1994年第2期，頁77）可見遼皇帝接見宋使節地點的正確位置，以及同地異名的情形，雖然曾有學者進行考證，但是至今確實仍有尚未能成為定論之處，因此本文不擬就此方面的問題加以討論，而只列舉其地點名稱，即使同地異名者也均分別列出。

〔註10〕李燾，《續資治通鑑長編》（以下簡稱《長編》）（上海：上海古籍出版社，1986年2月），卷七九，宋真宗大中祥符五年十月己酉條，頁3。

〔註11〕晁載之，〈《乘軺錄》跋語〉，《續談助》，收錄於《叢書集成新編》（二）（台北：新文豐出版公司，民國73年6月），卷三，頁49。

到雄州白溝驛，治平四年十一日（遼）接伴使副泰州觀察使蕭好古、太常少卿楊規中差人傳語送到主名、國諱、官位及請相見。臣等即時過白溝橋，……臣（孫）坦問受禮何處，規中言：『在神恩泊，……。』」〔註12〕據此可知宋使節每一次使遼時，其目的地究竟是在何處，包括宋朝廷和使遼大臣本人事先應是都無法確定。既然如此，因此相對的也造成宋使節進入遼境之後，其所走的路線至此時才會有所決定。誠如傅樂煥〈宋人使遼語錄行程考〉一文中，說：「歷來以爲遼主接見宋使是在三兩個固定的地點，並已曾有人試對於到達此數地點所經的路線，加以考證過了。然而事實上，其接見的地點是漫無定處的，我們現在所可考知的，便已有十幾處，則路線至少亦在十條以上。」〔註13〕而聶崇岐在〈宋遼交聘考〉，述及宋臣使遼的目的地和路線，也說：「宋使入遼，自白溝起，北行爲新城縣，再北經涿州、良鄉縣、而至燕京。若往中京則自燕京東北行，經順州、檀州，出古北口（亦稱虎北口），歷新館、臥如來館、柳河館、打造部落館（簡稱打造館或部落館）、牛山館、鹿兒峽館（簡稱鹿兒館或鹿峽館）、鐵漿館、富谷館、通天館，遂至中京。若往上京，則自中京北行，歷臨都館、松山館、崇信館、廣寧館、姚家寨館、咸寧館、保和館、宣化館、長泰館、遂至上京。若往長泊，則自中京東北行，經殺輷河館、榆林館、訥都烏館（亦稱饑烏館）、香山子館，遂至長泊。若往木葉山，則在香山子館與往長泊之道分，經水泊館、張司空館，遂至木葉館。若往神恩泊，則在廣寧館與往上京之道分，歷會星館、成熙館、黑崖館、三山館、赤崖館、柏石館、中路館，而至神恩泊。若往炭山，則自燕京北行，經清河館，出居庸關，歷雕窠館、赤城口、望雲縣、遂至炭山。餘若往韡淀等處之使路，則不得知矣。」〔註14〕論述至此，我們可知當時宋國使節進入遼國境內之後，就必須儘量配合遼國接伴使在行程路線的安排，才能順利的見到遼國皇帝。而聶崇岐在該文中，也對遼國皇帝接見宋使節的地點做一總結，說：「若燕京、

〔註12〕陳襄，《神宗皇帝即位使遼語錄》，收錄於趙永春編注《奉使遼金行程錄》（吉林文史出版社，1995年10月），頁59～60。此項引文，引自趙先生所編注之書，乃是因該書，說：「此《語錄》原附宋本《古靈集》之後，今傳《古靈集》本多無此文。金毓黻先生取日本靜嘉堂文庫所藏宋本《古靈集》本爲底本，校補以庫中鈔本，以成完帙，收入《遼海叢書》，今即以《遼海叢書》本重加點校、注釋，並以金毓黻《使遼語錄‧敘》列前。」顯然該書編注，足可做爲依據。

〔註13〕同註7。

〔註14〕聶崇岐，〈宋遼交聘考〉，《宋史叢考》，頁303～304。

若中京、若上京、長泊、若鞈淀、若炭山、若神恩泊、若雲中淀、若木葉山、若廣平淀、若西涼淀、若混同江、若北安州、若九十九泉，皆為宋使嘗至之地。」〔註15〕今筆者即是根據以上所論述的情形，在下一節儘可能從史料中有記載者，列出當時遼皇帝接見宋使節的各個地點，並且舉述某位或某幾位宋國使節曾到達該地點晉見遼國皇帝的情形。

三、遼皇帝接見宋使節的地點

（一）幽州（燕京，遼南京）——宋使節出使遼國，曾至幽州晉見遼皇帝者，例如有孫僅、程戩、張方平、楊偉、方偕等人。孫僅是宋遼兩國訂立澶淵盟約之後，第一位以正使身份出使遼國的宋朝大臣，據《長編》卷五九，說：「宋眞宗景德二年（遼聖宗統和二十三年，1005 年）二月……癸卯（二十五日），命開封府推官太了中允直集賢院孫僅爲契丹國母生辰使，……僅等人契丹境，其刺史皆迎謁。……國主（遼聖宗）每歲避暑於含涼淀，聞使至，即來幽州。屢召僅等宴會張樂，待遇之禮甚優。」〔註16〕《遼史》〈聖宗本紀〉，也說：「遼聖宗統和二十三年……五月戊申（一日）朔，宋遣孫僅等來賀皇太后生辰。」〔註17〕因爲宋朝廷派遣孫僅出使遼國的派令是在二月底，而其啓程之前的準備，以及從汴京出發至遼幽州，前後約需兩個月的時間，因此其在四月底或五月初抵達幽州。此時遼聖宗正好在幽州北方不遠的含涼淀（《遼史》稱涼陘）避暑，因此特別來幽州接見孫僅，這也是遼皇帝接見宋使節諸多地點當中，比較接近宋國邊境的一個地點。

另查《遼史》〈興宗本紀〉，說：「遼興宗重熙十一年（宋仁宗慶曆二年，1042 年）十二月……己酉（十日），以宣獻皇后忌日，上（遼興宗）與皇太后素服，飯僧于延壽、憫忠、三學三寺。……己未（二十日），宋遣賀正旦及永壽節使居邸，帝微服往觀。」〔註18〕按「延壽」、「憫忠」、「三學」三寺，均在燕京。〔註19〕而據《長編》卷一三七，該年所派的使遼大臣是「以兵部員

〔註15〕註同前，頁 303。
〔註16〕《長編》，卷五九，宋眞宗景德二年二月癸卯條，頁 11。
〔註17〕脫脫，《遼史》（台北：鼎文書局，民國 67 年 12 月），卷一四，本紀第一四，聖宗五，頁 161。
〔註18〕《遼史》卷一九，本紀第一九，興宗二，頁 228。
〔註19〕參閱李家祺，〈遼朝寺廟分布研究〉，收錄於《中國佛教史論集》，第五輯（台北：大乘文化出版社，民國 66 年 10 月），頁 114～116。

外郎兼侍御史知雜事程戡爲契丹國母生辰使，西上閤門副使張得一副之。太常丞直集賢院張方平爲國主生辰使，東頭供奉官閤門祗候劉舜臣副之。兵部員外郎集賢校理判三私用拆司楊偉爲國母正旦使，禮賓副使王仁旭副之。鹽鐵判官兵部員外郎方偕爲國主正旦使，禮賓副使王易副之」。〔註20〕可見程戡、張方平、楊偉、方偕等人在該年使遼時，應是至燕京晉見遼興宗。

　　（二）中京——《遼史》〈地理志〉，說：「中京大定府……大同驛以待宋使，……。」〔註21〕因此宋使節出使遼國，曾至遼中京晉見遼皇帝者，例如有宋搏、滕涉、陳知微、路振、李迪、乞伏矩、王曾、李士龍、呂夷簡、劉平等人。據《長編》卷六六，說：「宋眞宗景德四年（遼聖宗統和二十五年，1007年）九月……己卯（十六日），命戶部副使祠部郎中宋搏爲契丹國母正旦使，供奉官閤門祗候馮若拙副之。戶部判官殿中丞滕涉爲國主生辰使，侍禁閤門祗候劉煦副之。著作郎直史館陳知微爲國主正旦使，供奉官閤門祗候王承僎副之。」〔註22〕當年「冬十月丙申（三日），（遼聖宗）駐蹕中京」。〔註23〕因此在「宋眞宗大中祥符元年（遼聖宗統和二十六年，1008年）三月……丁卯（六日），宋搏等使契丹還，言：『契丹所居曰中京，在幽州東北，……宮中有武功殿，國主居之，文化殿，國母居之。』」〔註24〕顯見當時宋搏、滕涉、陳知微等人確實是至遼中京晉見遼聖宗。

　　至於路振，據其《乘軺錄》，說：「大中祥符元年（遼聖宗統和二十六年，1008年）……十二月四日，過白溝河，……二十四日，自通天館東北行，至契丹國（遼中京）三十里。……是夕，宿大同驛。……二十六日，持國信自東披門入，至第三門，名曰武功門，見虜主（遼聖宗）於武功殿，……。二十七日，自西披入，至第三門，名曰文化門，見國母於文化殿，……。二十八日，復宴武功殿，即虜主生辰也。……虜名其國曰中京，府曰大定府，……自白溝至契丹國，凡二十驛。」〔註25〕而據《遼史》〈聖宗本紀〉說，該年「冬

〔註20〕《長編》，卷一三七，宋仁宗慶曆二年八月壬辰條，頁11～12。
〔註21〕《遼史》，卷三九，志第九，地理志三，中京道，頁481～482。
〔註22〕《長編》，卷六六，宋眞宗景德四年九月己卯條，頁19。
〔註23〕《遼史》，卷一四，本紀第一四，聖宗五，頁163。
〔註24〕《長編》，卷六八，宋眞宗大中祥符元年三月丁卯條，頁9。
〔註25〕路振，《乘軺錄》，收錄於趙永春編注《奉使遼金行程錄》，頁14～18。此段引文，引自趙先生所編注之書，乃是因該書，說：「此書（指《乘軺錄》）今無傳本，唯江少虞《宋朝事實類苑》和晁載之《續談助》部分引錄。《續談助》本屬首尾完具，但刪節太多，難窺全貌。《宋朝事實類苑》僅摘錄自幽州至中

十月戊子（一日）朔，幸中京。」〔註 26〕又據葉隆禮《契丹國志》，說：「自南北通和後，契丹多在中京，武功殿聖宗居之，文化殿太后居之。」〔註 27〕因此可知當時路振是以契丹國主生辰使的身份出使遼國，並且至遼中京晉見遼聖宗。

而李迪、乞伏矩出使遼國，據《長編》卷七四，說：「宋眞宗大中祥符三年（遼聖宗統和二十八年，1010 年）十月⋯⋯丁卯（二十二日），命右司諫直史館李迪爲契丹主生辰使，監察御史乞伏矩爲正旦使，⋯⋯。戊辰（二十三日），知雄州李允則言：『契丹由顯州東侵高麗，期以十二月還中京，蓋慮朝廷使至彼也。』」〔註 28〕可見當時遼聖宗雖然親征高麗，但是爲了配合宋國使節的到來，因此他預定在十二月回到中京，以便能接受李迪等人的晉見。

王曾也是宋使節至遼中京晉見遼皇帝的其中一位，因爲據《長編》卷七九，說：「宋眞宗大中祥符五年（遼聖宗開泰元年，1012 年）十月⋯⋯己酉（十五日），以主客郎中知制誥王曾爲契丹國主生辰使，宮苑使榮州刺史高繼勳副之。屯田郎中兼侍御史知雜事李士龍爲正旦使，內殿崇班閤門祇候李餘懿副之。⋯⋯（王）曾使遼還，言：『⋯⋯二十里至中京大定府，城垣庫小，方圓才四里許，⋯⋯次至大同館，⋯⋯。』」〔註 29〕而據《遼史》〈聖宗本紀〉提到該年「冬十月辛亥（十七日），如中京」〔註 30〕因此可見王曾、李士龍等人當時使遼，應是至遼中京晉見遼聖宗。

另外，據《遼史》〈聖宗本紀〉，說：「遼聖宗開泰七年（宋眞宗天禧二年，1018 年）十一月⋯⋯戊子（三十日），幸中京。十二月丁酉（九日），宋遣呂夷簡、曹瑋來賀千齡節。⋯⋯八年（宋眞宗天禧三年，1019 年）⋯⋯十二月辛卯（九日），駐蹕中京。⋯⋯九年（宋眞宗天禧四年，1020 年）春正月，宋遣劉平、張元普來賀。」〔註 31〕可見當時呂夷簡、劉平等人也曾先後以生辰

京部分，亦有刪節。羅繼祖曾合兩書爲一，略加校訂，刊入《願學齋叢書》，賈敬顏又重爲輯錄，詳作《疏證》，油印發行。今幽州以前部分取自《續談助》，幽州以後部分以《宋朝事實類苑》爲底本，參考他書及羅繼祖校本、賈敬顏疏證稿等，重加點校、注釋。」可見編注所下的功夫甚深，因此據以爲引文。
〔註 26〕同註 23。
〔註 27〕葉隆禮，《契丹國志》，收錄於《遼史彙編》（七）第三卷，后妃傳，景宗蕭皇后，頁 131。
〔註 28〕《長編》，卷七四，宋眞宗大中祥符三年十月丁卯條、戊辰條，頁 11。
〔註 29〕《長編》，卷七九，宋眞宗大中祥符五年十月己酉條，頁 5。
〔註 30〕《遼史》，卷一五，本紀第一五，聖宗六，頁 171。
〔註 31〕《遼史》，卷一六，本紀第一六，聖宗七，頁 185、187。

使、正旦使的身份至遼中京晉見遼聖宗。

（三）上京——宋使節至遼上京晉見遼皇帝者，例如有薛映、張士遜、李行簡、馮元、歐陽修、向傳範、呂公弼、李參、劉敞、竇舜卿、張揀、張宗益、蘇頌等人。據《長編》卷八八，說：「宋眞宗大中祥符九年（遼聖宗開泰五年，1016 年）九月己酉（八日），命樞密直學士工部侍郎薛映爲契丹國主生辰使，東染院使劉承宗副之。壽春郡王友戶部郎中直昭文館張士遜爲正旦使，供備庫使王承德副之。映、士遜始至上京，……又四十里至上京臨潢府，……入西門，門曰金德，內有臨潢館。子城東門曰順陽，入門北行至景福館，又至承天門，內有昭德、宣政二殿，皆東向。其氈廬亦皆東向。」〔註32〕另據《遼史」聖宗本紀》，記載該年「八月丙子（五日），幸懷州，有事于諸陵。戊寅（七日），還上京」。〔註33〕可見薛映和張士遜二人在該次使遼的行程中，是至遼上京晉見遼聖宗。

另外，據《遼史》〈聖宗本紀〉，說：「遼聖宗開泰六年（宋眞宗天禧元年，1017 年）十二月丁卯（三日），上輕騎還上京。戊子（二十四日），宋遣李行簡、張信（張佶）來賀千齡節。翌日，宋馮元、張綸來賀正旦。」〔註34〕顯然在此年李行簡、馮元等人出使遼國，曾至上京晉見遼聖宗。

至於歐陽修、向傳範、呂公弼、李參、劉敞、竇舜卿、張揀等人曾至遼上京一事，先是於宋仁宗至和二年（遼道宗清寧元年，1055 年）八月「辛丑（十日），翰林學士吏部郎中知制誥史館修撰歐陽修爲契丹國母生辰使，……時朝廷未知契丹主（遼興宗）已卒，故生辰正旦遣使如例。……辛亥（二十六日），雄州以契丹主之喪來奏。……癸丑（二十八日），改命歐陽修、向傳範爲賀契丹登寶位使，龍圖閣直學士兵部郎中呂公弼爲契丹祭奠使，西上閤門使英州刺史郭諮副之。鹽鐵副使工部郎中李參爲契丹弔慰使，內苑使兼閤門通事舍人夏倚副之。……甲寅（二十九日），改命劉敞、竇舜卿爲契丹國母生辰使。戶部副使工部郎中張揀爲契丹生辰使，西染院副使兼閤門通事舍人王道恭副之。」〔註35〕《遼史》〈道宗本紀〉，也說：「清寧元年……十二月……丙申（十三日），宋遣歐陽修等來賀即位。」〔註36〕而據歐陽修所作詩〈奉使

〔註32〕《長編》，卷八八，宋眞宗大中祥符九年九月己酉條，頁 4。
〔註33〕同註 30，頁 178。
〔註34〕同註 30，頁 180。
〔註35〕《長編》，卷一八〇，宋仁宗至和二年八月辛丑條、辛亥條、癸丑條，頁 18、19。
〔註36〕《遼史》，卷二一，本紀第二一，道宗一，頁 253。

契丹初至雄州〉，說：「猶去西樓二千里，行人到此莫思家。」〔註37〕按西樓為遼太祖所置樓名，在上京臨潢府西南。因此可知歐陽修在宋仁宗至和二年（遼道宗清寧元年，1055 年），被派任為賀遼道宗登位國信使，乃是遠至遼上京晉見遼道宗。又據其另一首詩的詩題〈奉使契丹回出上京馬上作〉，〔註38〕更可知其確實至遼上京晉見遼道宗。

　　蘇頌曾經兩次使遼，第一次使遼，是在宋神宗熙寧元年（遼道宗咸雍四年，1068 年）以副使身份隨同賀遼主生辰使正使張宗益，至遼上京晉見遼道宗。因為據其《前使遼詩》〈和使回過松子嶺〉，說：「石徑縈紆甚七盤，披榛策馬上煙巒。回頭卻見臨潢境，千里猶如指掌看。」〔註39〕以及《後使遼詩·向忝使遼於今十稔再過古北感事言懷奉呈同事閣使》，說：「曾到臨潢已十齡，今朝復忝建牙行。正當朔地百年運，又過秦王萬里城。盡日據鞍消髀肉，通宵聞柝厭風聲。自非充國圖方略，但致金繒慰遠氓。」〔註40〕此二首詩均提到「臨潢」，即是指遼上京臨潢府，因此可見蘇頌第一次使遼，應是至遼上京晉見遼道宗。

　　（四）長泊（長濼）——宋使節至遼長泊晉見遼皇帝者，有晁迥、查道等人。據《長編》卷八一，說：「宋真宗大中祥符六年（遼聖宗開泰二年，1013 年）九月乙卯（二十六日），以翰林學士晁迥為契丹國主生辰使，崇儀副使王希範副之。龍圖閣待制查道為正旦使，供奉官閣門祇候蔚信副之。……迥等使還，言：『始至長泊，泊多野鵝鴨，遼主射獵，領帳中騎，擊扁鼓，繞泊驚鵝鴨，飛走，乃縱海東青擊之，或親射焉。』」〔註41〕另據《宋會要輯稿》，說：「是歲，翰林學士晁迥、龍圖閣待制查道充使至長泊，及還，上《虜中風俗》，迥言：『長泊多野鵝鴨，戎主（遼聖宗）射獵，飲帳下……。』」〔註42〕

〔註37〕歐陽修，〈奉使契丹初至雄州〉，《歐陽文忠公文集》（一）（台北：台灣商務印書館，民國 54 年），卷一二，《居士集》，卷第一二，律詩，頁 121。

〔註38〕歐陽修，〈奉使契丹回上京馬上作〉，註同前。另外，關於歐陽修使遼至上京的詳細情形，可參閱蔣武雄，〈歐陽修使遼行程考〉，《東吳歷史學報》，第 8 期（台北：東吳大學，民國 91 年 3 月），頁 1～27。

〔註39〕蘇頌，〈和使回過松子嶺〉，《前使遼詩》，《蘇魏公文集》（台北：青友出版社，民國 49 年 4 月），卷一三，頁 3。

〔註40〕蘇頌，〈向忝使遼於今十稔再過古北感事言懷奉呈同事閣使〉，《後使遼詩》，《蘇魏公文集》，卷一三，頁 4。

〔註41〕《長編》，卷八一，宋真宗大中祥符六年九月乙卯條，頁 11。

〔註42〕徐松，《宋會要輯稿》（北京：中華書局，1997 年 6 月），卷五二五七，蕃夷二，頁 46。

而據《遼史》〈聖宗本紀〉記載，該年「冬十月……辛酉（二日），駐蹕長濼」〔註43〕，因此可知晁迥、查道等人使遼時，是至長泊晉見遼聖宗。

（五）韃淀（靴淀）——宋使節至遼韃淀晉見遼皇帝者，例如有曾公亮、王洙、燕度、王珪、王鼎、李及之、朱壽隆、祖無擇、閻詢、錢象先、陳經、王繹等人。據《長編》卷一七一，說：「宋仁宗皇祐三年（遼興宗重熙二十年，1051年）八月乙未（十七日），翰林學士刑部郎中知制誥兼侍講史館修撰曾公亮為契丹國母生辰使，西京左藏使郭廷珍副之。工部郎中知制誥史館修撰兼侍講王洙為契丹生辰使，閣門通事舍人李惟賢副之。戶部判官屯田郎中燕度為契丹國母正旦使，東頭供奉官閣門祗候曾偓副之。使至韃淀，契丹使劉六符來伴宴。」〔註44〕而《宋史》〈王洙傳〉，也說：「（王洙）嘗使契丹至韃淀。」〔註45〕可見曾公亮、王洙、王珪等人，同在該次使遼的行程中，至韃淀晉見遼興宗。關於此一史實，另據王珪〈靴淀除夕之會呈王原叔給事燕唐卿諫議〉，說：「歲華相逐走燕塵，此夕羈懷暫一申。把手豈辭三處酒（是夕例有三番之會），別家看作二年人。因逢塞雁驚來信，卻憶江梅贈去春。莫向天涯憂白髮，東風猶與到關新。」〔註46〕以及〈正月五日與館伴耶律防夜燕永壽給事不赴留別〉，說：「萬里來持聘玉通，今宵賓燕為誰同？鐃歌自醉天山北，漢節先隨斗柄東。半夜騰裝吹朔雪，平明躍馬向春風。使車少別無多戀，只隔燕南一信中。」〔註47〕而原叔即是王洙字，唐卿為燕度字，因此更可知當時王珪、王洙、燕度等人曾至韃淀晉見遼興宗。

另據王易《燕北錄》，說：「清寧四年（宋仁宗嘉祐三年，1058年）戊戌歲十月二十三日，戎主（遼道宗）一行起離韃甸（韃淀）往西北為二百七十里，地名永興甸，行柴冊之禮。……十一月……至五日，卻來韃甸受南朝禮物。」〔註48〕清寧四年即是宋仁宗嘉祐三年，經查《長編》卷一八七，提到該年八

〔註43〕《遼史》，卷一五，本紀第一五，聖宗六，頁174。

〔註44〕《長編》，卷一七一，宋仁宗皇祐三年八月乙未條，頁3。

〔註45〕脫脫，《宋史》（台北：鼎文書局，民國67年9月），卷二九四，列傳第五三，〈王洙〉，頁9815。

〔註46〕王珪，〈靴淀除夕之會呈王原叔給事燕唐卿諫議〉，《華陽集》四庫全書珍本四集（台北：台灣商務印書館，民國62年），卷三，頁8。

〔註47〕王珪，〈正月五日與館伴耶律防夜燕永壽給事不赴留別〉，書同前，卷三，頁2。

〔註48〕王易，《燕北錄》，引自厲鶚，《遼史拾遺》，收錄於《遼史彙編》（三），卷一五，頁316～317。

月宋朝廷以「度支副右諫議大夫周湛爲契丹國母生辰使，閤門通事舍人王咸有副之。開封府判官度支郎中李及之爲契丹生辰使，內殿崇班閤門祗候王希甫副之。度支判官刑部郎中朱壽隆爲契丹國母正旦使，禮賓使王知和副之。太常博士直集賢院判戶部勾院祖無擇爲契丹正旦使，內殿承制閤門祗候王懷玉副之。湛辭不行，改命戶部副使吏部員外郎楊畋，畋以曾伯祖業嘗陷敵辭，乃命權鹽鐵副使工部郎中王鼎代往。」〔註49〕因此可知王鼎、李及之、朱壽隆、祖無擇等人在當年使遼、應是至韃淀晉見遼道宗。

至於閻詢、錢象先、陳經、王繹至韃淀見遼道宗一事，據《長編》卷一九二，說：「宋仁宗嘉祐五年（遼道宗清寧六年，1060年）八月庚辰（二十四日），刑部郎中天章閣待制兼侍讀錢象先爲契丹國母生辰使，西染院副使兼閤門通事舍人夏偉副之。侍御史陳經爲契丹主生辰使，東頭供奉官閤門祗候郭靄副之。鹽鐵判官刑部郎中閻詢爲契丹國母正旦使，西京左藏庫副使劉禧副之。度支判官祠部員外郎直集賢院王安石爲契丹正旦使，西頭供奉官閤門祗候趙元中副之。既而王安石辭行，改命戶部判官兵部郎中秘閣校理王繹。」〔註50〕他們是否至韃淀，其實《長編》並無提及，但在《宋史》〈閻詢傳〉中提到，「（閻詢）累遷爲鹽鐵判官，使契丹，詢頗諳北方疆理。時契丹在韃淀，迓者王惠導詢由松亭往，詢曰：『此松亭路也，胡不徑葱嶺，而迂枉若是。豈非夸大國地廣以相欺邪？』惠慚不能對。」〔註51〕可知當時閻詢等人應是至韃淀晉見遼道宗。

（六）木葉山——至遼國木葉山晉見遼皇帝的宋國使節，例如有宋綬、德魯宗等人。據《長編》卷九六，說：「宋眞宗天禧四年（遼聖宗開泰九年，1020年）九月辛酉（十三日），命知制誥宋綬爲契丹國主生辰使，閤門祗候譚倫副之。太子左諭德魯宗爲正旦使，閤門祗候成吉副之。」〔註52〕而據「宋綬等使還，上《契丹風俗》云：『綬等始至木葉山，山在中京東微北。……七十里至木葉館。離中京，皆無館舍，但宿穹帳。欲至木葉三十里許，始有居人、瓦屋及僧舍。又歷荊榛荒草，復渡土河至木葉山，本阿保機葬處，又云祭天之地。東向設氈屋，署曰：省方殿，無階，以氈藉地，後有二大帳，次

〔註49〕《長編》，卷一八七，宋仁宗嘉祐三年八月辛亥條，頁17。
〔註50〕《長編》，卷一九二，宋仁宗嘉祐五年八月庚辰條，頁7。
〔註51〕《宋史》，卷三三三，列傳第九二，閻詢，頁10703。
〔註52〕《長編》，卷九六，宋眞宗天禧四年九月辛酉條，頁12。

北又設氈屋，曰：慶壽殿，去山尙遠。國主帳在氈屋西北，望之不見，……。』」
〔註53〕因此可知宋綬等人應是至木葉山附近晉見遼聖宗。

（七）穆丹河（沒打河）、清泉淀——宋使節富弼曾至遼國穆丹河、清泉
淀晉見遼興宗，據《長編》卷一三五、一三七，說：「宋仁宗慶曆二年（遼興
宗重熙十一年，1042年）四月……庚辰（七日），以右正言知制誥富弼爲回謝
契丹國信使，西上閤門使符惟忠副之。……七月……壬戌（二十一日），初，
富弼、張茂實（因符惟忠行至武強，病死，以張茂實代替）以結婚及增歲幣
二事，往報契丹，惟所擇。弼等至穆丹河，劉六符館之，……及見國主（遼
興宗）……翌日，國主召弼同獵，……癸亥（二十二日），弼與茂實再以二事
往。……九月……癸亥（二十三日），……富弼、張茂實以八月乙未（二十四
日）至契丹清泉淀金氈館，持國書二、誓書三，以語館伴耶律仁先、劉六符。……
翌日，引弼等見契丹國主，……。」〔註54〕可見當時富弼以回謝國信使的身
份至遼交涉增幣事宜，曾在該年兩度出使遼國，在時間上比較特殊，正是遼
興宗進行秋捺鉢的時候，因此先後於穆丹河、清泉淀晉見遼興宗。

（八）九十九泉——余靖曾三度使遼，而在《長編》卷一五一提到其第
一次使遼，是至九十九泉晉見遼興宗，該項記載說：「宋仁宗慶曆四年（遼
興宗重熙十三年，1044年）八月戊戌（九日），右正言集賢校理同起居注余
靖，假右諫議大夫史館修撰爲回謝契丹使。……九月……甲申（二十六
日），……始，朝廷議封冊元昊，而契丹使來，即遣余靖報契丹，而留元昊
封冊不發。余靖見契丹主於九十九泉，還奏，……詔從靖言，仍令延州先移
文夏人。」〔註55〕另據《遼史》〈興宗本紀〉，說：「重熙十三年九月戊辰（十
日），宋以親征夏國，遣余靖致贐禮。壬申（十四日），會大軍于九十九
泉，……。」〔註56〕因此可知余靖該次使遼，是至九十九泉晉見遼興宗。至
於其第二、三次使遼，在何地晉見遼興宗，卻未見史書有相關的記載。

（九）神恩泊——據《遼史》〈道宗本紀〉，說：「咸雍三年（宋英宗治平
四年，1067年）六月辛亥，宋以（神宗）即位，遣陳襄來報。」〔註57〕另據

〔註53〕《長編》，卷九七，宋眞宗天禧五年九月甲申條，頁12。
〔註54〕《長編》，卷一三五，宋仁宗慶曆二年四月庚辰條，頁19；卷一三七，七月壬
　　　　戌條，頁7；七月癸亥條，頁9；九月癸亥條，頁14。
〔註55〕《長編》，卷一五一，宋仁宗慶曆四年八月戊戌條，頁13；卷一五二，慶曆四
　　　　年九月甲申條，頁7～9。
〔註56〕《遼史》，卷十九，本紀第十九，興宗二，頁231。
〔註57〕《遼史》，卷二二，本紀第二二，道宗二，頁266。

陳襄《古靈集》卷二五附錄《古靈先生年譜》，說：「治平四年丁未，公年五十一，神宗皇帝即位，公以諫議大夫使於遼，八月還，有《使遼錄》一卷。」〔註 58〕可見陳襄曾在宋英宗治平四年夏，以皇帝登寶位告北朝皇太后國信使的身份出使遼國。至於陳襄晉見遼皇帝的地點，據其所撰《神宗皇帝即位使遼語錄》，說：「臣襄等昨奉敕差充皇帝登寶位告北朝皇太后、皇帝國信使副，于五月十日，到雄州白溝驛，治平四年十一日，（遼）接伴使副泰州觀察使蕭好古、太常少卿楊規中差人傳語告送到主名、國諱、官位及請相見。臣等即時過白溝橋北，與接伴使副，立馬相對，……臣（孫）坦問受禮何處？規中言：『在神恩泊，此去有三十一程，已差下館伴副太常少卿楊益誠，大使即未聞。』」〔註 59〕因此可知陳襄該次出使遼國，是至神恩泊晉見遼道宗。

　　關於陳襄至神恩泊晉見遼道宗一事，就地點來說，是比較特別的一次，因此據《全遼詩話》的考證，說：「神恩泊，其名僅見于陳襄使遼語錄，乃遼接伴副使太常少卿楊規中所言。查《遼史》〈游幸表〉，道宗是年三月『駐蹕于細葛泊』，七月『獵于赤山』，與陳襄語錄所述遼接伴使所言其君『七月上旬漸往秋山打圍』相合。故神恩泊當即細葛泊之美稱。然細葛泊志書亦無載明所在。據陳襄語錄逐日所記途程與館名，自豐州廣寧館後，即與去上京臨潢府之館名相異，然僅多兩館，即多出兩日之途程，當與上京相距不遠。按《遼史·地理志·上京道》懷州，奉陵軍，乃葬遼太宗、穆宗之所，云：『有清涼殿，爲行幸避暑之所。皆在州西二十里。』懷州在上京臨潢府西北百餘里處，對照陳襄語錄，神恩泊當在懷州西部。」〔註 60〕此段分析應當可以使我們更加瞭解當時陳襄晉見遼道宗于神恩泊的情形。

　　另外在此，筆者要指出一項《遼史》的錯誤，即是〈游幸表〉所稱「細葛泊」，實爲「納葛泊」之誤，因爲筆者詳閱《遼史》〈道宗本紀〉和〈游幸表〉之後，發現「游幸表」只有一次提到「細葛泊」，被列在咸雍三年三月一欄。〔註 61〕但是再查本紀中的咸雍三年三月並未記載此事，反而在同年五月，提到「道宗駐蹕納葛濼（泊）」，而且在〈道宗本紀〉清寧五年六月、六年五月、八年二月、咸雍三年五月、七年四月、大康五年四月、六年六月、八年

〔註 58〕陳襄，《古靈集》，四庫全書珍本三集（台北：台灣商務印書館，民國 61年 4 月），卷二五，附錄《古靈先生年譜》，頁 47。

〔註 59〕同註 12。

〔註 60〕蔣祖怡、張滌雲編，《全遼詩話》（長沙：岳麓書社，1992 年 5 月），頁294。

〔註 61〕《遼史》，卷六八，表第六，游幸表，頁 1071。

六月、大安二年五月、壽隆（昌）六年五月均提到「駐蹕納葛濼（泊）」，〔註62〕因此應是以「納葛濼（泊）」爲正確的地名。

（十）雲中甸──宋使節至遼國雲中甸晉見遼皇帝者，例如有范子奇、賈昌衡、蔡確、張熹、畢仲衍、李清臣等人。據《長編》卷二四六，說：「宋神宗熙寧六年（遼道宗咸雍九年，1073 年）八月癸未（十二日），權戶部副使、太常少卿賈昌衡爲遼國主生辰使，……太子中允、權監察御史裏行蔡確爲正旦使，……龍圖閣直學士張熹爲遼國母生辰使，……金部員外郎判將作監范子奇爲正使，……。」〔註63〕又據《清波雜志》卷十，說：「范中濟子奇出使。虜道使者由迂路以示廣遠。范詰之曰：『抵雲中有直道，旬日可至，何乃出此耶？』虜情得，嘿然。」〔註 64〕可知當時范子奇等人使遼，是將至雲中甸晉見遼道宗。另外，據《遼史》〈道宗本紀〉，說：「（遼道宗）咸雍九年……九月癸卯（三日），駐蹕獨盧金。」〔註65〕而據傅樂煥在〈春山秋水考〉文中的考證，其認爲「獨盧金」即是「雲中甸」，〔註66〕因此更可知范子奇等人應是至遼雲中甸晉見遼道宗。

至於畢仲衍、李清臣，根據《長編》卷二九九，說：「宋神宗元豐二年（遼道宗大康五年，1079 年）八月甲辰（九日），知制誥李清臣爲遼主生辰使，……主客郎中范子淵爲正旦使，……後子淵免行，以太常丞、檢正中書戶房公事畢仲衍代之。」〔註67〕另據文彥博〈贈國信畢少卿（仲衍前作北京僉判）北京作〉，說：「鄴下當推七子才，兔園賓客重鄒枚。三千里外出疆去，四五年前點頓來。將幕未歸慙老大，使旄重到喜追徘。朔風不度龍沙遠，只向雲中講信回。」〔註 68〕此處「雲中」，即是指「雲中甸」。而《遼史》〈道宗本紀〉，說：「（遼道宗）大康五年……十月……己亥（四日），駐蹕獨盧金

〔註62〕 《遼史》，卷二一，本紀第二一，道宗一、卷二二，本紀第二二，道宗二、卷二四，本紀第二四，道宗四、卷二六，本紀第二六，道宗六，頁 257、258、261、266、270、283、285、287、291、313。

〔註63〕 《長編》，卷二四六，宋神宗熙寧六年八月癸未條，頁 14。

〔註64〕 周煇，《清波雜志》，收錄於宋元筆記小說大觀第五冊（上海：上海古籍出版社，2000 年 12 月），卷十，〈虜程迂回〉，頁 5125。

〔註65〕 《遼史》，卷二三，本紀第二三，道宗三，頁 275。

〔註66〕 傅樂煥，〈春山秋水考〉，《遼史論叢》，頁 48。

〔註67〕 《長編》，卷二九九，宋神宗元豐二年八月甲辰條，頁 14。

〔註68〕 文彥博，〈贈國信畢少卿（仲衍前作北京僉判）北京作〉，《潞公文集》，四庫全書珍本六集（台北：台灣商務印書館，民國 65 年），卷七，頁 24。

（即雲中旬）。」〔註69〕可見畢仲衍等人在當年曾經出使遼國，而且是至雲中旬晉見遼道宗。

另外，據《長編》卷五〇九、五一五，說：「宋哲宗元符二年（遼道宗壽隆五年，1099年）四月癸巳（二十一日），朝散郎中書舍人郭知章，充回謝北朝國信使，東上閣門使文州刺史曹誘副之。……已而誘不行，改差東作坊兼閣門通事舍人宋深。……閏九月十二日辛巳，知章等乃行。……是歲，北主於雲中旬受回謝、生辰、正旦國信禮。」〔註70〕而據《遼史》〈道宗本紀〉，說：「壽隆五年（宋哲宗元符二年，1099年）閏九月丙子（七日），駐蹕獨盧金（雲中旬）。」〔註71〕因此可見當年遼道宗是在雲中旬接見宋國使節郭知章等人。

（十一）永安山——永安山原名緬山，至遼聖宗時始改稱永安山，據《遼史》〈聖宗本紀〉，說：「太平三年（宋仁宗天聖元年，1023年）七月丁亥（二十五日），賜緬山名曰永安。」〔註72〕當時宋使節至遼永安山晉見遼皇帝者，例如有沈括等人。據《長編》卷二六一，說：「宋神宗熙寧八年（遼道宗大康元年，1075年）三月癸丑（二十一日），右正言知制誥沈括假翰林院侍讀學士為回謝國使，……。」〔註73〕而據沈括《熙寧使虜圖抄》，說：「是時，契丹以永安山為庭。自塞至其庭，三十有三（六）日。……以閏四月己酉出塞，五月癸未（二十三日）至單于庭。凡三十有六日。以六月乙未（五日）還，己未（二十九日）復至于塞下，凡二十有五日。……永安山，契丹之北部，東南拒（距）京師驛道三千二百十有五里，自慶州、上京皆有便道。……永安地宜畜牧，……北行稍東，三十里至新添帳。帳之東南有土山，庫池盤析，木植甚茂，所謂永安山也。……頓程帳東南距新添帳六十里。帳西北又二十里至單于庭。」〔註74〕據以上所述，可知沈括使遼，應是至永安山晉見遼道宗。尤其是當時沈括使遼，實際是為了與遼爭議河東疆界事，情況比較特殊，

〔註69〕 《遼史》，卷二四，本紀第二四，道宗四，頁285。
〔註70〕 《長編》，卷五〇九，宋哲宗元符二年四月癸巳條，頁7、卷五一五，宋哲宗元符二年九月甲寅條，頁10。
〔註71〕 《遼史》，卷二六，本紀第二六，道宗六，頁312。
〔註72〕 《遼史》，卷一六，本紀第一六，聖宗七，頁192。
〔註73〕 《長編》，卷二六一，宋神宗熙寧八年三月癸丑條，頁7。
〔註74〕 沈括，《熙寧使虜圖抄》，收錄於《永樂大典》（台北：世界書局，民國51年2月），卷一〇八七七，第58冊，頁9～13。

因此是在夏天前往，而據王易《燕北錄》，說：「……夏捺鉢多於永安山住坐，……。」〔註75〕依此更可印證沈括應是至永安山晉見遼道宗。

但是經筆者詳細閱讀相關史料，其實沈括至永安山時，才知道遼道宗已經臨時移動營帳至距離永安山八九十里的地方，因為據《長編》卷二六五，引沈括《入國別錄》，說：「閏四月十九日離新城縣。五月二十三日至永安山遠亭子，館伴使（蕭）琳雅、始平軍節度使耶律壽、副使樞密直學士右諫議大夫梁穎二十五日入見。二十七日入帳前，赴燕。二十九日就館賜燕。……臣括答云：『……至如近日北朝文字，稱今年在永安山受禮，今來館舍卻去永安山八九十里，不成，便須在永安山尖上受禮也……。』」〔註76〕可知沈括最後晉見遼道宗真正的地點，是距永安山遠亭子又有兩天行程約八九十里的遼道宗帳前，因此使沈括對於晉見地點移動的情況頗有怨言。〔註77〕

（十二）廣平淀——據《遼史》〈營衛志〉，說：「冬捺鉢：曰廣平淀。在永州東南三十里，地甚坦夷，四望皆沙磧，木多榆柳。其地饒沙，冬月稍暖，牙帳多於此坐冬，……兼受南宋及諸國禮貢。」〔註78〕因此曾有多位宋國使節至此地晉見遼皇帝，例如有蘇頌、劉奉世、彭汝礪等人。據《長編》卷二八四，說：「宋神宗熙寧十年（遼道宗大康三年，1077年）八月己丑（十二日），秘書監集賢院學士蘇頌為遼主生辰國信使，西上閤門使英州刺史姚麟副之。太常博士集賢校理劉奉世為正旦國信使，內藏庫副使張世矩副之。」〔註79〕此為蘇頌第二次使遼。而據蘇頌《後使遼詩》〈初至廣平紀事言懷呈同事閤使〉，說：「雙節同來朔漠邊，三冬行盡雪霜天。朝飡氈酪幾分飽，夜擁貂狐數鼓眠。光景不停如轉轂，歸心難遏似流煙。須將薄宦同羈旅，奔走何時是息肩。」〔註80〕以及〈廣平宴會〉題下注：「禮意極厚，雖名用漢儀，其實多參遼俗。」〔註81〕該詩內容，說：「遼中宮室本穹廬，暫對皇華闢廣

〔註75〕王易，《燕北錄》，引自厲鶚，《遼史拾遺》，卷一三，頁247。

〔註76〕《長編》，卷二六五，宋神宗熙寧八年六月己酉條，引沈括《入國別錄》，頁14。

〔註77〕可參閱傅樂煥，〈廣平淀考〉附〈夏捺鉢考〉，《遼史叢考》，頁83～84；王民信，《沈括熙寧使虜圖抄箋証》（台北：學海出版社，民國65年12月），頁146～148。

〔註78〕《遼史》，卷三二，志第二，營衛志中，行營，頁375。

〔註79〕《長編》，卷二八四，宋神宗熙寧十年八月己丑條，頁7。

〔註80〕蘇頌，〈初至廣平紀事言懷呈同事閤使〉，《蘇魏公文集》，卷一三，《後使遼詩》，頁6。

〔註81〕蘇頌，〈廣平宴會〉題注，註同前。

除。編曲垣牆都草創，張旆帷幄類鶉居。朝儀強效鵷行列，享禮猶存體薦餘。
玉帛係心真上策，方知三表術非疎。」〔註82〕另外〈離廣平〉，注說：「十二
月十日離廣平，一向晴霽，天氣溫暖。北人皆云未嘗有之，豈非南使和煦所
致耶？」〔註83〕內容則說：「歸騎駸駸踏去塵，數朝晴日暖如春。向陽漸使
聞南雁，炙背何妨效野人。度漠兼程閒鼠褐，據鞍濃睡側烏巾。窮冬荒景逢
溫煦，自是皇家覆育仁。」〔註84〕均足以說明蘇頌以遼主生辰國信使身份第
二次使遼，確實是至廣平淀晉見遼道宗。而據《遼史》〈道宗本紀〉，說：「遼
道宗大康三年……冬十月辛丑，駐蹕藕絲淀」〔註85〕傅樂煥〈廣平淀考〉認
為「藕絲淀」即是「廣平淀」。〔註86〕因此更可說明蘇頌當年出使遼國時，
是至廣平淀晉見遼道宗。

　　至於彭汝礪、趙偁、程博文、高遵惠等人出使遼國，在任命時曾有一段曲
折的過程，據《長編》卷四六四，說：「宋哲宗元祐六年（遼道宗人安七年，1091
年）八月乙巳（十八日），中書舍人韓川為太皇太后賀遼主生辰使，皇城使康州
訾虎副之。刑部侍郎彭汝礪為皇帝賀遼主生辰使，左藏庫使曹諮副之。吏部郎
中趙偁為太皇太后賀遼主正旦使，西京左藏庫使王鑒副之。司農少卿程博文為
皇帝賀遼主正旦使，左藏庫副使康昺副之。其後虎辭不行，以西上閤門副使宋
球代之。（閏八月八日）川辭不行，以樞密都承旨劉安世代之。（閏月十八）安
世辭，以中書舍人孫升代之。（閏月二十四日）升辭，以戶部侍郎韓宗道代之。
（閏月二十三日）汝礪辭，以鴻臚卿高遵惠代之。（閏月二十四日）宗道又辭，
乃復以命汝礪。（九月二十四日，汝礪為吏侍）。」〔註87〕可知最後彭汝礪是以
太皇太后賀遼主生辰使的身份前往遼國。根據《遼史》〈道宗本紀〉所記載，該
年「十一月庚子（十六日），（遼道宗）如藕絲淀」。〔註88〕而前文已提到「藕絲
淀」即是「廣平淀」，因此彭汝礪〈廣平甸〉詩序說：「廣平甸，謂北地險，至
此始廣大平易云。初至單于行在，其門以蘆泊為藩垣，上不去其花，以為飾，
其上謂之羊箔門。作山門，以木為牌，左曰紫府洞，右曰桃源洞，總謂之蓬萊

〔註82〕註同前。
〔註83〕蘇頌，〈離廣平〉題注，同註80。
〔註84〕註同前。
〔註85〕《遼史》，卷二三，本紀第二三，道宗二，頁280。
〔註86〕傅樂煥，〈廣平淀考〉，《遼史叢考》，頁65～68。
〔註87〕《長編》，卷四六四，宋哲宗元祐六年八月乙巳條，頁11～12。
〔註88〕《遼史》，卷二五，本紀第二五，道宗五，頁300。

宮，殿曰省方殿。……。」〔註89〕以及其內容說：「四更起趁廣平朝，上下沙陁道路遙。洞入桃源花點注，門橫葦箔草蕭條。時平主客文何縟，地大君臣氣已驕。莫善吾皇能尙德，將軍不用霍嫖姚。」〔註90〕凡此所引均顯示彭汝礪等人當時應也是至廣平淀晉見遼道宗。

（十三）混同江──據《遼史》〈聖宗本紀〉，說：「太平四年（宋仁宗天聖二年，1024年）二月己未（一日）朔，獵撻魯河。詔改鴨子河曰混同江，撻魯河曰長春河。」〔註91〕當時宋國使節至混同江晉見遼國皇帝者，有王拱辰等人。因爲據《長編》卷一七七，說：「宋仁宗至和元年（遼興宗重熙二十三年，1054年）九月……辛巳（二十一日），三司使吏部侍郎王拱辰爲回謝契丹使，德州刺史李洵副之。拱辰見契丹主於混同江，其國每歲春一漲，於水上置宴釣魚，惟貴族近臣得與，一歲盛禮在此。每得魚，必親酌勸拱辰，又親鼓琵琶侑之。……壬午（二十二日），送契丹國馴象二。」〔註92〕而《遼史》〈興宗本紀〉，也說：「遼興宗重熙二十四年（宋仁宗至和二年，1055年）春正月癸亥（五日），如混同江。……辛巳（二十三日），宋遣使來賀，饋馴象。」〔註93〕當時由於王拱辰是在九月下旬才由朝廷任命爲回謝契丹使，至十一月才啓程使遼，因此至遼興宗駐在地混同江時，已是翌年春天了，也才得以有機會觀賞遼皇帝的釣魚活動。據《遼史》〈營衛志〉述及遼皇帝春捺鉢的活動，說：「春捺鉢：曰鴨子河濼。皇帝正月上旬起牙帳，約六十日方至。天鵝未至，卓帳冰上，鑿冰取魚。冰泮，乃縱鷹鶻捕鵝雁。晨出暮歸，從事弋獵。鴨子河濼東西二十里，南北三十里，在長春州東北三十五里，四面皆沙堝，多榆柳杏林。皇帝每至，侍御皆服墨綠色衣，各備連鎚一柄，鷹食一器，刺鵝錐一枚，於濼周圍相去各五七步排立。皇帝冠巾，衣時服，繫玉束帶，於上風望之。有鵝之處舉旗，探騎馳報，遠泊鳴鼓。鵝驚騰起，左右圍騎皆舉幟麾之。五坊擎進海東青鶻，拜授皇帝放之。鶻擒鵝墜，勢力不如，排立近者，舉錐刺鵝，取腦以飼鶻。救鶻人例賞銀絹。皇帝得頭鵝，薦廟，羣臣各獻酒果，舉樂。更相酬酢，致賀語，皆插鵝毛于首以爲樂。賜從人酒，遍散其毛。

〔註89〕彭汝礪，〈廣平甸〉序，《鄱陽集》，四庫全書珍本二集（台北：台灣商務印書館，民國60年），卷八，頁1。
〔註90〕註同前。
〔註91〕《遼史》，卷十六，本紀第十六，聖宗七，頁192。
〔註92〕《長編》，卷一七七，宋仁宗至和元年九月辛巳條，頁4。
〔註93〕《遼史》，卷二十，本紀第二十，興宗三，頁247。

弋獵網鈎，春盡乃還。」〔註 94〕可見春捺鉢是遼皇帝每年一項重要的活動，王拱辰能有機會參與，也是其榮幸，因此沈括《夢溪筆談》卷二五，說：「慶曆中，王君貺（王拱辰）使契丹。宴君貺于混融江，觀釣魚。臨歸，戎主（遼興宗）置酒，謂君貺曰：『南北修好歲久，恨不得親見南朝皇帝兄，託卿爲傳一杯酒到南朝。乃自起酌酒，容甚恭，親授君貺舉杯。又自鼓琵琶，上南朝皇帝千萬歲壽。』」〔註 95〕依以上所述皆可說明王拱辰在該次使遼，應是至混同江晉見遼興宗。

（十四）遼河——此地點在傅樂煥、聶崇岐兩人的文章中並未提及，是筆者新提出的，因爲根據《遼史》〈聖宗本紀〉，說：「遼聖宗太平四年（宋仁宗天聖二年，1024 年）冬十月，駐蹕遼河。宋遣蔡齊、李用和來賀千齡節。……六年（宋仁宗天聖四年，1026 年）十二月……庚子（二十八日），駐蹕遼河。七年（宋仁宗天聖五年，1027 年）春正月壬寅（一日）朔，宋遣張保羅（雍）、孫繼業、孔道輔、馬崇至來賀。」〔註 96〕因此可知在這兩年當中，宋國使節蔡齊、張保羅（雍）、孔道輔等人曾先後至遼河晉見遼聖宗。

四、結　論

　　筆者在討論上述遼皇帝接見宋使節的地點之後，深深覺得宋國使節每次使遼的任務都很艱難，除了必須面臨嚴寒氣候、崎嶇地形和水土不服等各種情況的考驗之外，也必須配合遼國皇帝駐蹕的所在位置，長途跋涉，才能見到遼國皇帝，進行交聘活動，完成外交的任務，〔註 97〕進而維持雙方的和平外交。因此就此一觀點來說，當時宋國使節的表現是值得肯定的。

　　但是筆者也同樣深深覺得關於此一方面的史實，存留至今的相關史料實在太少了。因爲在宋遼兩國長達一百多年的和平外交當中，雙方互派的使節

〔註 94〕《遼史》，卷三二，志第二，營衛志中，行營，頁 373～374。

〔註 95〕沈括，《夢溪筆談》，收錄於《叢書集成新編》（二），卷二五，頁 166。

〔註 96〕《遼史》，卷一六，本紀第一六，聖宗七，頁 193、卷一七，本紀第一七，聖宗八，頁 200。但是據《長編》卷一○五，說：「宋仁宗天聖五年九月……庚子（三日），以吏部郎中知制誥石中立爲契丹生辰使，崇儀使石貽孫副之。戶部判官職方員外郎張保雍爲正旦使，崇儀副使孫繼鄴副之。左正言直史館孔道輔爲契丹妻正旦使，左侍禁閤門祇候馬崇副之。」（頁 11）顯然《遼史》所記時間與人名有誤。

〔註 97〕參閱蔣武雄，〈從宋人使北詩論使遼旅程的艱辛〉，收錄於《史學與文獻》（三）（台北：東吳大學歷史學系，民國 90 年 4 月），頁 99～117。

至少約有一千六百餘人，〔註98〕可是至今所能見到的《使遼語錄》（又稱《行程錄》、《奉使錄》、《使北錄》）內容卻是非常少，例如只有宋搏《使遼行程錄》、路振《乘軺錄》、王曾《王沂公行程錄》、薛映《薛映記》、宋綬《契丹風俗》、陳襄《神宗皇帝即位使遼語錄》、沈括《熙寧使虜圖抄》、《入國別錄》、張舜民《使遼錄》、佚名《使北錄》、趙良嗣《燕雲奉使錄》等。〔註99〕雖然從《長編》、《宋史》、《遼史》、《文集》、《詩集》等史料也可以知道一些有關宋臣出使遼國的情形，但是卻大部分沒有或不明確記載他們晉見遼皇帝的地點，因此使筆者在撰寫本文時，不僅有可能漏列其中幾處接見的地點，同時也遇到一些困難，例如前文提到「王曾使遼還，言：『……初，奉使者止達幽州，後至中京，又至上京，或西涼淀、北安州、炭山、長泊。……。』」〔註100〕但是筆者多次查閱相關的史料之後，竟然無法查出有哪一項記載，提到哪一位宋國使節曾至西涼淀、北安州、炭山晉見遼皇帝，以致於在上述的各地點中未能列舉出這三處做爲例證。

又例如筆者近日正在撰寫有關韓琦使遼的文章，收集了一些史料，發現其使遼所撰的書狀包括〈中京謝皮褐衣物等表〉、〈謝館宴狀〉、〈謝簽賜酒食狀〉、〈謝酒果狀〉、〈謝春盤幡勝狀〉、〈謝生餼狀〉、〈謝射弓筵狀〉、〈謝餞筵狀〉、〈回中京留守狀〉、〈謝中京留守請赴筵狀〉、〈謝中京留守餞送狀〉等，〔註101〕據此看來，則韓琦晉見遼興宗的地點，似乎就在中京，可是另外查閱韓琦使遼所作的四首詩，其中有一首題爲〈紫濛遇風〉，〔註102〕據傅樂煥〈廣平淀考〉提到「紫蒙館爲到達藕絲淀（廣平淀），白馬淀前，離中京後館驛之一」。〔註103〕因此又顯示出韓琦只是經過中京，繼續前行，準備前往遼興宗駐蹕的地點。但是就目前筆者所見到有關韓琦使遼事蹟的史料，卻都沒有明確地記載其晉見遼興宗的地點究竟在何處，致使筆者暫停此篇文章的寫作。

再者，撰寫本文另一困難，即是前文所提由於遼代史料的欠缺和不明確，因此造成這些遼皇帝接見宋使節的地點，出現一個地點卻常有數個異名的現

〔註98〕同註2。

〔註99〕參閱趙永春編注，《奉使遼金行程錄》序言，頁1～4。

〔註100〕同註10。

〔註101〕參閱韓琦，《安陽集》，四庫全書珍本四集（台北：台灣商務印書館，民國62年），卷三九，書狀，頁1～8。

〔註102〕書同前，卷四，律詩，頁10。

〔註103〕傅樂煥，〈廣平淀考〉，《遼史叢考》，頁77。

象，而且其確實的地理位置在今何處，又常有幾個不同的說法，因此使本文的討論或有不足之處，尚請各方專家學者惠予指正。

遼皇帝接見宋使節地點表〔註104〕

派 任 年 代	遼皇帝	宋 使 節	地 點
宋眞宗景德二年 遼聖宗統和二十三年 一〇〇五年	遼聖宗	孫僅	幽州
宋眞宗景德四年 遼聖宗統和二十五年 一〇〇七年	遼聖宗	宋搏、滕涉、陳知微	中京
宋眞宗大中祥符元年 遼聖宗統和二十六年 一〇〇八年	遼聖宗	路振	中京
宋眞宗大中祥符三年 遼聖宗統和二十八年 一〇一〇年	遼聖宗	李迪、乞伏矩	中京
宋眞宗大中祥符五年 遼聖宗開泰元年 一〇一二年	遼聖宗	王曾、李士龍	中京
宋眞宗大中祥符六年 遼聖宗開泰二年 一〇一三年	遼聖宗	晁迥、查道	長泊
宋眞宗大中祥符九年 遼聖宗開泰五年 一〇一六年	遼聖宗	薛映、張士遜	上京
宋眞宗天禧元年 遼聖宗開泰六年 一〇一七年	遼聖宗	李行簡、馮元	上京
宋眞宗天禧二年 遼聖宗開泰七年 一〇一八年	遼聖宗	呂夷簡	中京

〔註104〕由於宋使節至遼國晉見遼皇帝的時間較不確定，而且史書也較未有明確的記載，因此表中所列的年代，大多是依據《長編》所記宋臣被派任爲使遼使節的年代。

宋眞宗天禧三年 遼聖宗開泰八年 一〇一九年	遼聖宗	劉平	中京
宋眞宗天禧四年 遼聖宗開泰九年 一〇二〇年	遼聖宗	宋綬、德魯宗	木葉山
宋仁宗天聖二年 遼聖宗太平四年 一〇二四年	遼聖宗	蔡齊	遼河
宋仁宗天聖四年 遼聖宗太平六年 一〇二六年	遼聖宗	張保羅（雍）、孔道輔	遼河
宋仁宗慶曆二年 遼興宗重熙十一年 一〇四二年	遼興宗	富弼	穆丹河、清泉淀
		程戡、張方平、楊偉、方偕	幽州
宋仁宗慶曆四年 遼興宗重熙十三年 一〇四四年	遼興宗	余靖	九十九泉
宋仁宗皇祐三年 遼興宗重熙二十年 一〇五一年	遼興宗	曾公亮、王洙、燕度、王珪	鞾淀
宋仁宗皇祐三年 遼興宗重熙二十年 一〇五四年	遼興宗	王拱辰	混同江
宋仁宗至和元年 遼道宗清寧元年 一〇五五年	遼道宗	歐陽修、向傳範、呂公弼、李參、 劉敞、竇舜卿、張揆	上京
宋仁宗嘉祐三年 遼道宗清寧四年 一〇五八年	遼道宗	王鼎、李及之、朱壽隆、祖無擇	鞾淀
宋仁宗嘉祐五年 遼道宗清寧六年 一〇六〇年	遼道宗	閭詢、錢象先、陳經、王繹	鞾淀
宋英宗治平四年 遼道宗咸雍三年 一〇六七年	遼道宗	陳襄	神恩泊

宋神宗熙寧元年 遼道宗咸雍四年 一〇六八年	遼道宗	張宗益、蘇頌	上京
宋神宗熙寧六年 遼道宗咸雍九年 一〇七三年	遼道宗	范子奇、賈昌衡、蔡確、張燾	雲中甸
宋神宗熙寧八年 遼道宗大康元年 一〇七五年	遼道宗	沈括	永安山
宋神宗熙寧十年 遼道宗大康三年 一〇七七年	遼道宗	蘇頌、劉奉世	廣平淀
宋神宗元豐二年 遼道宗大康五年 一〇七九年	遼道宗	畢仲衍、李清臣	雲中甸
宋哲宗元祐六年 遼道宗大安七年 一〇九一年	遼道宗	彭汝礪、趙偁、程博文、高遵惠	廣平淀
宋哲宗元符二年 遼道宗壽隆五年 一〇九九年	遼道宗	郭知章	雲中甸

徵引書目

一、史　料

1. 王易，《燕北錄》，引自厲鶚，《遼史拾遺》，收錄於《遼史彙編》（三），台北：鼎文書局，民國 62 年。

2. 王珪，《華陽集》，台北：台灣商務印書館，民國 62 年。

3. 文彥博，《潞公文集》，台北：台灣商務印書館，民國 65 年。

4. 沈括，《熙寧使虜圖抄》，收錄於《永樂大典》第五八冊，台北：世界書局，民國 51 年。

5. 沈括，《夢溪筆談》，收錄於《叢書集成新編》（二），台北：新文豐出版公司，民國 73 年。

6. 李燾，《續資治通鑑長編》，上海：上海古籍出版社，1986 年。

7. 周煇，《清波雜志》，收錄於宋元筆記小說大觀第五冊，上海：上海古籍

出版社，2000 年。

8. 晁載之，《續談助》，收錄於《叢書集成新編》（二），台北：新文豐出版公司，民國 73 年。

9. 徐松，《宋會要輯稿》，北京：中華書局，1997 年。

10. 陳襄，〈神宗皇帝即位使遼語錄〉，收錄於趙永春編注《奉使遼金行程錄》，吉林文史出版社，1995 年。

11. 陳襄，《古靈集》，台北：台灣商務印書館，民國 60 年。

12. 脫脫，《遼史》，台北：鼎文書局，民國 67 年。

13. 脫脫，《宋史》，台北：鼎文書局，民國 67 年。

14. 葉隆禮，《契丹國志》，收錄於《遼史彙編》（七），台北：鼎文書局，民國 62 年。

15. 路振，《乘軺錄》，收錄於趙永春編注《奉使遼金行程錄》，吉林文史出版社，1995 年。

16. 彭汝礪，《鄱陽集》，台北：台灣商務印書館，民國 60 年。

17. 歐陽修，《歐陽文忠公文集》（一），台北：台灣商務印書館，民國 54 年。

18. 韓琦，《安陽集》，台北：台灣商務印書館，民國 62 年。

19. 蘇頌，《蘇魏公文集》，台北：青友出版社，民國 49 年。

二、近人著作

1. 王民信，《沈括熙寧使虜圖抄箋証》，台北：學海出版社，民國 65 年。

2. 趙永春編注，《奉使遼金行程錄》，吉林文史出版社，1995 年。

3. 蔣祖怡、張滌雲編，《全遼詩話》，長沙：岳麓書社，1992 年。

三、論　文

1. 王曉波，〈宋太祖時期宋遼關係的變化〉，《宋代文化研究》，第七輯，1998 年。

2. 白光、張漢英，〈遼代炭山考〉，《北方文物》，1994 年 2 期。

3. 李家祺，〈遼朝寺廟分布研究〉，收錄於《中國佛教史論集》第五輯，台北：大乘文化出版社，民國 66 年。

4. 李健才，〈遼代四時捺鉢的地址和路線〉，《博物館研究》，1998 年 1 期。

5. 谷文雙，〈遼代捺鉢制度研究〉，《黑龍江民族叢刊》，2002 年 3 期。

6. 姚從吾，〈契丹人的捺鉢生活與若干特殊習俗〉，《邊疆文化論集》，台北：中華文化出版事業委員會，民國 43 年。

7. 姚從吾，〈說契丹的捺鉢文化〉，《東北史論叢》（下），台北：正中書局，民國 48 年。

8. 姚從吾，〈遼朝契丹族的捺鉢文化與軍事組織、世選習慣、兩元政治及游牧社會中的禮俗生活〉，《中山學術文化集刊》，第 1 期，台北：中山學術文化集刊委員會，民國 57 年。

9. 黃鳳岐，〈遼宋交聘及其有關制度〉，《社會科學輯刊》，1985 年 2 期。

10. 黃鳳岐，〈契丹捺鉢文化探論〉，《社會科學輯刊》，2000 年 4 期。

11. 傅樂煥，〈宋遼聘使表稿〉，收錄於《遼史彙編》（八），台北：鼎文書局，民國 62 年。

12. 傅樂煥，〈遼代四時捺鉢考五篇〉（春山秋水考、廣平淀考、四時捺鉢總論、遼史遊幸表証補、論遼史天祚帝紀來源），收錄於《遼史叢考》，北京：中華書局，1984 年。

13. 傅樂煥，〈宋人使遼語錄行程考〉，收錄於《遼史叢考》，北京：中華書局，1984 年。

14. 傅樂煥，〈廣平淀續考〉，收錄於《遼史叢考》，北京：中華書局，1984 年。

15. 趙振績，〈契丹捺鉢文化的涵義〉，《松州學刊》，1993 年 5 期。

16. 蔣武雄，〈歐陽修使遼行程考〉，《東吳歷史學報》，第 8 期，民國 91 年。

17. 蔣武雄，〈從宋人使北詩論使遼旅程的艱辛〉，收錄於《史學與文獻》（三），台北：東吳大學歷史學系，民國 90 年。

18. 蔣武雄，〈宋滅北漢之前與遼的交聘活動〉，《東吳歷史學報》，第 11 期，民國 93 年。

19. 聶崇岐，〈宋遼交聘考〉，收錄於《宋史叢考》（下），台北：華世出版社，民國 75 年。

《東吳歷史學報》第 14 期（民國 94 年 12 月），頁 223～252。

第十一章　宋使節在遼的飲食活動

摘　要

　　宋遼兩國簽訂澶淵盟約之後，雙方經常互相派遣使節進行交聘的事宜，而在對方國家境內的飲食活動也是外交重要事項之一。因此筆者在本文中探討了有關宋使節在遼飲食活動的幾個情況，以便從此一角度來瞭解當時宋遼外交的情形。

　　關鍵詞：宋、遼、使節、外交、飲食。

一、前　言

　　宋與遼在宋太祖、宋太宗時，曾有一段短暫的友好外交時期。但是至宋太宗太平興國四年（遼景宗乾亨元年，西元 979 年）五月，滅北漢，六月，又率兵伐遼，擬一舉收復燕雲十六州，導致兩國外交關係中斷。〔註1〕直至宋眞宗景德元年（遼聖宗統和二十二年，1004 年），與遼簽訂澶淵盟約之後，雙方才在穩定的和平外交關係上，經常互相派遣使節進行交聘的活動，例如每年正旦、皇太后生日、皇帝生日，以及祭弔等都會派遣使節，前往對方國家表示祝賀或哀悼之意。〔註2〕此種交聘的活動，如以至宋徽宗宣和四年（遼天祚帝保大二年，1122 年）派遣童貫率兵攻打遼，造成兩國停止外交關係來計算，在這一百多年當中，雙方約有一千六百位外交使節曾經擔任過此種任務。〔註3〕

　　基於上述的史實，促使筆者想要進一步探討宋使節在遼進行外交事宜時，有關飲食活動的情形。因為我們可想而知，從宋使節進入遼國境內之後，即開始接受遼接伴使、地方官員、館伴使、朝廷大臣、王公貴族與皇帝等不同人士的招待，必須面對有異於中原的遼地飲食文化。而且宋使節也必須在飲食活動中謹愼應對，以求合乎外交禮儀，進而維持國家的尊嚴。據《續資治通鑑長編》（以下簡稱《長編》）卷五九，提到宋與遼簽訂澶淵盟約之後，第一次正式派遣使節孫僅使遼的情形，說：「（孫）僅等入契丹境，其刺史皆迎謁。又命幕職、縣令、父老捧厄獻酒於馬前，民以斗焚香相迎。門置水漿，

〔註1〕可參閱王曉波，〈宋太祖時期宋遼關係的變化〉，《宋代文化研究》，第七輯（成都：巴蜀書社，1998 年 5 月），頁 222～237；李裕民，〈宋太宗平北漢始末〉，《山西大學學報》，1982 年第 2 期，頁 86～94；蔣武雄，〈宋滅北漢之前與遼的交聘活動〉，《東吳歷史學報》，第 11 期（台北：東吳大學，民國 93 年 6 月），頁 1～27。

〔註2〕可參閱聶崇岐，〈宋遼交聘考〉，收錄於《宋史叢考》（下）（台北：華世出版社，民國 75 年 12 月），頁 286～287，原載於《燕京學報》，第 27 期；黃鳳岐，〈遼宋交聘及其有關制度〉，《社會科學輯刊》，1985 年第 2 期，頁 96～97。

〔註3〕此一統計人數，據傅樂煥〈宋遼聘使表稿〉，說：「宋遼約和自澶淵之盟（1005年）迄燕雲之役（1122 年）凡一百十八年，益以開寶迄太平興國間之和平（974～979，凡六年），綜凡一百二十四年。估計全部聘使均一千六百餘人，《長編》、《遼史》所載者約一千一百五十人，以其他文籍補苴者一百四十餘人，待考者尚有三百二、三十人。」收錄於《遼史彙編》（八）（台北：鼎文書局，民國 62年 10 月），頁 580，原載於中央研究院《歷史語言研究所集刊》第 14 本。

盂杓於陸側，接伴者察使人中途所須，即供應之。具蕃漢食味，漢食貯以金器，蕃食貯以木器。所至，無得鬻食物受錢，違者全家處斬。國主每歲避暑於含涼淀，聞使至，即來幽州。屢召僅等宴會張樂，待遇之禮甚優，僅等辭還，贐以器服，及馬五百餘匹，自郊勞至於餞飲，所遣皆親信，詞禮恭恪者，以致勤厚之意焉。禮或過當，僅必抑而罷之。其他隨事損益，俾豐約中度。後奉使者率循其制，時稱得體。」〔註4〕可見當時宋遼兩國重啓和平外交之後，遼國對於宋使節在本國境內的飲食活動，即非常重視，因此特別予以妥當的安排。而反觀孫僅身為宋國的代表，也很注意自己在遼國飲食活動的禮儀，儘量謹言慎行，因而為後來宋使節的使遼活動立下了良好的典範。至宋仁宗時，也曾下詔：「奉使契丹，及接伴、送伴臣僚，每燕會，無得過飲，其語言應接，務存大體。」〔註5〕從宋仁宗此一訓示，也可以使我們感受到，宋朝廷對於宋使節在遼國飲食活動中言行方面的重視。

因此筆者認為宋使節在遼國飲食活動的情形，應該也是我們在研究宋遼外交關係時，頗值得加以探討的一個項目。因為從這當中將有助於我們更加知道宋使節在遼國境內與該國有關人士在外交上互動的情形。筆者在本文中即是想試著從這一角度進一步探討宋遼外交關係的內涵，而且據筆者查閱有關研究宋遼外交的論著文章，發現截至目前為止，似乎尚未有前輩學者撰寫專文針對此一史實作詳細的討論，因此遂以〈宋使節在遼的飲食活動〉為題，分別論述遼招待宋使節酒宴的種類、宋使節在遼酒宴中的言行、宋使節在遼境內所吃的食物和水土不服的情形等項目。

二、遼招待宋使節酒宴的種類

正如前文所述，宋遼兩國簽訂澶淵盟約之後，即展開了一段長達一百多年的友好和平外交關係。因此遼國政府對於宋使節的來聘，自然也都是當作貴賓予以高規格的招待。從宋使節進入遼國境內，前往遼皇帝駐在所（或京城）〔註6〕以及回程的途中，均會由接伴使、送伴使或朝廷大臣以奉皇帝命令

〔註4〕 李燾，《續資治通鑑長編》（以下簡稱《長編》）（上海：上海古籍出版社，1986年2月），卷五九，宋真宗景德二年二月癸卯條，頁11。

〔註5〕 《長編》，卷八一，宋真宗大中祥符六年九月乙卯條，頁11。

〔註6〕 遼皇帝每年的駐在所並不固定，常隨季節而遷移。可參閱蔣武雄，〈遼皇帝接見宋使節的地點〉，《東吳歷史學報》，第14期（台北：東吳大學，民國94年12月），頁223～252。

的名義賜宴招待，沿途地方官員也會設宴迎送，而至遼皇帝駐在所（或京城），又會有客省司負責設宴招待。因此就遼政府招待宋使節酒宴的種類來說，以宋英宗治平四年（遼道宗咸雍三年，1067 年）曾經出使遼國的陳襄，在其《神宗皇帝即位使遼語錄》中所述的情形爲例，約可分爲下列三種：

　　（一）接、送伴使或朝廷大臣奉遼皇帝命令沿途賜宴——據陳襄《神宗皇帝即位使遼語錄》，說：「臣襄等昨奉勑，差充皇帝登寶位北朝皇太后皇帝國信使副，于五月十日到雄州白溝驛。十一日，接伴使副泰州觀察使蕭好古、太常少卿楊規中差人傳語，送到主名、國諱、官位及請相見。臣等即時過白溝，……至于北亭，規中以其君命賜筵，酒十三琖。……至新城縣驛，有入內左承制宋仲容來，問勞。……到燕京……有西頭供奉官韓資道賜臣等酒果，東頭供奉官鄭嗣宗賜筵，三司使禮部尙書劉雲伴宴，酒十三琖。雲勞臣等云：『盛暑道遠，衝涉不易。』再三勸臣等飲酒，稱：『兩朝通好多年，國信使副與接伴使副相見，如同一家。』臣襄答云：『所謂南北一家，自古兩朝歡好，未有如此。』雲答言：『既然如是，今日敢請國信使副盡酒。』臣襄答云：『深荷厚意，但恨飲酒不多。』雲又問：『呂侍郎、胡侍郎莫只在朝否？』臣襄并答以實。又言：『雲奉使南朝，是呂侍郎館伴。』又稱：『本家有十二人曾奉使南朝，今者又差伴筵，緣契如此，各請飲盡甚好。』臣等并隨量飲，以答其意。……到檀州，……宿密雲館，有入內供奉官秦正賜臣等湯藥各一銀合子。……至中京，……有左承制韓君祐賜臣等酒果，東頭供奉官鄭全翼賜筵，度支使戶部侍郎趙微伴宴，酒十一琖。……至中路館，……有左班殿直閤門祗候李思問賜臣等酒果，左承制劉達賜筵，酒十一琖。……至頓城館，有左承制閤門祗候祁純古來，問勞。……辭，……，發頓城館至腰館，有右承制魯溥賜臣等酒果，左承制韓君卿賜筵，翰林學士給事中王觀伴宴，酒九琖，館伴使副弼、益誠、送伴使副好古、規中與焉。……至中京，……有東頭供奉官閤門祗候王崇彝就館賜臣等筵，左承制閤門祗候王綵賜酒果，度支使左丞李翰伴宴，酒十一琖。……至燕京，……有東頭供奉官閤門祗候馬世章賜臣等筵，西頭供奉官劉侁賜酒果，步軍太傅伴宴，酒十一琖。……到涿州，……有東頭供奉官閤門祗候郝振來，問勞，不赴茶酒，餘并如儀。是夕，送伴使副置酒十三琖，與臣等解換。……至北溝，有東頭供奉官閤門祗候馬世延來賜臣等筵，酒九琖。」〔註7〕從這段引文，可知宋使節陳襄當時自汴京啓程出

_____

〔註7〕陳襄，《神宗皇帝即位使遼語錄》，收錄於《遼史彙編》（六），頁 65～75。

發後，沿路北上經過本國數個州、縣，抵達宋遼邊界雄州白溝驛。等遼國接伴使來約相見，進入遼國境內之後，首先即由接伴使奉遼皇帝命令賜筵招待宋使節，接著經過遼國新城縣驛、燕京、檀州、中京、中路館、頓城館，以及回程途中，經過腰館、中京、燕京、涿州、北溝等地，也都有遼相關的大臣以賜酒果、賜筵、賜湯藥等方式招待陳襄一行人。

另外，值得一提的是，在這段引文中，筆者特別摘錄遼臣劉雲向陳襄勸酒的情節，最後陳襄在盛情難卻之下，只好「但恨飲酒不多」、「并隨量飲，以答其意」。筆者的用意是想要顯現出宋遼官員在外交筵宴中飲食互動的情形，以及突顯陳襄當時頗能謹守身為使節本分的表現。

關於宋使節在遼國酒宴中被勸酒時，到底可以飲酒多寡？宋朝廷初期似乎沒有明文規定，因此有些宋使節並不推拒遼國君臣的勸酒，例如蔡襄《蔡忠惠集・光祿少卿方公神道碑》，說：「公諱偕，……使契丹，其主酌大金瓢，屬之曰：『此所以侑勸也。』公不辭，酌之，契丹大驚喜，遺以名馬，號其器為方家瓢云。」〔註 8〕關於此事，魏泰《東軒筆錄》也記載，說：「北番每宴人使，勸酒器不一。其間最大者，剖大瓠之半，範以金，受三升，前後使人無能飲者，惟方偕一舉而盡。其王大喜，至今目其器為方家瓠，每宴南使即出之。」〔註 9〕但是畢竟宋使節負有外交重任，不能因飲酒過量而誤事。因此當宋真宗大中祥符六年（遼聖宗開泰二年，1013 年），晁迥出使遼國之後，「使還，……有言迥與遼人勸酬戲，道醉而乘車，皆可罪。上（宋真宗）曰：『此雖無害，然使乎絕域，遠人觀望，一不中度，要為失體。』王旦曰：『大抵遼使，貴在謹重。至於飲酒，不當過量。』上然之。」〔註 10〕可見宋朝廷很重視宋使節在遼國酒宴中飲酒的問題，連宋真宗本人也認為宋使節飲酒不應該過量。甚至於有些遼國接伴使也認為向宋使節勸酒要有限量，據范鎮《東齋記事》，說：「契丹有馮見善者，于接伴勸酒，見善曰：『勸酒當以其量，若不以量，如徭役而不分戶等高下也。』」〔註 11〕但是至宋神宗元豐五年（遼道宗大康八年，1082 年）卻有「詔：『自今入遼使副如受禮處，赴燕遇勸酒須飲

〔註 8〕 蔡襄，〈光祿少卿方公神道碑〉，《蔡忠惠集》（《蔡襄集》）（上海：上海古籍出版社，1996 年 8 月），卷三七，頁 670～673。

〔註 9〕 魏泰，《東軒筆錄》，收錄於《文淵閣四庫全書》子部十二（台北：台灣商務印書館，民國 72 年 10 月），卷十五，頁 7。

〔註 10〕 《長編》，卷八一，宋真宗大中祥符六年九月乙卯條，頁 11。

〔註 11〕 范鎮，《東齋記事》，收錄於《宋代筆記小說》（九）（石家莊：河北教育出版社，1994 年 4 月），補遺，頁 3。

盡。』」〔註12〕為何宋神宗會有如此的詔令呢？筆者認為這可是在長期宋遼外交酒宴的互動中，宋使節常因推拒遼國君臣的勸酒，而發生尷尬、誤會，以及一些無謂的爭端，因此為了尊重遼君臣的勸酒行為，遂有此一詔令。〔註13〕

　　（二）地方官員沿途設宴迎送──據陳襄《神宗皇帝即位使遼語錄》，說：「臣襄等……于五月十日到雄州白溝驛，十一日……過白溝，……行次，有易州容城縣尉董師義、涿州新城縣尉趙琪、歸義縣尉王本立，道傍參候。……十二日，到涿州，知州太師蕭知善及通判吏部郎中鄧愿郊迎，並飲於南門之亭，酒十一琖。十三日，知善等出餞，酒五琖。……將次良鄉縣，本縣尉南應、范陽縣尉梁克用，道傍參候。……十四日，……燕京副留守中書舍人韓近郊迎，置酒九琖。……燕京留守耶律仁先送臣等酒食。……十六日，近出餞，酒五琖。……十七日，到順州，有懷柔縣尉劉九思道傍參候，知州太傅楊規正郊迎，置酒七琖。……十八日，規正出餞，酒五琖。……到檀州，有密雲縣尉李易簡道傍參候，知州常侍呂士林郊迎，置酒七琖。……十九日，士林出餞，酒五琖。……二十八日，至富谷館，中京留守相公韓迴遣人送臣等酒菓。……六月一日，至中京，副留守大卿牛玹郊迎，置酒九琖。……三日，玹出餞，酒五琖。……二十一日，……回程……二十二日，發頓城館，……七月一日，至中京，大定府少尹大監李庸郊迎，置酒九琖。……三日，庸出餞，酒五琖。……十二日，到檀州，知州給事中李仲燕郊迎，置酒五琖。十三日，仲燕出餞，酒五琖。將到順州，知州太傅楊規正郊迎，置酒五琖。十四日，規正出餞，酒五琖。……至燕京，析津府少尹少府少監程冀郊迎，置酒五琖。……十六日，冀出餞，酒七琖。……十七日，到涿州，知州太師耶律德芳及通判吏部郎中鄧愿郊迎，置酒五琖。……十八日，德芳等出餞，酒九琖。……十九日，……是夕，宿雄州。」〔註14〕由此段引文，可知宋使節陳襄從雄州白溝驛進入遼國境內後，即有遼邊境附近容城、新城、歸義等縣的地方長官迎於道旁。而後經過涿州、燕京、順州、檀州、中京，以及回程

〔註12〕《長編》，卷三三一，宋神宗元豐五年十二月壬申條，頁 21。

〔註13〕例如在宋仁宗時，曾發生宋使節堅拒遼臣勸酒而破口大罵的情形。據《長編》卷一三五，說：「宋仁宗慶曆二年（遼興宗重熙十一年，1042 年）四月壬午（九日），右正言知制誥劉沆，出知潭州。始沆使契丹，館伴杜防強沆以酒，沆霑醉，拂袖起，因罵曰：『蕃狗，我不能飲，何強我。』於是，契丹使來以為言，故出之。尋又降知和州。」（《長編》，卷一三五，宋仁宗慶曆二年四月壬午條，頁 21）

〔註14〕同註 7。

途中，經過中京、檀州、順州、燕京、涿州等地，每次陳襄進出該州城時，有關的地方長官也都會安排「郊迎、置酒」和「出餞」等活動，給予陳襄迎送的招待。

關於此種形式的飲食活動，筆者查閱其他宋使節的語錄，發現路振在《乘軺錄》中也有類似的記載，其說：「八日，……至幽州城南亭。……時，燕京留守兵馬大元帥秦王隆慶，遣副留守秘書大監張肅迎國信，置宴于亭中，供張甚備，大閣具饌，酬酢皆頗璃、黃金釦器。……是夕，宿于永和館，館在城南。九日，虜遣使置宴于副留守之第，第在城南門內，以駙馬都尉蘭陵郡王蕭寧侑宴，文木器盛虜食，先薦駱糜，用杓而啖焉，熊肪羊豚雉兔之肉為濡肉，牛鹿雁鶩熊貉之肉為臘肉。割之令方正，雜置大盤中。二胡雛衣鮮潔衣，持帨巾，執刀匕，徧割諸肉，以啖漢使。」〔註15〕從這段引文，我們可發現路振對於遼地方官員招待宋使節的筵宴，要比陳襄《神宗皇帝即位使遼語錄》有更詳細、深入的描述，有助於我們瞭解宋使節在遼飲食活動時與遼人互動的情形。

（三）宋使節在遼京城就館與朝見遼帝后的酒宴——依當時宋遼使節逗留對方京城（或遼皇帝駐在地）日數的規定，原則上為十天。〔註16〕但陳襄逗留時間只有六天而已，因此其在遼中京就館與朝見遼帝后的酒宴，據《神宗皇帝即位使遼語錄》，說：「六月……十五日，黎明，館伴使副與臣等，自頓城館二十里，詣帳前，引至客省。與大將軍客省使耶律儀、趙平相見，置酒三琖。……閣門舍人……引臣等……入見，臣襄致國書于其母，面傳聖辭，置酒三琖。又詣其君帳前，臣坦致國書于其君，傳聖辭如前。并問南朝皇帝聖躬萬福，臣等恭答之。置酒五琖，仍賜臣等衣帶及三節人有差。十六日，有東頭供奉官李崇賜臣等生饌。……十七日，赴曲宴，酒九琖。館伴使副差人齎詔，賜臣等生饌及三節人有差，臣等依例恭受，致表。十八日，有右班殿直閣門祇候韓貽訓賜臣等酒果，右班殿直閣門祇候馬初賜筵，太尉夷离畢蕭素伴宴，酒十三琖。……十九日，有西頭供奉官韓宗來賜臣等籤食並酒。……館伴使副差人齎詔，賜臣等生饌及三節人有差，臣等恭受，致表。館伴使副請聚食，酒八琖。二十日，有供奉官閣門祇候耿可觀賜臣等酒果，韓宗賜射弓筵，樞密副使太師耶律格伴宴，酒十三琖。……賜臣等弓馬衣幣，及三節

〔註15〕路振，《乘軺錄》，收錄於《遼史彙編》（六），頁41～43。
〔註16〕可參閱蔣武雄，〈宋遼使節逗留對方京城日數的探討〉，《空大人文學報》，第12期（台北：空中大學，民國92年12月），頁197～212。

人有差。二十一日，入至客省帳前，置酒三琖。……遂辭其母及其君，逐帳置酒如初。授臣等信書，賜衣各三對，及弓長〔馬？〕衣幣，各三節人有差。是夕，館伴使副置酒三琖。」〔註17〕由此段引文，可知陳襄從六月十五日至二十日這六天當中，曾先後接受遼皇帝和朝廷大臣的招待。其中「曲宴」是由遼皇帝親自主持的盛宴，因此《遼史》〈禮志〉有記載其禮儀，說：「曲宴宋使儀：昧爽，臣僚入朝，宋使至幕次。皇帝升殿，殿前、教坊、契丹文武班，皆如初見之儀。宋使副綴翰林學士班。東洞門入，面西鞠躬。……皇帝出閣，復坐。御床入揖應坐，臣僚、使副及侍立臣僚鞠躬。贊拜，稱『萬歲』，贊各就坐。贊兩廊從人，亦如之。行單茶、行酒，行膳，行果。殿上酒九行，使相樂曲。……。」〔註18〕同書〈樂志〉，也說：「曲宴宋國使樂次：酒一行，觱篥起，歌。酒二行，歌。酒三行，歌，手伎入。酒四行，琵琶獨彈。餅、茶，致語。食入，雜劇進。酒五行，闌。酒六行，笙獨吹，合法曲。酒七行，箏獨彈。酒八行，歌，擊架樂。酒九行，歌，角觝。」〔註19〕可見遼朝廷對於宋使節的來聘相當尊重，因此待之以盛宴厚禮。

　　由於上述三種宋使節在遼國所受的筵宴招待，以第三種最為重要與正式，因此筆者特再舉述路振《乘軺錄》所記載為例，以便和前文所引述者互相印證，其說：「二十四日，自通天館東北行，至契丹國（遼中京）三十里。……是夕，宿大同驛。……虜遣龍虎大將軍耶律照里為館伴使，起居郎邢祐副之。二十六日，持國信，自東掖門入，至第三門，名曰武功門，見虜主于武功殿，設山棚，張樂，引漢使升。……漢使坐西南隅，將進虜主酒，坐者皆拜，惟漢丞相不起，俄而隆慶先進酒，酌以玉瓚玉醆，雙置玉臺，廣五寸，長尺餘，有四足，瓚醆皆有屈指，虜主座前，先置銀盤，盤有三足，如几狀，中有金罍，進酒者升，以瓚醆授二胡豎，執之以置罍側，進酒者以虛臺退，拜于階下。訖。二胡豎復執瓚醆以退，傾餘酒於罍中，拜者復自階下，執玉臺以上，取瓚醆而下，拜訖，復位，次則楚王進酒如前儀。次則耶律英進酒如前儀。其漢服官進酒贊拜以漢人，胡服官則以胡人，坐者皆飲，凡三爵而退。……二十八日，復宴武功殿，即虜主生辰也。設山棚，張樂，列漢服官于西廡，胡服官于東廡，引漢使升，坐西南廡隅，……虜主先起，具玉臺酌瓚醆以進

〔註17〕同註7，頁73～74。
〔註18〕脫脫，《遼史》（台北：鼎文書局，民國65年10月），卷五一，志第二十，禮志四，頁851～852。
〔註19〕書同前，卷五四，志第二三，樂志，頁892～893。

其國母。拜訖，復位。次以餘官進虜主酒，降殺如前儀。次則諸王及蕃官皆進酒，中置其虜食，如幽州宴儀，酒十數行，國母三勸漢使酒，酌以大玉斝，卒食盤中餘內，悉以遺漢使。正月一日，復宴文化殿，如前儀，胡服官一人，先以光小玉杯酌酒以獻國母，名曰上壽，其次則諸王遞進酒，如前儀，國母亦三勸漢使酒，仍遣贊酒者勞徠之。」〔註 20〕另外，在宋使節的使遼詩中對此類酒宴活動也多有描述，例如王珪〈正月五日與館伴耶律防夜燕永壽給事不赴留別〉，說：「萬里來持聘玉通，今宵賓燕爲誰同。饒歌自醉天山北，漢節先隨斗柄東。半夜騰裝吹朔雪，平明躍馬向春風。使車少別無多戀，只隔燕南一信中。」〔註 21〕以及蘇頌〈廣平宴會〉，說：「遼中宮室本穹廬，暫對皇華闢廣除。編曲垣牆都草創，張旃帷幄類鶉居。朝儀強效鵷行列，享禮猶存體薦餘。玉帛係心眞上策，方知三表術非疏。」〔註 22〕均述及遼皇帝和館伴使對宋使節的招待。

　　宋使節在遼皇帝駐在所（或京城）所參預的盛宴，有時候也會因其個人地位、聲望、成就比較高，而受到遼國政府比較隆重的待遇，例如沈括《夢溪筆談》卷二五，說：「慶曆中，王君貺（王拱辰）使契丹。宴君貺于混融江，觀釣魚。臨歸，戎主置酒，謂君貺曰：『南北修好歲久，恨不得親見南朝皇帝兄，託卿爲傳一栖酒到南朝。』乃自起酌酒，容甚恭，親授君貺舉栖；又自鼓琵琶，上南朝皇帝千萬歲壽。」〔註 23〕顯然當時王拱辰使遼，頗受遼興宗的禮遇，不僅受邀「觀釣魚宴」，又得遼興宗「親授舉栖」和「自鼓琵琶」，都超乎了常禮，因此《孔氏談苑》卷三，說：「自來奉使北朝，禮遇之厚無如王拱辰，預釣魚放鶻之會，皇帝親御琵琶以侑酒。」〔註 24〕

　　另外，歐陽修在宋仁宗至和二年（遼興宗重熙二十四年，1055 年）十二月上旬，以賀遼道宗登寶位使身份，至遼上京，也受到「出于常例」的禮遇，據韓琦《安陽集》〈故觀文殿學士太子少師致仕贈太子太師歐陽公墓誌銘〉，說：「嘗奉使契丹，其主必遣貴臣押宴，出于常例，且謂公（歐陽修）曰：『以

〔註 20〕同註 15，頁 46～49。

〔註 21〕王珪，〈正月五日與館伴耶律防夜燕永壽給事不赴留別〉，《華陽集》，收錄於《四庫全書珍本》四集（台北：台灣商務印書館，民國 62 年），卷三，頁 2。

〔註 22〕蘇頌，〈廣平宴會〉，《蘇魏公文集》（台北：青友出版社，民國 49 年 4 月），卷一三，《後使遼詩》，頁 6。

〔註 23〕沈括，《夢溪筆談》，收錄於《文淵閣四庫全書》子部十，雜家類三，卷二五，頁 7。

〔註 24〕孔平仲，《孔氏談苑》，收錄於《宋代筆記小說》（四），卷三，頁 6。

公名重故耳。』其為外邦欽服如此。」〔註25〕歐陽修的孫子歐陽發在其所撰
〈先公事跡〉，說：「至和二年，先公（歐陽修）奉使契丹。契丹使其貴臣陳
留郡王宗愿、惕隱大王宗熙、北宰相蕭知足、尚父中書令晉王蕭孝友來押宴，
曰：『此非常例，以卿名重。』宗愿、宗熙，並契丹皇叔；北宰相，蕃官中最
高者；尚父中書令晉王，是太皇太后弟。送伴使耶律元寧言：『自來不曾如此
一併差近上親貴大臣押宴。』」〔註26〕吳充撰〈故推誠保德崇仁翊戴功臣觀文
殿學士特進太子少師致仕上柱國樂安郡開國公食邑四千三百戶食實封一千二
百戶贈太子太師歐陽公行狀〉，說：「至和初，公（歐陽修）奉使契丹，契丹
使其貴臣惕隱及北宰相蕭知足等來押宴，曰：『非常例也，以公名重，故爾。』
其為外夷所畏如此。」〔註27〕蘇轍《欒城後集》〈歐陽文忠公神道碑〉，說：「（至
和）二年，（歐陽修）奉使契丹，契丹使其貴臣宗頤、宗熙、蕭知足、蕭孝友
四人押燕，曰：『此非常例，以卿名重故爾。』」〔註28〕王闢之《澠水燕談錄》
卷二，也說：「歐陽文公使遼，其主每擇貴臣有學者押宴，非常例也。且曰：
『以公名重今代故爾。』其為外夷敬服也如此。」〔註29〕從以上諸所引，可
知歐陽修使遼時，因為其地位、聲望、成就都很崇高，因此得以在遼上京的
酒宴中受到高規格的禮遇，出于常例，為宋遼外交史上所少見。

三、宋使節在遼酒宴中的言行

　　宋使節出使遼國，既然有如以上所述，在進入遼國境內之後，其所經過
的州、縣，以及在遼皇帝駐在地（或京城），遼政府都會以設宴、賜宴、御宴

〔註25〕韓琦，〈故觀文殿學士太子少師致仕贈太子太師歐陽公墓誌銘〉，《安陽集》，
　　　　收錄於《文淵閣四庫全書薈要》（台北：世界書局，民國77年2月），集部，
　　　　卷五十，頁9。另外，脫脫，《宋史・歐陽修傳》，也說：「（歐陽修）奉使
　　　　契丹，其主命貴臣四人押宴，曰：『此非常制，以卿名重故爾。』」（《宋史》
　　　　（台北：鼎文書局，民國67年9月），卷三一九，列傳第七八，歐陽修，
　　　　頁10378）
〔註26〕歐陽發，〈先公事跡〉，《歐陽文忠公文集》（二）（台北：台灣商務印書館，民
　　　　國54年）附錄，卷第五，頁1291。
〔註27〕吳充，〈故推誠保德崇仁翊戴功臣觀文殿學士特進太子少師致仕上柱國樂安郡
　　　　開國公食邑四千三百戶食實封一千二百戶贈太子太師歐陽公行狀〉，書同前，
　　　　附錄，卷第一，頁1253。
〔註28〕蘇轍，〈歐陽文忠公神道碑〉，《欒城後集》，收錄於四部叢刊初編本（台北：
　　　　台灣商務印書館，民國54年12月），卷二三，頁6。
〔註29〕王闢之，《澠水燕談錄》，收錄於《文淵閣四庫全書》，子部十二，卷二，頁9。

等不同方式予以招待。因此在這些盛宴中，宋使節和遼皇帝、王公貴族、朝廷大臣以及地方官員互動的機會很多，尤其常會以詩歌助興。〔註30〕當時宋仁宗曾針對此種情形，特別予以指示，說：「奉使契丹，不得輒自賦詩。若彼國有請者，聽之。」〔註31〕此一訓示，顯然是顧及宋使節在遼國的筵宴中，主動賦詩，恐有失禮之嫌。但是如果對方有請，則可以配合，以便合乎外交禮儀。筆者茲舉數例如下：例如據《長編》卷一○三、卷一○四，說：「（宋仁宗）天聖三年（遼聖宗太平五年，1025年）七月……乙未（十六日），翰林學士承旨李維為契丹妻蕭氏生辰使，……四年……三月戊寅（一日），……初，塞下訛言契丹將絕盟，故遣維往使。契丹主（遼聖宗）素服其名，館勞加禮，使即席賦〈兩朝悠久詩〉，下筆立成，契丹主大喜。」〔註32〕同書卷一二五，說：「宋仁宗寶元二年（遼興宗重熙八年，1039年）十一月……戊戌（十一日），兵部郎中知制誥聶冠卿為契丹生辰使，……及使契丹，契丹主（遼興宗）謂曰：『君家先世奉道，子孫固有昌者。嘗觀所著《蘄春集》，詞極清麗。』因自擊毬縱飲，命冠卿賦詩，禮遇甚厚。」〔註33〕《東都事略》卷第七十一，說：「宋仁宗皇祐二年（遼興宗重熙十九年，1050年），（趙槩）館伴契丹泛使，遂報聘焉。契丹請賦〈信誓如山河詩〉。詩成，契丹主（遼興宗）親酌玉杯以勸，槩且以素扇授其近臣劉六符，寫槩詩置之懷袖。」〔註34〕趙抃《清獻集·奏狀論王拱辰入國辱命乞行黜降》，說：「……拱辰赴會。至醉，既違宣卷吟詩，乃有『兩朝信使休辭醉，皆得君王帶笑看』之句，……。」〔註35〕

從以上各項記載可知，宋使節確實常在遼國的各種筵宴中賦詩，形成了一種詩歌外交的飲食活動。甚至於有幾位宋使節竟然能以遼語賦詩，使遼皇帝和朝臣在酒宴中的興致增高不少，例如劉攽在其《中山詩話》，說：「余靖

〔註30〕 可參閱蔣武雄，〈宋遼外交中的詩歌交往〉，《中國中古史研究》，第1期（台北：蘭台出版社，民國91年9月），頁229～245。

〔註31〕 《長編》，卷一三五，宋仁宗慶曆二年正月丙寅條，頁6。

〔註32〕 《長編》，卷一○三，宋仁宗天聖三年七月乙未條，頁11；卷一○四，宋仁宗天聖四年三月戊寅條，頁4。另見《宋史》，卷二八二，列傳第四一，李維，頁9542。

〔註33〕 《長編》，卷一二五，宋仁宗寶元二年十一月戊戌條，頁3。另見《宋史》，卷二九四，列傳第五三，聶冠卿，頁9820。

〔註34〕 王稱，《東都事略》（台北：文海出版社，民國56年），卷第七十一，〈趙槩傳〉，頁6。另見《宋史》，卷三一八，列傳第七七，趙槩，頁10365。

〔註35〕 趙抃，〈奏狀論王拱辰入國辱命乞行黜降〉，《清獻集》，收錄於《文淵閣四庫全書》，集部三，卷七，頁2。

兩使契丹，情益親，習能北語，作北語詩，契丹主曰：『卿能道，我爲卿飲。』靖舉曰：『夜宴設邏厚盛也臣拜洗受賜也，兩朝厥荷通好也情斡勒厚重也。微臣稚魯拜舞也祝荐統福祐也，聖壽鐵擺嵩高也俱可忒離無極也。』契丹主大笑，遂爲釂觴。」〔註36〕又據沈括《夢溪筆談》卷二五，說：「刁約使契丹，戲爲四句詩曰：『押燕移離畢，看房賀跋支，餞行三匹裂，密賜十貔狸。』皆紀實也。移離畢，官名，如中國執政官。賀跋支，如執衣防閤。匹裂，小木罌，以色綾木爲之，如黃漆。貔狸，形如鼠而大，穴居，食果穀，嗜肉，狄人爲珍膳，味如豚子而脆。」〔註37〕就此二首遼語詩的內容來看，使我們更加瞭解當時宋使節接受遼政府盛情酒宴招待，以及遼國特有食物的情形。

　　但是也有少數宋使節在酒酣耳熟的情況下，有失當、失禮的言行，導致在酒宴互動的過程中，出現掃興、尷尬的情節，不僅損及宋國的尊嚴，也對宋遼兩國友好和平的外交關係造成傷害，因此俟其歸國後，即受到彈劾和處罰。〔註38〕筆者茲舉《長編》所述的數例如下：

　　（一）**飲射不如儀**——宋眞宗大中祥符四年（遼聖宗統和二十九年，1011年）「九月己丑（十九日），以工部郎中龍圖閣待制張知白爲契丹國主生辰使，崇儀副使薛惟正副之。……惟正至幽州赴會，飲射不如儀。使還，詔劾其罪。」〔註39〕

　　（二）**與遼人勸酬戲謔，道醉而乘車**——宋眞宗大中祥符六年（遼聖宗開泰二年，1013年）「九月乙卯（二十六日），以翰林學士晁迥爲契丹國主生辰使，崇儀副使王希範副之。……迥等使還，……有言迥與遼人勸酬戲謔，道醉而乘車，皆可罪。上曰：『上雖無害，然使乎絕域，遠人觀望，一不中度，要爲失體。』王旦曰：『大抵遼使，貴在謹重。至於飲酒，不當過量。』上然之。」〔註40〕

〔註36〕劉攽，《中山詩話》，收錄於《文淵閣四庫全書》，集部九，頁15～16。另見葉隆禮，《契丹國志》，收錄於《遼史彙編》（七），卷二四，〈余尚書北語詩〉，頁201。

〔註37〕沈括，《夢溪筆談》，卷二五，頁8～9。另見葉隆禮，前引書，卷二四，〈刁奉使北語詩〉，頁201。

〔註38〕可參閱蔣武雄，〈宋臣在對遼外交中辱命與受罰的探討〉，《東吳歷史學報》，第12期，（台北：東吳大學，民國93年12月），頁25～53。

〔註39〕《長編》，卷七六，宋眞宗大中祥符四年九月己丑條，頁9。

〔註40〕《長編》，卷八一，宋眞宗大中祥符六年九月乙卯條，頁11。當時宋使節在遼國的盛宴中，常因遼人勸酒，以致於飲酒過量。例如據魏泰，《東軒筆錄》卷一五，說：「北番每宴人使，勸酒器不一，其間最大者，剖大瓠之半，範以金，

（三）**宴席賦詩，自稱小臣**——宋仁宗天聖四年（遼聖宗太平六年，1026年）「三月戊寅（一日），以翰林學士承旨兼侍讀學士工部尙書李維爲相州觀察使。初，塞下訛言契丹使將絕盟，故遣維往使。契丹主素服其名，館勞加禮，使即席賦兩朝悠久詩，下筆立成，契丹主大喜。既還，上欲用爲樞密副使，或斥維與契丹詩，不當自稱小臣，沮罷之。乃加刑部尙書。維久厭書詔之勞，辭不拜，引李士衡故事求換官，故有是命。左正言劉隨奏：『維以詞臣，求換武職，非所以勵廉節。』不報，尋命維知亳州，事簡不欲尸重祿，請赴相州，從之。」〔註41〕

（四）**宴席觀戲，怒責遼君臣侮慢先聖**——宋仁宗天聖五年（遼聖宗太平七年，1027 年）「十二月己丑（二十三日），左正言直史館孔道輔爲左司諫龍圖閣待制，時道輔使契丹猶未還也，契丹燕使者，優人以文宣王爲戲，道輔艴然逕出。契丹主使主客者，邀道輔還坐，且令謝。道輔正色曰：『中國與北朝通好，以禮文相接。今俳優之徒，侮慢先聖，而不之禁，北朝之過也，道輔何謝？』契丹君臣默然。又酌大巵謂曰：『方天寒，飲此可以致和氣。』道輔曰：『不和固無害。』既還，言者以爲生事，且開事端。上問其故，道輔曰：『契丹比爲黑水所破，勢甚蹙。每漢使至，輒爲侮慢。若不校，恐益易中國。』上然之。」〔註42〕

（五）**推拒遼臣勸酒，口出惡言**——宋仁宗慶曆二年（遼興宗重熙十一年，1042 年）「四月壬午（九日），右正言知制誥劉沆，出知潭州。始沆使契丹，館伴杜防強沆以酒，沆霑醉，拂袖起，因罵曰：『蕃狗，我不能飲，何強我。』於是，契丹使來以爲言，故出之。尋又降知和州。因詔：『奉使契丹，及接伴、送伴臣僚，每燕會，無得過飲，其語言應接，務存大體。』」〔註43〕

（六）**宴席中舉止不當**——宋仁宗慶曆八年（遼興宗重熙十七年，1048 年）「二月壬午（十四日），祠部員外郎集賢校理同修起居注判度支勾院韓綜，

受三升，前後使人無能飲者，惟方偕一舉而盡，其王大喜，至今目其器爲方家瓠，每宴南使即出之。」（頁7）

〔註41〕《長編》，卷一〇四，宋仁宗天聖四年三月戊寅條，頁4。
〔註42〕《長編》，卷一〇五，宋仁宗天聖五年十二月己丑條，頁20。另見王稱《東都事略》，卷第六〇，列傳四三，孔道輔，頁 4；《宋史》，卷二九七，列傳第五六，孔道輔，頁9884。
〔註43〕《長編》，卷一三五，宋仁宗慶曆二年四月壬午條，頁21。另見《東都事略》，卷第六六，列傳四九，劉沆，頁 7；《宋史》，卷二八五，列傳第四四，劉沆，頁9606。

落修起居注知滑州。綜前使契丹，遼主問其家世，綜言：『父億在先朝已嘗持禮來。』遼主喜曰：『與中國通好久，父子繼奉使，宜酌我。』綜率同使者五人起為壽，遼主亦離席酬之，甚歡。既還，宰相陳執中以為生事，故責之。尋改知許州，以滑縣當北使所由道也。」〔註44〕

（七）**宴席中言行失禮**——宋仁宗至和元年（遼興宗重熙二十二年，1054年）「九月辛巳（二十一日），三司使吏部侍郎王拱辰為回謝契丹使，德州刺史李洵副之。拱辰見契丹主於混同江，其國每歲春一漲，於水上置宴釣魚，惟貴族近臣得與，一歲盛禮在此。每得魚，必親酌勸拱辰。又親鼓琵琶侑之。謂其相劉六符曰：『南朝少年狀元入翰林十五年矣，吾故厚待之。』契丹國母愛其少子宗元，欲以為嗣，問拱辰曰：『南朝太祖、太宗，何親屬也？』拱辰曰：『兄弟也。』曰：『善哉，何其義也。』契丹主曰：『太宗、真宗，何親屬也？』拱辰曰：『父子也。』曰：『善哉，何其義也。』既而，契丹主屏人謂拱辰曰：『吾有頑弟，他日得國，恐南朝未得高枕也。』……至和二年（遼興宗重熙二十四年，1056年）五月，……是月，殿中侍御史趙抃又言：『王拱辰報聘契丹，行及靴淀，未致君命。契丹置宴餞宋選、王士全、拱辰等，遂窄衣與會，自以隨行京酒換所設酒，痛飲深夜，席上聯句，語同俳優。選及士全，因醉與敵使爭。及契丹主自彈琴以勸拱辰酒，拱辰既不能辭，又求私書為己救解。失禮違命，損體生事，乞加黜降。』宋選尋坐罪責通判宿州。朝廷獨不問拱辰。抃又言：『拱辰比吳奎罪惡為大，兩府惡奎即遂逐之，乃陰庇拱辰，不顧邦典。頃年，韓綜坐私勸契丹主酒，落職知許州。去年契丹遣泛使，欲援綜例上壽，賴接伴楊察以朝廷曾黜綜以告之，敵使乃止。拱辰既輒當契丹主彈琴送酒之禮，今若不責拱辰，異時敵使妄欲援拱辰例，則朝廷將何辭拒之。』詔拱辰罰金二十斤。……七月戊辰（十二日），宣徽北院使判并州王拱辰復為尚書左丞端明殿學士兼翰林侍讀學士知永興軍，從御史之言也。先是趙抃言宣徽使，舊是前兩府，或見任節度使有勳勞者所除之職，近侍未嘗親授，又況無功有罪如拱辰者。拱辰舊掌計司，以舉豪民鄭旭，被黜。前知并州，姑息兵士，民心不安，與僚屬褻狎，復倖求恩命。近充契丹使，多言生事。既當契丹主彈琴送酒之禮，又有兄弟傳位之語，乃云用間夷狄，

〔註44〕《長編》，卷一六三，宋仁宗慶曆八年二月壬午條，頁3。另見《東都事略》，卷第五八，列傳四一，韓綜，頁2；《宋史》，卷三一五，列傳第七四，韓綜，頁10300。

飾非矯詐，無所不至……。」〔註45〕

（八）託疾不赴餞送，不合常規——宋神宗熙寧十年（遼道宗大康三年，1077 年）「正月庚辰（二十九日），給事中程師孟罷判將作監歸班。以奉使至涿州南高排坐次不當，遣人計會，改正，不從，因託疾不赴北亭餞送。涿州移牒言其不循故事也。初詔特罰銅十斤，放罪，翌日乃有是命。前此遼主及其母俱賀生辰，故遣使者兩番至遼地，相與坐，則接伴者南鄉西上，左番南鄉東上，涿州官西鄉，右番東鄉。及遼母卒，師孟始至涿州，遼爲坐圖，接伴使副俱南鄉，涿州官西鄉，而本朝使副東鄉，師孟曰：『如此則中國之使卑矣。』自日晏至暮爭未決，從者失色，而師孟詞氣益屬，叱儐者易之。乃更以接伴者西鄉，本朝使副東鄉，而涿州官南鄉。明日涿人餞于郊，疾馳過之，不顧，涿人以師孟不與餞禮，移文雄州，故責之。」〔註46〕

從以上所舉數例，可知宋使節在遼國的飲食活動，其實也是外交活動中很重要的一環，疏忽不得，因此絕大多數的宋使節出使遼國都能注意自己的言行，畢竟言行失當、失禮者仍屬少數。

四、宋使節在遼境內所吃的食物和水土不服的情形

由於遼國的飲食文化與宋國有諸多不同之處，因此宋使節在遼地接受酒宴招待時，經常有機會接觸一些新奇、少見或味道奇特的食物，並將其記錄下來，例如路振《乘軺錄》，說：「大中祥符元年（遼聖宗統和二十六年，1008 年），……十二月……九日，虜遣使置宴于副留守之第，第在城（幽州）南門內，以駙馬都尉蘭陵郡王蕭寧侑宴，文木器盛虜食，先薦駱麋，用杓而啜焉。

〔註45〕 《長編》，卷一七七，宋仁宗至和元年九月辛巳條，頁 4〜5；卷一七九，至和二年五月條，頁 11；卷一八〇，至和二年七月戊辰條，頁 12〜13。另見《宋史》，卷三一八，列傳第七七，王拱辰，頁 10360〜10361。

〔註46〕 《長編》，卷二八〇，宋神宗熙寧十年正月庚辰條，頁 8。《宋史‧程師孟傳》也有記載：「（程師孟）賀契丹生辰，至涿州，契丹命席，迎者正南向，涿州官西向，宋使介東向。師孟曰：『是卑我也。』不就列，白日晏爭至暮，從者失色，師孟辭氣益屬，叱儐者易之，於是更與迎者東西向。明日，涿人餞於郊，疾馳過不顧。涿人移雄州，以爲言，坐罷歸班。」（卷三三一，列傳第九〇，程師孟，頁 10661。）另外，此段引文提到「罰銅」一事，關於宋代對失職官員罰銅懲戒的情形，可參閱梅原郁，〈宋代的贖銅和罰銅〉，收錄於《前近代中國的刑罰》（京都：京都大學人文科學研究所，平成 8 年 12 月），頁 223〜259。

熊肪羊豚雉兔之肉為濡肉，牛鹿雁鶩熊貊之肉為臘肉。割之令方正，雜置大盤中。二胡雛衣鮮潔衣，持帨巾，執刀匕，徧割諸肉，以啖漢使。」〔註47〕顯然這些「駱麋」、「熊肪羊豚雉兔之肉」、「牛鹿雁鶩熊貊之肉」都是漢地平時比較難以吃得到的食物，因此頗引起路振的注意，就特別詳細地記錄下來。王闢之《澠水燕談錄》卷八，說：「契丹國產毗狸，形類大鼠而足短，極肥。其國以為殊味，穴地取之，以供國主之膳。自公、相下，不可得而嘗。常以羊乳飼之。頃年北使嘗攜至京，烹以進御。今朝臣奉使其國者皆得食之，然中國人亦不嗜其味。」〔註48〕毗狸這種動物為宋國所無，因此宋使節出使至遼國，常被請食其肉，甚至於帶回宋國，進御給皇帝品嚐，但是因為其味道比較特別，以致於無法得到宋君臣的喜好。而龐元英在《文昌雜錄》中，更提到如何融化已冰凍水梨的方法，說：「余奉使北遼，至松子嶺。舊例，互置酒，行三，時方窮臘，坐上有北京壓沙梨，冰凍不可食，接伴使耶律筠取冷水浸，良久，冰皆外結，已而敲去，梨已融釋。自爾凡所攜柑橘之類，皆用此法，味即如故也。」〔註49〕

從以上諸所引可知，宋使節在遼國境內的飲食活動中，常可吃到一些奇味異物，有些也許是可口的美食，但也有些卻是不合宋使節的胃口，因此蘇轍在其〈渡桑乾〉，說：「會同出入凡十日，腥羶酸薄不可食。羊修乳粥差便人，風隧沙場不宜客。」〔註50〕即是描述他在遼上京十天當中，異國風味的飲食，給他很大的困擾。另外，朱彧《萍州可談》，說：「先公使遼，日供乳粥一椀，甚珍。但沃以生油，不可入口。諭之使去油，不聽。因給令以他器

〔註47〕同註15，頁42～43。
〔註48〕王闢之，前引書，卷九，頁6。毗狸在遼地為珍味之物，據陸游，《家世舊聞》，說：「楚公（楚元符）使虜歸，攜所得貔至京師。先君言：『猶記其狀如大鼠，而極肥腯，甚畏日，偶為隙光所射，輒死。性能麋肉，一鼎之內，以貔一臠投之，旋即麋爛，然虜人亦不以此貴之，但謂珍味耳。』」（陸游，《家世舊聞》，收錄於《叢書集成新編》第八六冊（台北：新文豐出版公司，民國73年6月），頁670。另外，可參閱島田正郎作，于景讓譯，〈記契丹之獸貔狸〉，《大陸雜誌》，第12卷11期（台北：大陸雜誌社，民國45年6月），頁20～23；蕭愛民，〈遼代珍奇動物貔狸考〉，《北方文物》，1999年1期（哈爾濱市：北方文物雜誌社，1999年2月），頁64～67。
〔註49〕龐元英，《文昌雜錄》，收錄於《文淵閣四庫全書》，子部十，雜家類三，卷一，頁14。
〔註50〕蘇轍，〈渡桑乾〉，《欒城集》，卷一六，頁196。

貯油，使自酌用之，乃許，自後遂得淡粥。」〔註51〕也可知遼人食物中的調味配料，常令宋使節食之不能下嚥。

　　既然遼國飲食文代有異於中原地區，因此宋使節出使至遼國境內，有時在飲食方面會出現意料之外的狀況，例如據孔平仲《孔氏談苑》卷二，說：「吳長文使虜，虜人打圍無所獲，忽得一鹿，請南使觀之，須臾剝剔了，已昏夜矣。數兵煮其骨食之，皆嘔血。吳左丞留雙腎於銀器中，云：『此最補煖。』且欲薦之，翌日銀器內皆黑色，乃毒矢所斃爾。不敢洩，埋之而去。虜中大寒，匕箸必於湯中蘸之方得入口，不爾與熱肉相沾不肯脫。石鑑奉使，不曾蘸箸，以取榛子沾唇如烙，皮脫血流，淋漓衣服上。」〔註52〕此段史料告訴我們兩件事，即是當時遼人用毒箭獵鹿，致其腎臟有毒，而宋使節將其置於銀器中，擬待翌日食之，幸好銀器遇毒變黑，始知該腎臟已染毒而未食。另一事，即是遼地嚴寒，飲食時必須先將刀、筷在湯中沾一沾，否則熱肉會黏住嘴唇，硬將其抽離，就會造成嘴唇皮破血流。像這些情形也都是宋使節在遼地飲食時必須注意的事項。

　　另外，宋國使節在使遼期間如果飲食不當也很容易生病，〔註53〕而影響其在遼國的交聘活動，甚至於無法完成外交的任務。例如張舜民《畫墁錄》，說：「元祐末，宇文昌齡命稱聘契丹，皇城使張璪价焉。張頹齡，樞府難其行，璪哀請。……既行，璪飲冷生食無忌，昌齡戒之，不納。既至遼境，益甚，昌齡頗患之，禁從者無供。璪怒，罵不足。果病噤，不納粥藥，至十許日，一行人病之，既而三病三愈，竟不復命。」〔註54〕可見當時宋使節身負外交重任，在遼地的飲食尤其須要謹慎，否則一旦生病，將會對其能否達成外交任務產生很大的影響。

五、結　論

　　綜合以上所論，可知飲食活動確實是宋使節在遼國進行交聘事宜時，相當重要的一環。因為當其在遼地時，可以透過飲食活動，和遼皇帝、王公貴

〔註51〕朱彧，《萍州可談》，收錄於《宋代筆記小說》（八），卷二，頁6。
〔註52〕孔平仲，《孔氏談苑》，收錄於《宋代筆記小說》（四），卷二，頁6。
〔註53〕可參閱蔣武雄，〈宋遼對兩國使節病與死的處理〉，《東吳歷史學報》，第9期（台北：東吳大學，民國92年3月），頁81～96。
〔註54〕張舜民，《畫墁錄》，收錄於《叢書集成新編》，第八六冊，頁36。

族、朝廷大臣、接（送）伴使、館伴使，以及地方官員等進行面對面的互動。並且在宴會的互動中，進行文學詩歌的酬唱，雖然有時也會有言語的衝突，但是對於兩國深厚的外交情誼並不會造成太大的影響。而這種情形筆者認為正好更可以突顯出當時遼政府對宋使節酒宴的招待，在外交事宜中的重要性。也因此宋使節在接受遼政府上述的三種酒宴招待後，依據兩國的外交禮儀，都會撰寫狀文以表示感謝，例如韓琦《安陽集》中，即收錄了其使遼時的謝筵狀，包括〈白溝謝筵狀〉、〈燕京謝酒果狀〉、〈澶（檀）州謝湯藥表〉、〈副使澶（檀）州謝湯藥表〉、〈謝館宴狀〉、〈謝簽賜酒食狀〉、〈謝酒果狀〉、〈謝春盤幡勝狀〉、〈謝射弓筵狀〉、〈謝餞筵狀〉、〈謝燕王請赴筵狀〉、〈副使謝燕王請赴筵狀〉、〈謝中京留守請赴筵狀〉、〈副使謝中京留守請赴筵狀〉、〈謝中京留守餞送狀〉、〈副使謝中京留守餞送狀〉、〈謝燕王餞送狀〉、〈副使謝燕王餞送狀〉〔註55〕等，這不僅告訴我們，韓琦在遼國接受各種不同筵宴的情形，也顯示出宋使節在遼國的飲食活動確實是外交事宜中頗為重要的一個項目。因此宋使節在遼國政府盛情的招待下，都很注意自己的言行，謹慎以對，以避免失當、失禮，而影響兩國的外交情誼和宋國的尊嚴。

另外，值得一提的是，雖然宋使節在遼國境內的飲食，所面對的是不同於中原飲食風味的食物，因此造成難以下嚥或水土不服的現象。但是我們可想而知，當時遼國政府對宋使節盛情的飲食招待，必然很多是遼國的佳餚美酒，雖然不一定適合宋使節的口味，但是必定都讓宋使節留下了深刻的印象。因此正如前文所述，宋使節在其使遼詩或文章當中，都或多或少的描述其在遼地接觸異國飲食的情形。〔註56〕筆者認為這也是一種飲食文化的交流，對於兩國彼此的認識與瞭解，必然有促進的作用。

總之，透過本文的討論，我們可以體認，宋遼時期兩國互動頻繁的和平外交，不僅是一種政治外交，其實也包括了文學外交和飲食外交，這在中國

〔註55〕韓琦，前引書，卷三九，頁3～8。

〔註56〕關於遼代飲食的情形，可參閱徐海榮主編，《中國飲食史》（北京：華夏出版社，1999年10月），卷四，第十編，第一章〈遼代的飲食〉，頁403～465；羅繼祖，〈契丹人的飲食〉，《遼金契丹女真史研究》，1986年1期，頁38～39；張國慶，〈遼代契丹人飲食考述〉，《中國社會經濟史研究》，1990年1期，頁35～42；程妮娜，〈遼代契丹族飲食習俗述略〉，《博物館研究》，1991年3期，頁37～42；陳曉莉，〈遼金夏代飲食習俗〉，《民俗研究》，1995年2期，頁19～23。

歷史文化的發展過程中，筆者認為是一件深具意義的史實。

徵引書目

一、史　料

1. 王珪，《華陽集》，收錄於《四庫全書珍本》四集，台北：台灣商務印書館，民國 62 年。

2. 王稱，《東都事略》，台北：文海出版社，民國 56 年。

3. 王闢之，《澠水燕談錄》，收錄於《文淵閣四庫全書》，台北：台灣商務印書館，民國 72 年。

4. 孔平仲，《孔氏談苑》，收錄於《宋代筆記小說》（四），石家莊：河北教育出版社，1994 年。

5. 朱彧，《萍州可談》，收錄於《宋代筆記小說》（八），石家莊：河北教育出版社，1994 年。

6. 李燾，《續資治通鑑長編》，上海：上海古籍出版社，1986 年。

7. 沈括，《夢溪筆談》，《文淵閣四庫全書》，台北：台灣商務印書館，民國 72 年。

8. 范鎮，《東齋記事》，收錄於《宋代筆記小說》〔九〕，石家莊：河北教育出版社，1994 年。

9. 張舜民，《畫墁錄》，收錄於《叢書集成新編》第八六冊，台北：新文豐出版公司，民國 73 年。

10. 脫脫，《遼史》，台北：鼎文書局，民國 65 年。

11. 脫脫，《宋史》，台北：鼎文書局，民國 67 年。

12. 陳襄，《神宗皇帝即位使遼語錄》，收錄於《遼史彙編》（六），台北：鼎文書局，民國 62 年。

13. 陸游，《家世舊聞》，收錄於《叢書集成新編》第八六冊，台北：新文豐出版公司，民國 73 年。

14. 路振，《乘軺錄》，收錄於《遼史彙編》（六），台北：鼎文書局，民國 62 年。

15. 葉隆禮，《契丹國志》，收錄於《遼史彙編》（七），台北：鼎文書局，民國 62 年。

16. 趙抃，《清獻集》，《文淵閣四庫全書》，台北：台灣商務印書館，民國 72 年。

17. 蔡襄，《蔡忠惠集》（《蔡襄集》），上海：上海古籍出版社，1996 年。

18. 劉攽，《中山詩話》，《文淵閣四庫全書》，台北：台灣商務印書館，民國

72 年。

19. 歐陽修，《歐陽文忠公文集》（二），台北：台灣商務印書館，民國 54 年。

20. 魏泰，《東軒筆錄》，《文淵閣四庫全書》，台北：台灣商務印書館，民國 72 年。

21. 韓琦，《安陽集》，《文淵閣四庫全書薈要》，台北：世界書局，民國 77 年。

22. 蘇頌，《蘇魏公文集》，台北：青友出版社，民國 49 年。

23. 蘇轍，《欒城集》，收錄於四部叢刊初編本，台北：台灣商務印書館，民國 54 年。

24. 蘇轍，《欒城後集》，收錄於四部叢刊初編本，台北：台灣商務印書館，民國 54 年。

25. 龐元英，《文昌雜錄》，《文淵閣四庫全書》，台北：台灣商務印書館，民國 72 年。

二、近人著作

1. 徐海榮主編，《中國飲食史》，北京：華夏出版社，1999 年。

三、論　文

1. 王曉波，〈宋太祖時期宋遼關係的變化〉，《宋代文化研究》，第七輯，1998 年。

2. 李裕民，〈宋太宗平北漢始末〉，《山西大學學報》，1982 年 2 期。

3. 張國慶，〈遼代契丹人飲食考述〉，《中國社會經濟史研究》，1990 年 1 期。

4. 島田正郎，〈記契丹奇獸貔狸〉，《大陸雜誌》，第 12 卷 11 期，民國 45 年。

5. 梅原郁，〈宋代的贖銅和罰銅〉，收錄於《前近代中國的刑罰》，京都：京都大學人文科學研究所，平成 8 年。

6. 陳曉莉，〈遼金夏代飲食習俗〉，《民俗研究》，1995 年 2 期。

7. 程妮娜，〈遼代契丹族飲食習俗述略〉，《博物館研究》，1991 年 3 期。

8. 傅樂煥，〈宋遼聘使表稿〉，收錄於《遼史彙編》（八），台北：鼎文書局，民國 62 年。

9. 黃鳳岐，〈遼宋交聘及其有關制度〉，《社會科學輯刊》，1985 年 2 期。

10. 蔣武雄，〈宋遼外交中的詩歌交往〉，《中國中古史研究》，第 1 期，台北：蘭台出版社，民國 91 年。

11. 蔣武雄，〈宋遼使節逗留對方京城日數的探討〉，《空大人文學報》，第 12 期，民國 92 年。

12. 蔣武雄，〈宋遼對兩國使節病與死的處理〉，《東吳歷史學報》，第 9 期，民國 92 年。

13. 蔣武雄，〈宋臣在對遼外交中辱命與受罰的探討〉，《東吳歷史學報》，第 12 期，民國 93 年。

14. 蔣武雄，〈宋滅北漢之前與遼的交聘活動〉，《東吳歷史學報》，第 11 期，民國 93 年。

15. 蔣武雄，〈遼皇帝接見宋使節的地點〉，《東吳歷史學報》，第 14 期，民國 94 年。

16. 聶崇岐，〈宋聘交聘考〉，收錄於《宋史叢考》〔下〕，台北：華世出版社，民國 75 年。

17. 蕭愛民，〈遼代珍奇動物貔狸考〉，《北方文物》，1999 年第 1 期。

18. 羅繼祖，〈契丹人的飲食〉，《遼金契丹女真史研究》，1986 年 1 期。

《東吳歷史學報》第 16 期（民國 95 年 12 月），頁 1～24。

第十二章　宋遼外交言行交鋒初探

摘　要

　　宋遼兩國訂立澶淵盟約之後，建立起友好的和平外交關係，雙方經常派遣使節進行交聘的活動。但是在長期的交聘活動過程中，卻有時候會發生言行交鋒的情況。筆者在本文中，即是針對此種史實殘舉出相關的事例，作一初步的探討，期使讀者透過此一角度，來瞭解宋遼兩國能維持一百多年的和平外交，確實是一件頗不容易的事情。

　　關鍵詞：宋、遼、外交。

一、前　言

　　在宋太祖、太宗時期曾經與遼進行過一段短暫的和平外交，後來因爲宋太宗滅北漢，繼而攻打遼的南京（幽州、燕京），導致雙方外交關係中斷。〔註1〕直至宋眞宗景德元年（遼聖宗統和二十二年，西元 1004 年），與遼簽訂澶淵盟約之後，宋遼兩國才又恢復和平的外交關係，並且維持至宋徽宗宣和四年（遼天祚帝保大二年，1122 年），派童貫率兵攻打遼才宣和終止。在這一百多年當中，宋遼兩國經常派遣使節進行交聘的活動，建立起深厚的友好和平外交情誼。〔註2〕諸如每年元旦或皇太后、皇帝的生辰，以及皇帝的繼位，雙方都會互相派遣使節前往祝賀，而遇有皇太后、皇帝死亡，也會派遣使節致祭，顯現出宋遼兩國友好外交情誼濃厚的一面。〔註3〕

　　但是在這種和平的狀態下，宋遼兩國實際上還是經常防範著對方，〔註4〕

〔註 1〕　可參閱王曉波，〈宋太祖時期宋遼關係的變化〉，《宋代文化研究》第七輯（成都：巴蜀書社，1998 年 5 月），頁 222～237；李裕民，〈宋太宗平北漢始末〉，《山西大學學報》，1982 年第 2 期，頁 86～94；蔣武雄，〈宋滅北漢之前與遼的交聘活動〉，《東吳歷史學報》，第 11 期（台北：東吳大學，民國 93 年 6 月），頁 1～27。

〔註 2〕　據傅樂煥，〈宋遼聘使表稿〉，説：「宋遼約和自澶淵之盟（1005）迄燕雲之役（1122）凡一百十八年，益以開寶迄太平興國之和平（974 年～979 年，凡六年），綜凡一百二十四年。估計全部聘使均一千六百餘人，《長編》、《遼史》所載者約一千一百五十人，以其他文籍補苴者一百四十餘人，待考者尚有三百二、三十人。」收錄於《遼史彙編》（八）（台北：鼎文書局，民國 62 年 10 月），頁 580，原載於《中央研究院歷史語言研究所集刊》，第 14 本。根據這項對宋遼使節人數的統計，可知當時兩國使節的交聘活動很頻繁。

〔註 3〕　有關宋遼訂立澶淵盟約之後，雙方使節所進行的交聘活動和任務，可參閱聶崇岐，〈宋遼交聘考〉，收錄於《宋史叢考》（下）（台北：華世出版社，民國 75 年 12 月），頁 283～375；黃鳳岐，〈遼宋交聘及其有關制度〉，《社會科學輯刊》，1985 年第 2 期，頁 95～99；賈玉英，〈宋遼交聘制度論略〉，《中州學刊》，2005 年 6 期，頁 169～172；賈玉英，〈宋遼交聘制度之管窺〉，收錄於張希清等人主編，《澶淵盟約新論》（上海市：上海人民出版社，2007 年 3 月），頁 388～399。

〔註 4〕　宋遼兩國訂立澶淵盟約之後，雖然展開了和平的外交，但是仍然防範著對方，尤其是在用諜方面，以刺探對方國情。可參閱陶晉生，〈雄州與宋遼關係〉，《國際宋史研討會論文集》，（台北：中國文化大學史學研究所，民國 77 年 9 月）頁 169～184；陶玉坤，〈遼宋和盟狀態下的新對抗──關于遼宋間諜戰略的分析〉，《黑龍江民族叢刊》，1988 年第 1 期，頁 70～75；蔣武雄，〈宋對遼用諜幾個問題的探討〉，《東吳歷史學報》，第 10 期（台北：東吳大

甚至於曾經進行過增幣與劃界的兩次交涉，引起雙方外交關係的緊張。而且由於宋的軍事實力不如遼，以及宋每年必須給予遼大量的歲幣，導致有些遼使節出使宋國時，即以高姿態向宋朝廷提出較多的要求或不依外交禮儀行事。另一方面，當宋使節出使至遼國時，也必須應付遼皇帝或大臣們盛氣凌人的言行。而宋在軍事情勢不如遼的情況下，總是想在外交的氣勢上能與遼相抗衡，以期能維護宋國的尊嚴，尤其是在外交應酬中常以詩歌互動的方式，來壓制遼人的傲氣，以取得心理上的平衡。〔註5〕因此在宋遼交聘活動的過程中，其實並不完全是客客氣氣、相敬如賓的，有時候也會發生言行交鋒的情況，例如拒絕對方要求某事，或要求對方配合某事，或以言語、詩文折服其驕盛之氣，或爲某事據理力爭，造成理虧或失禮等事情。〔註6〕

宋遼外交的實際情況雖然有時候會有如以上的情形發生，但是筆者仍然必須強調，當時宋遼兩國的皇帝和朝廷大臣都很努力地維護雙方的友好外交情誼，只是當宋遼兩國的使節或官員在進行外交事務和禮儀互動時，有時候會爲了維護國家和個人的尊嚴，而與對方國家的皇帝、官員或使節發生言行上的交鋒，因此我們可以謂之爲偶發的狀況。而且這些狀況在兩國朝廷都想顧全大局，互相容忍、諒解的情況下，並不會造成兩國和平關係的破裂，因此雙方的交聘活動仍然得以繼續進行。

基於以上的情形，筆者認爲如能將這些史實舉述出來，則將有助於讀者更加瞭解宋遼外交活動的實際情況。同時筆者也發現至目前爲止，尚未有學者針對此種史實撰寫專文加以討論，因此筆者在仔細查閱相關史書的記載之後，得出五十二條事例。然後將這些事例記載的原文，加以分類，冠上標題，並且依時間先後予以舉述，撰寫成本文，作一初步的探討。同時也希望原文的保留，能有助於讀者比較容易明白此些言行交鋒的事蹟，以及方便讀者日後作此方面的史實研究上的參考。至於宋遼議和、增幣、劃界等交涉時的言行交鋒，因爲屬於必然的事情，而且也已經有很多學者發表過相關的論著文

學，民國 92 年 12 月），頁 1～18。

〔註 5〕 可參照王水照，〈論北宋使遼詩的兩個問題〉，《山西師大學報》（社會科學版），第 19 卷第 2 期（1992 年 4 月），頁 37～43；蔣武雄，〈宋遼外交中的詩歌交往〉，《中國中古史研究》，第 1 期（台北：蘭台出版社，民國 91 年 9 月），頁 229～243。

〔註 6〕 可參閱蔣武雄，〈宋臣在對遼外交中辱命與受罰的探討〉，《東吳歷史學報》，第 12 期（台北：東吳大學，民國 93 年 12 月），頁 25～53。

章，進行了深入的探討，因此本文對於此種情形的言行交鋒即不予以討論。

二、宋遼外交互相尊重與謹言慎行

　　宋遼兩國在訂立澶淵盟約之後，雙方建立起和平友好的外交關係，經常互相派遣使節進行交聘的活動，每當對方的使節來到時，本國朝廷均會予以熱誠的招待和高度的尊重，甚至於顧及對方的禮俗特別加以通融，不作無謂的要求。例如以宋國方面為例，據《續資治通鑑長編》（以下簡稱《長編》）卷六○，說：「宋真宗景德二年（遼聖宗統和二十三年，1005 年）五月，命內侍右班副都知閤承翰排辦禮信，議者欲以漢衣冠賜契丹使者。承翰曰：『南北異宜，各從其土俗，可也。』上（宋真宗）從承翰所議。」〔註7〕同書卷六一，又說：「宋真宗景德二年十一月，契丹國母遣使左金吾衛上將軍耶律留甯、副使崇祿卿劉經，國主遣使左武衛上將軍耶律烏延、副使衛尉卿張肅來賀承天節。對于崇政殿，留甯等將見，館伴使李宗諤引令式，不許佩刀至上閤門，留甯等欣然解之。上（宋真宗）聞之曰：『戎人佩刀，是其常禮，不須禁以令式。』即傳詔，聽自便。留甯等感悅，謂宗諤曰：『聖人推心置人腹中，是以示信逺邇也。』又舊制舍利從人惟上等入見，自餘拜於殿門之外，上悉許令入見。節日上壽，班在諸上將軍之下，大將軍之上。」〔註8〕由以上二則記載可知，在宋與遼訂立澶淵盟約的初期，宋真宗對於雙方外交的互動，即能以寬容、友善的態度，儘量站在遼國禮俗的立場來做考量，這對於後來宋遼兩國和平外交關係的發展，可說是一個很好的開始。〔註9〕

　　另外，宋遼兩國的大臣、使節在進行交聘活動時，都會儘量謹言慎行，以避免有尷尬、難堪、衝突、失禮的事情發生。關於這種情形，以宋與遼訂立澶淵盟約之後，第一次出使遼國的孫僅為例，其表現即頗為得體。當時宋朝廷在宋真宗景德二年二月，「命開封府推官、太子中允、直集賢院孫僅為契丹國母生辰使」。〔註10〕孫僅此次使遼，受到了熱誠的禮遇，「入契丹境，其刺史皆迎謁，又命幕職、縣令父老捧卮獻酒於馬前，民以斗焚香相迎。……

〔註7〕 李燾，《續資治通鑑長編》（以下簡稱《長編》）（上海：上海古籍出版社，1986年 2 月），卷六○，宋真宗景德二年五月條，頁 10。

〔註8〕 《長編》，卷六一，宋真宗景德二年十一月癸酉條，頁 17。

〔註9〕 可參閱蔣武雄，〈論宋真宗對建立與維護宋遼和平外交的心意〉，《東吳歷史學報》，第 15 期（台北：東吳大學，民國 95 年 6 月），頁 91～116。

〔註10〕 《長編》，卷五九，宋真宗景德二年二月癸卯條，頁 11。

國主每歲避暑於含涼淀，聞使至，即來幽州。屢召（孫）僅等晏會張樂，待遇之禮甚優。僅等辭還，賻以器服，及馬五百餘匹。自郊勞至於餞飲，所遣皆親信。詞禮恭恪者，以致勤厚之意焉」。〔註11〕但是在此熱誠禮遇的氣氛當中，孫僅卻很認真的盡力做到謹言慎行，因此「禮或過當，（孫）僅必抑而罷之，其他隨事損益，俾豐約中度」。〔註12〕這對於後來宋使節出使遼國時，可說為他們立下了良好的典範，使「後奉使者率循其制，時稱得體」。〔註13〕王曾在《王文正公筆錄》中也盛讚此事，說：「景德中，初契丹通好。首命故給事中孫公僅奉使而往。洎至彼國，屬修聘之始，迎勞饗餼頒給文禮，殊未詳備，北人館待優異，務在豐腆，無所然，事或過差，（孫）僅必抑而罷之，自餘皆為，隨事損益，俾豐腆中度而後已。迄今信使往復，不改其制。故奉使鄰境，由（孫）僅為始時得禮制。」〔註14〕另有一事例也能顯現出宋真宗時，對宋使節言行的重視，即是在景德三年（遼聖宗統和二十四年，1006 年）十一月，宋朝廷原先已命「工部郎中陳若拙接伴契丹賀正旦使，若拙談辭鄙近。丙午（七日），命太子中允直集賢院孫僅代之」。〔註 15〕由此一事例可知，宋朝廷在與遼訂立澶淵盟約初期，不論是接待遼使節或出使遼國，均很重視宋臣或宋使節與遼使節、遼臣言行上的互動，盡量選派恰當的人選。

當時宋真宗也曾「謂輔臣曰：『使契丹者，要在謹重寡言，委之達王命而已。且朝廷用人，不可求備，凡遣使者，朕每戒諭，當謹禮容。蓋中朝禮法所出，將命出疆，眾所瞻仰。稍復違失，即致嗤誚。況彼所遣使來奉中朝，皆能謹恪邪？自今遣使，卿等宜各以朕意曉之。』」〔註16〕可見宋真宗本人頗重視宋使節在遼國的言行，因為他認為宋使節在外，即是代表宋國，假如言行有所缺失，將會被遼人看輕，甚至於有可能破壞兩國友好的外交關係。因此宋真宗對於宋使節言行的要求特別提出了以上的訓示，以期宋使節能加以遵守。這對於後來宋朝廷對宋使節言行的要求，頗有警戒的作用，因此後來歷朝的宋國大臣大多能予以注意，例如在宋哲宗元符二年（遼道宗壽隆五年，

〔註11〕 同前註。

〔註12〕 同註 10。

〔註13〕 同註 10。

〔註14〕 王曾，《王文正公筆錄》，收錄於《宋代筆記小說》（石家莊：河北教育出版社，1995 年 2 月），頁 3。

〔註15〕 《長編》，卷六四，宋真宗景德三年十一月丙午條，頁 8。

〔註16〕 同前註，頁 9。

1099 年），宋使節蹇序辰使遼時言行有所失當，右正言鄒浩對其加以彈劾，在奏中即特別強調使節言行的重要，說：「臣伏聞蹇序辰奉命使遼，頗失使事之體，爲遼人所慢。除改例受絹，既已施行外，其宴於客省，及飲酒輒拜等行見行取問，臣竊以使事所係，實爲朝廷重輕，故雖一言一語之間，猶必致謹而不敢忽。」〔註17〕其對宋使節必須謹言愼行的看法，可說是很正確的。

　　至於遼國朝廷對於遼使節出使宋國，以及遼大臣接待宋使節的言行又是如何地加以重視呢？由於《遼史》編纂簡略，以及相關史書很少述及此一類史實，使我們無法詳知。筆者也只查得下列幾個事例，例如《遼史》〈耶律合里只傳〉，說：「（遼興宗）重熙中，……（耶律合里只）充宋國生辰使，館于白溝驛。宋宴勞，優者嘲蕭惠河西之敗。合里只曰：『勝負兵家常事。我嗣聖皇帝俘石重貴，至今興中有石家寨。惠之一敗，何足較哉？』宋人慚服。帝（遼興宗）聞之曰：『優伶失辭，何可傷兩國交好！』鞭二百，免官。」〔註18〕此一事例顯現出遼朝廷也很重視遼使節在宋國的言行，嚴格要求他們要謹言愼行，以免影響遼宋兩國的友好關係。另外，據〈王澤墓誌銘〉說：「公（王澤）比歲之間，……以忠貞爲己任，……奉使華而惟謹。六年，充賀南朝正旦副使，勞旋復職。」〔註19〕以及〈甯鑑墓誌銘〉說：「（甯鑑）接伴南宋人使，以小心得過，出爲忠順軍節度副使。」〔註20〕此二項史料，則印證了遼使節出使至宋國，或接伴宋使節時，也都很注意自己言行的表現，而且一切以得體恰當爲佳，過與不及皆屬不當。

三、宋遼外交言行交鋒事例舉述

　　從上文的論述，我們可知宋遼兩國朝廷爲了維護雙方友好的外交關係，因此對於來聘的使節都會予以尊重，並且要求本國使節出使至對方國家時必須謹言愼行，以免影響兩國的外交關係。但是實際上有時候還是會發生言行交鋒的情況，也就是有時候宋遼兩國的使節在強烈愛國心、責任感的驅使下，或不明白對方外交事宜的安排，而對某些事情劇理力爭，提出進一步的要求，

〔註17〕　《長編》，卷五○七，宋哲宗元符二年三月丙辰條，頁 6。
〔註18〕　脫脫，《遼史》（台北：鼎文書局，民國 64 年 10 月），卷八六，列傳第六，耶律合里只，頁 1327。
〔註19〕　王綱，〈王澤墓誌銘〉，收錄於陳述編，《全遼文》（台北：龍文出版社，民國 80 年），卷七，頁 165。
〔註20〕　虞仲文，〈甯鑑墓誌銘〉，《全遼文》，卷十，頁 309。

或對於對於君臣的言行不能認同，予以反駁和拒絕，甚至於演變成意氣之爭。筆者認為這種史實在我們研究宋遼外交關係的工作上，是不能予以忽略的，因此筆者詳細查閱《長編》、《宋史》、《遼史》、宋人《使遼語錄》、筆記小說、聶崇岐〈宋遼交聘考〉文中的「正旦國信使副表」、「生辰國信使副表」、「祭弔等國信使副表」、「泛使表」，〔註21〕以及傅樂煥〈宋遼聘使表稿〉文中的「宋遼聘使表」〔註22〕，將宋遼外交言行交鋒事例記載的原文，列出五十二條，加以分類，冠上標題，再依時間先後，舉述如下：

（一）拒絕對方的要求

1、宋使節辛仲甫使遼時拒絕遼景宗提出留任的要求──據《長編》卷一八的記載：

> 宋太宗太平興國二年（遼景宗保寧九年，977年）五月庚午（十日），命起居舍人辛仲甫使于契丹，……仲甫至境上，聞朝廷議興師伐北漢，實倚契丹為援，遲留未敢進。飛奏，竢報有詔遣行，既至，契丹主（遼景宗）問曰：「聞中朝有党進者，真驍將，如進之比凡幾人。」仲甫對曰：「名將甚多，如進鷹犬之材，何可勝數。」契丹主頗欲留之。仲甫曰：「信以成義，義不可留，有死而已。」契丹主知其秉節不可奪，厚禮遣還。上嘗謂左右曰：「仲甫遠使絕域，練達機宜，可謂不辱君命，若更得人如仲甫數人，朕何患也。」〔註23〕

2、宋臣程琳婉拒遼使節欲致問宋皇太后──據《長編》卷九八，說：

> 宋真宗乾興元年（遼聖宗太平二年，1022年）六月丁巳（十九日），太常博士直集賢院同修起居注程琳接伴契丹弔慰使者，使者將致問於皇太后。琳謂曰：「昔先帝嘗與承天太后通使。今皇太后乃嫂也，禮不通問。」使者語屈。〔註24〕

3、宋臣薛奎婉拒遼使節蕭從順欲請見宋皇太后的要求──據《長編》卷一○三，說：

> 宋仁宗天聖三年（遼聖宗太平五年，1025年）正月戊子（五日），

〔註21〕聶崇岐，〈宋遼交聘考〉，收錄於《宋史叢考》（下），頁283～375。該文頁334～375，附有「正旦國信使副表」、「生辰國信使副表」、「祭弔等國信使副表」、「泛使表」。

〔註22〕傅樂煥，前引文，頁546～580，列有「宋遼聘使表」。

〔註23〕《長編》，卷一八，宋太宗太平興國二年五月庚午條，頁12。

〔註24〕《長編》，卷九八，宋真宗乾興元年六月丁巳條，頁13。

契丹遣宣徽南院使朔方節度使蕭從順，樞密直學士給事中韓紹芳來賀長寧節，見於崇政殿。皇太后垂簾，置酒崇政殿，遂燕崇政殿。御史中丞薛奎館伴，從順欲請見，且言：「南使至契丹者，皆見太后。而契丹使來，獨不得見。」奎折之曰：「皇太后垂簾聽政，雖本朝羣臣，亦未嘗得見也。」從順乃已。〔註25〕

4、宋臣程琳駁拒遼使節蕭蘊要求升位而坐——據《長編》卷一○五說：

宋仁宗天聖五年（遼聖宗太平七年，1027 年）四月辛巳（十一日），契丹遣林牙昭德節度使蕭蘊、政事舍人杜防，賀乾元節。知制誥程琳為館伴使。蘊出位圖指曰：「中國使琳至契丹，坐殿上，位高；今契丹使至中國，位下，請升之。」琳曰：「此眞宗皇帝所定，不可易。」防又曰：「大國之卿，當小國之卿可乎？」琳又曰：「南北朝，安有大小之異？」防不能對。上令與宰相議。或曰：「此細事，不足爭。」將許之。琳曰：「許其小，必啓其大。」固爭不可，蘊乃止。〔註26〕

5、宋使節孫瑜拒絕遼館伴使要其入賀遼西討捷報——據《宋史》〈孫瑜傳〉，說：

（孫瑜）使契丹，適西討捷書至，館伴要入賀，啖以厚餉。瑜辭以奉使有指，不肯賀。〔註27〕

6、宋使節王洙力拒遼派耶律防來繪宋帝像，以及宋使節張昇促遼先送其皇帝像——據《長編》卷一七一，說：

宋仁宗皇祐三年（遼興宗重熙二十年，1051 年）八月乙未（十七日），……工部郎中知制誥史館修撰兼侍講王洙為契丹生辰使，……使至韃靼淀，契丹使劉六符來伴宴，且言：「耶律防善畫，向持禮南朝，寫聖容以歸，欲持至館中。」王洙曰：「此非瞻拜之地也。」六符言：「恐未得其眞。」欲遣防再前往傳繪。洙力拒之。〔註28〕

又據《長編》卷一七七，說：

宋仁宗至和元年（遼興宗重熙二十三年，1054 年）九月乙亥（十五日），契丹遣忠正節度使同平章事蕭德、翰林學士左諫議大夫知制誥

〔註25〕　《長編》，卷一○三，宋仁宗天聖三年正月戊子條，頁 1。
〔註26〕　《長編》，卷一○五，宋仁宗天聖五年四月辛巳條，頁 5。
〔註27〕　脫脫，《宋史》（台北：鼎文書局，民國 67 年 9 月），卷三三○，列傳第八九，孫瑜，頁 10626。
〔註28〕　《長編》，卷一七一，宋仁宗皇祐三年八月乙未條，頁 3。

史館修撰吳湛,來告與夏國平。且言通好五十年,契丹主思南朝皇帝無由一會見,嘗遣耶律防來使竊畫帝容貌,曾未得其真,欲交馳畫家,庶瞻覯以紓兄弟之情。德等又乞親進本國酒饌,不許。〔註29〕

另外,《長編》卷一八五,說:

宋仁宗嘉祐二年(遼道宗清寧三年,1057年)三月乙未(十九日),契丹遣林牙右監門衛大將軍耶律防、樞密直學士給事中陳顗來求聖容。〔註30〕

戊戌(二十二日),右諫議大夫權御史中丞張昇爲回謝契丹使,單州防禦使劉永年副之。初,契丹主宗真送其畫像及隆緒畫像凡二軸,求易真宗皇帝及上御容。既許之,會宗真死,遂寢。至是遣使再求,故命昇等諭令,更持洪基畫像來,即予之。翰林學士胡宿草國書,奏曰:「陛下先已許之,今文成即世而不與則傷信,且以尊行求卑屈,萬一不聽命,責先約而遂與之,則愈屈矣。」不從。昇等至契丹,果欲先得聖容。昇折之曰:「昔文成弟也。弟先而兄于禮爲順,今南朝乃伯父,當先致恭。」契丹不能對。〔註31〕

7、宋館伴使韓綜斥拒遼使節以南北朝爲宋遼的代稱——據《長編》卷一七二,說:

宋仁宗皇祐四年(遼興宗重熙二十一年,1052年)四月丙戌(十一日),……初,契丹使來,知制誥韓綜爲館伴。契丹使欲書如其國,但稱南北朝,綜謂曰:「自古未有建國而無號者。」契丹使慙,遂不復言。其後契丹使來,朝廷擇館伴者,綜時已卒。帝曰:「孰有如韓綜者乎?」〔註32〕

8、宋朝廷拒遼使節耶律庶忠等人欲觀廟樂的要求——據《長編》卷一七五,說:

宋仁宗至和元年(遼興宗重熙二十四年,1055年)十二月辛酉(二十六日),契丹國母遣林牙臨海節度使左衛大將軍耶律庶忠,夏州觀察使兼東上閤門使李仲僖,契丹遣始平節度使耶律祁,崇祿卿周白,來賀正旦。契丹使來請曰:「願觀廟樂而歸。」上(宋仁宗)以問宰

〔註29〕 《長編》,卷一七七,宋仁宗至和元年九月乙亥條,頁4。
〔註30〕 《長編》,卷一八五,宋仁宗嘉祐二年三月乙未條,頁5。
〔註31〕 《長編》,卷一八五,宋仁宗嘉祐二年三月戊戌條,頁6。
〔註32〕 《長編》,卷一七二,宋仁宗皇祐四年四月丙戌條,頁11。

相，陳執中曰：「樂非祠享不作，請以是告之。」樞密副使孫沔曰：
「此可告而未能止也。願告之曰，廟樂之作以祖有功，宗有德而歌
詠之也。使者能留與吾祭則可觀。」上使人告之，使者乃退。〔註33〕
此事在《澠水燕談錄》也有相關的記載：

皇祐末，契丹請觀太廟樂，仁宗以問宰相，對曰：「恐非享祀，不可
習也。」樞密副使孫公沔曰：「當以禮折之，請謂使者曰，廟樂之作，
皆本朝所以歌詠祖宗功德也，它國可用邪？使人知能助吾祭，乃觀
之。」仁宗從其言，使者不敢復請。〔註34〕

9、宋使節王鼎以遼帝母為宋帝弟婦，禮不通問，拒面見──據《長編》
卷一八七，說：

宋仁宗嘉祐三年（遼道宗清寧四年，1058 年）八月辛亥（十三
日），……乃命權鹽鐵副使工部郎中王鼎代往（為契丹國母生辰使）。
朝廷以今契丹母子上弟婦行也，禮不可通問，敕使者但遺書契丹傳
達聘物。而契丹人必欲面見使者致書，鼎以禮折之，契丹詘服。自
是為常。〔註35〕

10、宋使節沈立拒絕在遼帝冊禮中穿其國服──據《宋史》〈沈立傳〉，
說：

（沈立）奉使契丹，適行冊禮，欲令從其國服，不則見於門。立折
之曰：「往年北使講見儀，未嘗令北使易冠服，況門見邪？」契丹愧
而止。〔註36〕

11、宋朝廷婉拒遼使節耶律英所提賜珠、賜銀的要求──據《長編》卷
二七八，說：

宋神宗熙寧九年（遼道宗大康二年，1076 年）十月戊子（五日），
館伴所言：「耶律英等使人來言，昨蕭肅郭諫回謝，蒙賜珠子及銀，
合今不蒙賜，非為愛物，恐損體例，臣等語之，以恩賜出自特旨，
館伴無由知，而英等再以為言。」詔令送伴使副止作準，館伴所牒
請處勘會，無此例，婉順諭之。〔註37〕

〔註33〕《長編》，卷一七五，宋仁宗至和元年十二月辛酉條，頁 19。
〔註34〕王闢之，《澠水燕談錄》，收錄於《唐宋史料筆記叢刊》（北京：中華書局，1981
　　　年 3 月），卷二，名臣，頁 15。
〔註35〕《長編》，卷一八七，宋仁宗嘉祐三年八月辛亥條，頁 17。
〔註36〕《宋史》，卷三三三，列傳第九二，沈立，頁 10698。
〔註37〕《長編》，卷二七八，宋神宗熙寧九年十月戊子條，頁 3。

12、宋館伴使王嚴叟拒絕遼使節耶律寬想看元會儀的要求——據《宋史》〈王嚴叟傳〉，說：

　　（王）嚴叟館伴遼賀正旦使耶律寬，寬求觀元會儀，嚴叟曰：「此非外國所宜知。」此錄笏記與之，寬不敢求。〔註38〕

13、宋使節林攄拒絕習遼儀——據《鐵圍山叢談》，說：

　　使北者，始聖旨與遼人聘問，往來北使至我，則閤門吏必詣都亭驛，俾使習其儀，翌日乃引見，懼使鄙不能乎朝故也。及我使至彼，則亦有閤門吏來，但說儀而已，不必習而見。（林）攄時奉使至北，而北主已驕縱，則必欲令我亦習其儀也，攄不從。因力強不可，於是大怒，絕不與飲食。我雖汲，亦爲北以不潔污其井。一旦，又出兵刃擁攄出，從者泣，亦不爲動。既出即郊野，乃視攄以虎圈，命觀虎而已，且謂何如。攄瞋目視之，曰：「此特吾南朝之狗爾，何足畏。」北素諱狗呼，聞之氣沮。攄竟不屈還。〔註39〕

（二）要求對方依禮行事

1、宋臣趙安仁要求遼使節韓杞必須穿所賜襲衣入辭宋眞宗——據《長編》卷五八記載：

　　宋眞宗景德元年（遼聖宗統和二十二年，1004年）十二月庚辰（一日），⋯⋯賜（遼使節）（韓）杞襲衣、金帶、鞍馬、器幣。杞即日入辭，遂與（曹）利用同往。韓杞受襲衣之賜，及辭，復左袒，且以賜衣稍長爲解。趙安仁曰：「君將升殿受還書，天顏咫尺，如不衣所賜之衣，可乎？」杞即改服而入。〔註40〕

2、**遼使節蕭和尙不滿宋人在宴中對班次的安排**——據《遼史》〈蕭和尙傳〉，說：

　　（蕭和尚）使宋賀正，將宴，典儀者告，班節度使下。和尚曰：「班次如此，是不以大國之使相禮。且以錦服爲覒，如待蕃部。若果如是，吾不預宴。」宋臣不能對，易以紫服，位視執政，使禮始定。〔註41〕

〔註38〕《宋史》，卷三四二，列傳第一〇一，王嚴叟，頁10895。

〔註39〕蔡條，《鐵圍山叢談》，收錄於《宋代筆記小說》（石家莊：河北教育出版社，1995年2月），卷第三，頁17。

〔註40〕《長編》，卷五八，宋眞宗景德元年十二月庚辰條，頁14。

〔註41〕《遼史》，卷八六，列傳第十六，蕭和尚，頁1326。

　　3、宋臣富弼要求遼使節蕭英不能以足疾的理由不拜見前來慰勞的宋國中使——據《長編》卷一三五，說：

　　　　宋仁宗慶曆二年（遼興宗重熙十一年，1042 年）三月己巳（二十六
　　　　日），契丹遣宣徽南院使歸義節度使蕭英……來至書，……先是，……
　　　　正月……壬申（二十九日）命（富）弼爲接伴。弼以二月丙子（二
　　　　日），發京師，至雄州。久之，英等始入境，遣中使慰勞，英稱足疾
　　　　不拜。弼謂曰：「吾嘗使北，病臥車中，聞命輒拜。今中使至，而君
　　　　不起，此何禮也。」英矍然起，遂使人掖而拜。〔註42〕

　　4、宋臣程戡要求遼使節必須依禮著帽相見——據《宋史》〈程戡傳〉，說：

　　　　（程戡）知永興軍，徙瀛州，四遷給事中。契丹使過，稱疾，求著
　　　　帽見，戡使謂曰：「有疾，可毋相見，見當如禮。」使者語屈，冠而
　　　　見。〔註43〕

此事在《珍席放談》中也有記載，其說：

　　　　程康穆帥高陽，北使過部，稱疾，遣人白公，欲著帽以見。公拒之，
　　　　報曰：「疾則可無相見，見當如禮。」使人沮伏莫能爲辭，深得鎮御
　　　　之方也。〔註44〕

　　5、宋接伴使王珪要求遼使節盛服過魏——據《宋史》〈王珪傳〉，說：

　　　　（王珪）接伴契丹使，北使過魏，舊皆盛服入。至是，欲便服，妄
　　　　云衣冠在後乘。珪命取授之，使者愧謝。〔註45〕

　　6、宋使節吳奎不依禮入賀遼帝加稱號——據《長編》卷一七九，說：

　　　　宋仁宗至和二年（遼興宗重熙二十四年，1055 年）四月癸巳（五日），
　　　　兵部員外郎知制誥吳奎知壽州。奎前使契丹，會契丹主加稱號，邀
　　　　使者入賀，奎不爲往，因別設次令就觀。比還，道與契丹使遇，其
　　　　國本以金冠爲上服，紗冠次之，而使人輒欲以紗冠邀漢使盛服。奎
　　　　不許，殺其禮見之。既而，契丹言：「每北使至南朝，遇盛禮，皆入
　　　　賀。」奎坐是出。〔註46〕

〔註42〕　《長編》，卷一三五，宋仁宗慶曆二年三月己巳條，頁15。
〔註43〕　《宋史》，卷二九二，列傳第五一，程戡，頁9755～9756。
〔註44〕　高晦叟，《珍席放談》，收錄於《全宋筆記》（鄭州：大象出版社，2008 年 1
　　　　月），第三編（一），卷下，頁189。
〔註45〕　《宋史》，卷三一二，列傳第七一，王珪，頁10241。
〔註46〕　《長編》，卷一七九，宋仁宗至和二年四月癸巳條，頁6～7。

7、宋館伴使周沆促遼使節耶律穀授書於宋神宗柩前，以及技巧性得知遼皇帝年齡——據《長編》卷一九八，說：

> 宋仁宗嘉祐八年（遼道宗清寧九年，1063 年）四月辛巳（十日），命契丹賀乾元節使保靜軍節度使耶律穀等進書，奠梓宮，見上於東階。……龍圖閣直學士周沆充館伴契丹使者，……朝廷未知契丹主之年，沆從容襍他語以問，使者出不意，遽對以實，既而悔之，相顧愕然曰：「今復兄事南朝矣。」〔註47〕

8、宋臣曾公亮責遼使節不赴宋皇帝賜宴——據《長編》卷二○九，說：

> 宋英宗治平四年（遼道宗咸雍三年，1067 年）正月庚戌（一日），契丹賀正使在館。故事賜宴紫宸殿，時上不豫，命宰臣就館宴之。使者以非故事不即席。曾公亮責以賜宴不赴，是不虔君命也；人主不便，必待親臨，非體國也。使者乃即席。〔註48〕

9、宋使節崔台符促遼儐者贊導如儀——據《宋史》〈崔台符傳〉說：

> （崔台符）嘗使遼，至其朝，久立帳前，儐者不贊導。問其故，曰：「太子未至。」台符誚之曰：「安有君父臨軒而臣子偃蹇不至，久立使者禮乎？」儐者懼，贊導如儀。〔註49〕

10、宋館伴使安燾促使遼使節團依禮而坐——據《宋史》〈安燾傳〉，說：

> 命（安燾）館遼使。方宴近郊，使者不令其從分坐廡下，力爭之，使無以奪。至肄儀將見，又不使綴行分班，使者入，餘皆坐門外，燾請令門見而出，眾始愧悔。逮辭日，悉如儀，或謂細故無足較，燾曰：「契丹喜嘗試人，其漸不可長也。」〔註50〕

11、宋接伴使胡宗炎促使遼使節易服相見——據《宋史》〈胡宗炎傳〉，說：

> 哲宗崩，遼使來吊祭，（胡）宗炎以鴻臚少卿迓境上。使者不易服，宗炎以禮折之，須其聽命，乃相見。〔註51〕

（三）辯白對方所提問題

1、宋臣王曾辯駁遼使節蕭從順所提宋朝廷以假官派任宋使節的問題——

〔註47〕《長編》，卷一九八，宋仁宗嘉祐八年四月辛巳條，頁 7。
〔註48〕《長編》，卷二○九，宋英宗治平四年正月庚戌條，頁 1。
〔註49〕《宋史》，卷三五五，列傳第一一四，崔台符，頁 11186。
〔註50〕《宋史》，卷三二八，列傳第八七，安燾，頁 10565。
〔註51〕《宋史》，卷三一八，列傳第七七，胡宗炎，頁 10369。

據《長編》卷一○三，說：

及辭，（蕭）從順有疾，命宰臣王曾押宴都亭驛，從順問曾：「南朝每降使車，悉皆假攝，何也。」曾曰：「使者之任，惟其人，不以官之高下。今二府八人，六嘗奉使，惟其人，不以官也。」從順默然。〔註52〕

2、宋使節包拯反駁遼館伴使質問宋雄州新開便問——據《長編》卷一五七，說：

宋仁宗慶曆五年（遼興宗重熙十四年，1045年）八月甲子（十一日），監察御史包拯爲契丹正旦使，……契丹館伴者謂拯等曰：「雄州新開便門，乃欲誘納叛人以候疆事乎？」拯曰：「欲刺知北事，自有正門，何必便門也？本朝豈嘗問涿州開門邪？」敵折，不復言。〔註53〕

3、宋臣張希一反駁遼人謂雄州不當禁漁界河及役白溝兩屬民——據《宋史》〈張希一傳〉，說：

（張希一）累使遼及館客，遼人嘗以雄州不當禁漁界河及役白溝兩屬民爲言。希一曰：「界河之禁，起於大國統和年，今文移尚存。白溝本輸中國田租，我太宗特除之，自是大國侵牟立稅，故名兩屬，惡有中國不役之理？」遼人詞塞。〔註54〕

4、宋接伴使韓璹回答遼使節問宋人不打圍的問題——據《宋史》〈韓璹傳〉，說：

（韓璹）以開封府判官迎契丹使，使問：「南朝不聞打圍，何也？」璹曰：「我后仁及昆蟲，非時不爲耳。」〔註55〕

5、宋使節許將反駁遼館伴使蕭禧言及代州事——據《宋史》〈許將傳〉，說：

契丹以兵二十萬壓代州境，遣使請代州地，歲聘之使不敢行，以命（許）將。將入對曰：「臣備位侍從，朝廷大議不容不知。萬一北人言及代州事，不有以折之，則傷國體。」遂命將詣樞密院閱文書。及至北境，居人跨屋棟聚觀，曰：「看南朝狀元。」及肆射，將先破

〔註52〕《長編》，卷一○三，宋仁宗天聖三年正月戊子條，頁1。
〔註53〕《長編》，卷一五七，宋仁宗慶曆五年八月甲子條，頁1。
〔註54〕《宋史》，卷二九○，列傳第四九，張希一，頁9712。
〔註55〕《宋史》，卷三三○，列傳第八九，韓璹，頁10631。

的。契丹使蕭禧館客，禧果以代州爲問，將隨問隨答。禧又曰：「界
渠未定，願和好體重，吾且往大國分畫矣。」將曰：「此事，申飭邊
臣豈不可，何以使爲？」禧懇不能對。〔註56〕

6、宋使節向遼臣稱宋伐西夏合理——據《長編》卷五○七，說：

宋哲宗元符二年（遼道宗壽昌五年，1099年）三月丙辰（十三日），
遼國泛使左金吾衛上將軍簽書樞密院事蕭德崇、副使樞密直學士尚
書禮部侍郎李儼，見於紫宸，曲宴垂拱殿。其遣泛使止爲夏國游說
息兵，及還故地也。德崇等見上（宋哲宗），遂言：「北朝皇帝告南
朝皇帝，西夏事早與休得，即甚好。」上顧張宗卨令答之曰：「西人
累年犯順，理須討伐，何煩北朝遣使。」德崇等唯唯而退。〔註57〕

後來宋派使節（郭知章）至遼，蕭德崇又提到此事，據《長編》卷五○九，說：

（宋哲宗元符二年）四月癸巳（二十一日），（郭）知章至契丹，蕭
德崇謂知章曰：「南北兩朝通好已久，河西小國，蕞爾疆土，還之如
何。」知章曰：「夏人入寇，邊臣擇險要爲城柵以守，常事也。」德
崇又曰：「禮數歲賜當且仍舊。」知章曰：「夏國若恭順，修臣子禮，
本朝自有恩恤，豈可豫知。但累年犯邊，理當致討。本朝以北朝勸
和之故，務敦大體爲優容，今既罷問罪，令進誓表，即無可復問也。」
〔註58〕

（四）駁折對方誇耀的言行

1、宋臣趙安仁抑制遼使節韓杞誇誕的言語——據《宋史》〈趙安仁傳〉，
說：

遼使韓杞至，首命接伴，凡覲見儀制，多所裁定。館舍夕飲，杞舉
橙子，曰：「此果嘗見高麗貢。」安仁曰：「橙橘產吳楚，朝廷職方
掌天下圖經，凡他國所產靡不知也。今給事中呂祐之嘗使高麗，未
聞有橙柚。」杞失於誇誕，有愧色。〔註59〕

2、宋臣趙安仁抑制遼使節姚東之誇大其國家兵強的言行——據《長編》
卷五八說：

〔註56〕《宋史》，卷三四三，列傳第○二，許將，頁10908。
〔註57〕《長編》，卷五○七，宋哲宗元符二年三月丙辰條，頁3。
〔註58〕《長編》，卷五○九，宋哲宗元符二年四月癸巳條，頁9。
〔註59〕《宋史》，卷二八七，列傳第四六，趙安仁，頁9657。

宋真宗景德元年十二月甲申（五日），（曹）利用即與其右監門衛大
將軍姚東之持國主書俱還，……命趙安仁接伴，東之談次頗矜兵強
戰勝。（趙）安仁曰：「聞君多識。前言：老氏云：佳兵者，不祥之
器，聖人不得已而用之，勝而不美，而美之者是樂殺人，樂殺人者，
不得志於天下。」東之自是不敢復談。東之又屢稱王繼忠之材，安
仁曰：「繼忠早事藩邸，聞其稍謹，不知其他也。」安仁敏於酬對，
皆切事機，議者嘉其得體。〔註60〕

3、宋使節王曾折抑遼接伴使邢祥誇親賢得遼帝賜鐵券——據《長編》卷
七九，說：

宋真宗大中祥符四年（遼聖宗統和二十九年，1011年）十月己酉（十
五日），以主客郎中知制誥王曾爲契丹國主生辰使，……契丹使邢祥
接伴，祥詫稱其國中親賢賜鐵券，曾折之曰：「鐵券者，衰世以寵權
臣，用安反側，豈所以待親賢耶？」祥愧不復語。〔註61〕

4、遼使節耶律合里只反駁宋優伶嘲蕭惠河西之敗——據《遼史》〈耶律
合里只傳〉，說：

（遼興宗）重熙中，……（耶律合里只）充宋國生辰使，館于白溝
驛。宋宴勞，優者嘲蕭惠河西之敗。合里只曰：「勝負兵家常事。我
嗣聖皇帝俘石重貴，至今興中有石家寨。惠之一敗，何足較哉？」
宋人慚服。〔註62〕

5、宋朝廷預令宋接伴使副語折遼副使石宗正稱其爲晉出帝後代——據
《長編》卷三〇九，說：

宋神宗元豐三年（遼道宗大康六年，1080年）閏九月丁巳（二十八
日），知定州韓絳言：「謀知遼人遣石宗回爲賀正旦副使，令於接伴
等處，因語須說及本晉出帝之後，乞預令接伴使副以語折之。」詔
箚與接伴使副。〔註63〕

6、宋臣蘇東坡以對辭折服遼使節——據岳珂《桯史》卷二，說：

承平時，國家與遼歡盟，文禁甚寬，絡客者往來，率以談謔詩文相
娛樂。元祐間，東坡實膺是選。遼使素聞其名，思以奇困之。其國

〔註60〕　《長編》，卷五八，宋真宗景德元年十二月甲申條，頁16。
〔註61〕　《長編》，卷七九，宋真宗大中祥符四年十月己酉條，頁3。
〔註62〕　同註18。
〔註63〕　《長編》，卷三〇九，宋神宗元豐三年閏九月丁巳條，頁10。

舊有一對曰「三光日月星」，凡以數言者，必犯其上一字，於是徧國
中無能屬者。首以請於坡，坡唯唯謂其介曰：「我能而君不能，亦非
所以全大國之體。『四詩風雅頌』，天生對也，盍先以此復之。」介
如言，方共嘆愕，坡徐曰：「某亦有一對，曰『四德元亨利』。」使
睢盱，欲起辨，坡曰：「而謂我忘其一耶？謹閟而舌，兩朝兄弟邦，
卿爲外臣，此固仁祖之廟諱也。」使出不意，大駭服。既又有所談，
輒爲坡逆歊，使自愧弗及，迄白溝，往反齚舌，不敢復言也。〔註64〕

7、宋館伴使呂大防阻止遼使節嫚語——據《宋史》〈呂大防傳〉，說：

（呂大防）館伴契丹使，其使黠，語頗及朝廷，大防密摘其隱事，
詰之曰：「北朝試進士至心獨運賦，不知此題於書何出？」使錯愕不
能對，自是不敢復出嫚詞。〔註65〕

（五）不滿班次或座席安排

1、宋臣陳襄多次力拒遼外交宴會座次的安排——據《神宗皇帝即位使遼
語錄》說：

臣（陳）襄等昨奉敕差充皇帝登寶位北朝皇太后皇帝國信使副。於
五月十日（治平四年）到雄州白溝驛。十一日，……至新城縣驛。
有入內左承制宋仲容來問勞。臣等依例，即時具公裳，排備茶酒土
物，出廳伺候。過來傳諭次。接伴使副差人送到坐位圖子，欲依南
朝遺留番使副史炤等坐位，要移臣襄坐放西北賓位。臣等尋據隨行
通引官舊曾入國人程文秀供錄結罪狀，稱近於去年十月內，曾隨生
辰番使邵諫議、傅諫議等入國，沿路置酒，管待使臣，並是邵諫議
主席。與今來接伴使副所送圖子坐位不同。臣等亦令通引官程文秀，
依生辰番使坐次，畫到坐位圖子，差入傳語接伴使副，合依當所供
去圖子，依生辰番使邵諫議等近例坐次施行。左番大使合坐於東南，
與使臣當頭坐位相對，以伸主體。接伴使合坐於西南，與右番大使
相對，亦自不失主位，各無相壓。往還計會十餘次，接伴使副不肯
過位，臣等再差人傳語接伴使副，稱使臣銜命事大，茶酒事末，且
請先來傳諭，然後商議坐位，不宜以末事久留使命，深屬不便。接

〔註64〕岳珂，《桯史》，收錄於《唐宋史料筆記叢刊》（北京：中華書局，1981 年 12
月），卷二，東坡屬對，頁 16。
〔註65〕《宋史》，卷三四〇，列傳第九九，呂大防，頁 10841。

伴使副卻稱，南朝生辰番使邵諫議坐位，不依得積年久例。臣等答云，昨來邵諫議等管待使臣，自是接伴使韓閤使、館伴使劉侍郎安排坐位，非是當所瓶生儀式。若非久例，因何韓閤使等前番並不理會？接伴使副卻差人傳語，為使臣不飲，辭免茶酒。……十八日，……宿密雲館。有入內供奉官秦正賜臣等湯藥各一銀合子。臣等排備伺候過來傳諭次，接伴使副準前要欲依南朝遺留番使副坐位。臣等執定依生辰番使邵諫議等近例坐次，不敢移易。前後計會十餘次，卻有公文稱是臣等久滯使命。尋具公文回答，稱自新城至此，兩次差到使臣，盡被貴所滯留，直至夜深，不令過位，非是當所住滯。黎明，接伴使副方引正來，賜臣等湯藥，不赴茶酒。臣等將授表次，正輒引避。被臣等再三傳語。欲就接伴使副致表，方肯收接。……六月十四日，至中路館。接伴使展辭狀，與臣等相別。卻有館伴使副太傅耶律弼、太常少卿楊益誠來迎，與臣等相見。至頓城館。有左承制閤門祇候祈純古來。問勞。臣等排備伺候過來傳諭次，館伴使副依前送到坐位圖子，欲依南朝遺留番使例坐次。臣等卻送與生辰番使邵諫議等坐位圖子，請依此近例坐次。往還計會亦十餘次。館伴使副差人傳語云，若不依南朝遺留番使例坐位，使臣要回闕下。臣等答以茶酒事末，不宜為此以反使命，請館伴使副裁度。當所伺候多時，早請過位。館伴使副卻回傳語云，使已回去也。十五日黎明，館伴使副與臣等自頓城館二十里，詣帳前，引至客省，與大將軍客省使耶律儀、趙平相見，置酒三琖。益誠言，昨日以坐位未定，已白兩府，云未欲奏知，且令益誠再來商量。若不依此坐位，恐聞南朝。臣裏答以生辰番使近例，不敢更改。如聞南朝，有邵、傅二諫議在相次，閤門舍人更不閱。…十六日，有東頭供奉官李崇賜臣等生飯，亦以坐位不便，不肯過位。……十九日，有西頭供奉官韓宗來賜臣等籤食並酒，亦不過位。……。〔註66〕

2、宋使節沈起拒與西夏使節列位同等——據《宋史》〈沈起傳〉，說：

> （沈起）奉使契丹，至王庭，其位著乃與夏使等，起曰：「彼陪臣爾，不當與王人齒。」辭不就列，遂升東朝使者，自是為定制。〔註67〕

〔註66〕陳襄，《神宗皇帝即位使遼語錄》，收錄於《遼史彙編》（六）（台北：鼎文書局，民國62年10月），頁65～75。
〔註67〕《宋史》，卷三三四，列傳第九三，沈起，頁10728。

3、宋使節程師孟在遼涿州不滿遼人安排的坐席方向——據《宋史》〈程師孟傳〉，說：

（程師孟）賀契丹生辰，至涿州，契丹命席，迎者正南向，涿州官西向，宋使介東向。師孟曰：「是卑我也。」不就列。自日昃爭至暮，從者失色，師孟辭氣益屬，叱儐者易之，於是更與迎者東西向。明日，涿人餞于郊，疾馳過不顧。涿人移雄州，以爲言，坐罷歸班。〔註68〕

（六）質問行走的路線

1、宋使節劉敞質問遼人前進路線和說明異獸——據《宋史》〈劉敞傳〉，說：

（劉敞）奉使契丹，素習知山川道徑，契丹導之行，自古北口至柳河，回屈殆千里，欲夸示險遠。敞質譯人曰：「自松亭趨柳河，甚徑且易，不數日可抵中京，何爲故道此？」譯相顧駭愧曰：「實然。但通好以來，置驛如是，不敢變也。」順州山中有異獸，如馬而食虎豹，契丹不能識，問敞。敞曰：「此所謂駮也。」爲說其音聲形狀，且誦山海經、管子書曉之，契丹益嘆服。〔註69〕

此事在《清波雜志》也有記載：

至和三年，劉原父（劉敞）使契丹，檀州守李翰勞其行役，劉云：「跋涉不辭，但山路迂曲，自過長興，卻西北行，六程到柳河，方稍南行。」意甚不快。又云：「聞有直路，自松亭關往中京，才十餘程，自柳河才二百餘里。」翰笑曰：「盡如所示。」〔註70〕

2、宋使節閭詢查覺遼接伴使王惠引導故意繞遠路——據《宋史》〈閭詢傳〉，說：

（閭詢）使契丹，詢頗諳北方疆里。時契丹在靴淀，迓者王惠導詢由松亭往，詢曰：「此松亭路也，胡不徑蔥嶺而迂枉若是，豈非夸大國地廣以相欺邪？」惠慚不能對。〔註71〕

3、宋使節范子奇糾正遼引導者的誤導——據《宋史》〈范子奇傳〉，說：

〔註68〕《宋史》，卷三三一，列傳第九○，程師孟，頁10661。
〔註69〕《宋史》，卷三一九，列傳第七八，劉敞，頁10384。
〔註70〕周煇，《清波雜志》，收錄於《唐宋史料筆記叢刊》（北京：中華書局，1994年9月），卷第十，虜程迂回，頁451。
〔註71〕《宋史》，卷三三三，列傳第九二，閭詢，頁10703。

（范子奇）使於遼，導者改路回遠，子奇謂曰：「此去雲中有直道，
旬日可至，何爲出此？」導者又欲沮子奇下馬館門外，子奇曰：「異
時於中門下馬，今何以輒易？」導者計屈。〔註72〕

（七）促對方離京返國

1、宋臣曹利用促使遼使節蕭從順無法在請辭後仍稱疾逗留宋汴京——據
《長編》卷一〇三，說：

既上壽，（蕭）從順桀驁，稱疾留館下，不時發。上（宋仁宗）遣使
問勞，挾太醫診視，相屬於道。樞密使曹利用請一切罷之。從順知
無能爲，徐引去。〔註73〕

2、宋臣張方平提出斷絕飲食促使遼使節蕭禧啓程返遼——據《宋史》〈張
方平傳〉，說：

契丹泛使蕭禧疆臨當辭，臥驛中不起。（張）方平謂樞密使吳充曰：
「但令主者日致饋勿問，且使邊郡檄其國可也。」充啓從之，禧即
行。〔註74〕

（八）將失當言語轉爲美意

1、宋使節韓億因副使田承說失辭，急中生智轉爲美意，使遼聖宗聞之大
喜——據《長編》卷一〇四，說：

宋仁宗天聖四年（遼聖宗太平六年，1026年）七月乙丑（二十二日），
工部郎中龍圖閣待制韓億爲契丹妻生辰使，崇儀副使田承說副之。
詔：「億名犯北朝諱，權改曰意。」承說，皇太后姻也，庸而自專，
妄傳皇太后旨於契丹曰：「南北歡好，傳示子孫。兩朝之臣，勿相猜
沮。」億初不知也，契丹主命別置宴，使其大臣來伴，且問億曰：「太
后即有旨，大使宜知之，何獨不言？」億對曰：「本朝每遣使，太后
必於簾前以此語戒敕之，非欲達於北朝也。」契丹主聞之大喜，舉
手加額曰：「此兩朝生靈之福也。」即以語附億令致謝。時皆美億能
因副介失辭，更爲恩意焉。〔註75〕

〔註72〕《宋史》，卷二八八，列傳第四七，范子奇，頁9680。
〔註73〕《長編》，卷一〇三，宋仁宗天聖三年正月戊子條，頁1。
〔註74〕《宋史》，卷三一八，列傳第七七，張方平，頁10357。
〔註75〕《長編》，卷一〇四，宋仁宗天聖四年七月乙丑條，頁13。

（九）怒斥對方侮辱本國聖賢

1、宋使節孔道輔怒斥遼人侮辱先聖孔子——據《長編》卷一〇五，說：

宋仁宗天聖五年（遼聖宗太平七年，1027 年）十二月己丑（二十三日），左正言直史館孔道輔爲左司諫龍圖閣待制，時道輔使契丹猶未還也。契丹燕使者，優人以文宣王爲戲，道輔艴然徑出。契丹主使主客者，邀道輔還坐，且令謝。道輔正色曰：「中國與北朝通好，以禮文相接。今俳優之徒，侮慢先聖，而不之禁，北朝之過也。道輔何謝？」契丹君臣默然。又酌大巵謂曰：「方天寒，飲此可以致和氣。」道輔曰：「不和固無害。」既還，言者以爲生事，且開事端。上問其故。道輔曰：「契丹比爲黑水所破，勢甚蹙。每漢使至，輒爲侮慢。若不校，恐益易中國。」上然之。〔註76〕

（十）怒罵對方勉強勸酒

1、宋使節劉沆怒罵遼館伴使杜防勉強勸酒——據《長編》卷一三五，說：

宋仁宗慶曆二年（遼興宗重熙十一年，1042 年）四月壬午（九日），右正言知制誥劉沆，出知潭州。始沆使契丹，館伴杜防強沆以酒，沆霑醉，拂袖起，因罵曰：「蕃狗，我不能飲，何強我。」於是，契丹使來以爲言，故出之。尋又降知和州。因詔：「奉使契丹，及接伴送伴臣僚，每燕會，毋得過飲，其語言應接，務存大禮。」〔註77〕

（十一）不拜道死的遼使節

1、宋臣蔣之奇不拜道死的遼使節耶律迪——據《宋史》〈蔣之奇傳〉，說：

（蔣之奇）知瀛州，遼使耶律迪道死，所過郡守皆再拜致祭。之奇曰：「天子方伯，奈何爲之屈膝邪？」奠而不拜。〔註78〕

（十二）各以本國曆爲依據

1、宋使節蘇頌在遼國冬至日各以本國曆爲依據——據《長編》卷二八四，說：

宋神宗熙寧十年（遼道宗大康三年，1077 年）八月己丑，秘書監集賢院學士蘇頌爲遼主生辰國信使，……故事，使北者冬至日與北人

〔註76〕 《長編》，卷一〇五，宋仁宗天聖五年十二月己丑條，頁 20。
〔註77〕 《長編》，卷一三五，宋仁宗慶曆二年四月壬午條，頁 21。
〔註78〕 《宋史》，卷三四三，列傳第一〇二，蔣之奇，頁 10916。

交相慶，是歲本朝曆先契丹一日。契丹固執其曆爲是。頌曰：「曆家算術小異，則遲速不同，謂如亥時節氣當交，則猶是今夕，若踰刻則屬子時爲明日矣。或先或後，各從本朝之曆可也。」北人不能屈，遂各以其日爲節。使還奏之，上喜曰：「朕思之，此最難處，卿對極得宜。」〔註79〕

此事在《石林燕語》卷九也有記載：

元豐中，（蘇頌）使契丹適會冬至，虜曆先一日，趣使者入賀。虜人不禁天文術數之學，往往皆精。其實虜曆爲正也，然勢不可從。子容（蘇頌）乃爲泛論曆學，援據詳博，虜人莫能測，無不聳聽。即徐曰：「此亦無足深較，但積刻差一刻爾。以半夜子論之，多一刻即爲今日，少一刻即爲明日，此蓋失之多爾。」虜不能遽折。及後歸奏，神宗大喜，即問：「二曆竟孰是？」因以實言，太史皆坐罰。〔註80〕

（十三）因對辭受窘起爭吵

1、宋使節林攄因對辭與遼接伴使爭吵——據《雲麓漫鈔》，說：

宣政間，林攄奉使契丹，國中新爲碧室，云如中國之明堂。伴使舉令曰：「白玉石，天子建碧室。」林對曰：「口耳王，聖人坐明堂。」伴使云：「奉使不識字，只有口耳壬，卻無口耳王。」林詞窘罵之，幾辱命。彼之大臣云：「所爭非國事，豈可以細故成隙。」遂備牒奏上，朝廷一時爲之降黜。後以其罵虜進用，至中書侍郎。〔註81〕

（十四）促宋與西夏和解

1、遼使節牛溫舒促使宋與西夏和解——據《遼史》〈牛溫舒傳〉，說：

遼天祚帝乾統……五年（宋徽宗崇寧四年，1106年），夏爲宋所攻，來請和解。（牛）溫舒與蕭得里底使宋。方大燕，優人爲道士裝，索土泥藥爐。優曰：「土少不能和。」溫舒遽起，以手藉土懷之。宋主問其故，溫舒對曰：「臣奉天子威命來和，若不從，則當卷土收去。」宋人大驚，遂許夏和。〔註82〕

〔註79〕《長編》，卷二八四，宋神宗熙寧十年八月己丑條，頁7。
〔註80〕葉夢得，《石林燕語》，收錄於《唐宋史料筆記叢刊》（北京：中華書局，1984年5月），卷九，頁133～134。
〔註81〕趙彥衛，《雲麓漫鈔》，收錄於《唐宋史料筆記叢刊》（北京：中華書局，1996年8月），卷第十，頁165。
〔註82〕《遼史》，卷八六，列傳第十六，牛溫舒，頁1325。

四、結　論

　　從宋遼外交關係史來看，我們可以知道，宋遼兩國自從訂立澶淵盟約之後，雙方即建立起長期的和平外交關係。而兩國的君臣也都很努力地維護彼此的友好外交情誼，經常進行交聘的活動。同時對於對方來聘的使節，也都會予以高規格的外交禮儀待遇，以期能在和睦、友善的氣氛中，完成該次的交聘活動。

　　但是從以上對宋遼外交言行交鋒事例的舉述，也讓我們進一步發現，在宋遼兩國和平外交的關係當中，實際上隱藏著一些不穩定的狀況。其主要原因在於遼的軍事力量優於宋，使遼臣常仗勢欺人；而宋每年必須給遼大量歲幣，以及長期以來中原政權優越心態的作祟，使宋人面對當時兩國的情勢，在心理上頗不能平衡，導致宋遼兩國大臣或使節進行交聘活動時，在言行的互動上就很容易發生互相交鋒的情形。因此聶崇岐在〈宋遼交聘考〉「兩朝使節之比較」，說：「兩朝使節，大致言之，宋多謙和，遼多粗獷。蓋宋以力不如人，而中華為禮義之邦，故少肯逾越法紀，自貽伊戚。遼則不然，武事雖優，而文化不競；以之使者常有桀驁之氣，少溫順之風。其星軺所經或縱騎馳驅，或過有呼索，或任意而行，不遵常例。……或罔顧規章，妄有干求，……。」〔註83〕

　　另外，南宋周煇在《清波雜志》中，對於宋遼兩國交聘活動有時會出現言行交鋒的情況，有很深的體會，他說：「待之以禮，答之以簡，與賓客言，或許是為得體。呂正獻公（呂大防）以翰林學士館伴北使，虜頗桀黠，語屢及朝廷政事。公摘契丹隱密，詢之曰：『北朝嘗試進士，出《聖心獨悟賦》，賦無出處，何也？』虜使愕然，語塞。專對之次，雖曰合成修好，唯恐失其歡心，若彼稍乖恭順，亦宜有以折其萌，俾知有人焉。于交鄰遇客，初無忤也。」〔註84〕筆者認為周煇此言很正確，因為他顯然已經從宋遼外交言行交鋒的事例中，體會出宋對遼的交聘活動，固然為了促進雙方的友好，必須待之以禮，答之以簡，以求得體，免失其歡心。但是當遼方有所忤逆時，也必須加以抑制，使遼使節知道宋國、宋臣也有尊嚴和立場，這種看法可謂也是宋對遼進行交聘活動時的最高指導原則之一。

〔註83〕聶崇岐，前引文，頁 330～331。
〔註84〕周煇，前引書，卷四，頁 159。

　　總之，透過本文對於宋遼外交言行交鋒事例的舉述，使我們更加體認到當時宋遼兩國能維持一百多年的和平外交，確實是一件頗不容易的事情。

徵引書目

一、史　料

1. 王曾，《王文正公筆錄》，收錄於《宋代筆記小說》，石家莊：河北教育出版社，1995 年。

2. 王綱，〈王澤墓誌銘〉，收錄於《全遼文》，台北：龍文出版社，民國 80 年。

3. 王闢之，《澠水燕談錄》，收錄於《唐宋史料筆記叢刊》，北京：中華書局，1981 年。

4. 李燾，《續資治通鑑長編》，上海：上海古籍出版社，1986 年。

5. 岳珂，《桯史》，收錄於《唐宋史料筆記叢刊》，北京：中華書局，1981 年。

6. 周煇，《清波雜志》，收錄於《唐宋史料筆記叢刊》，北京：中華書局，1994 年。

7. 脫脫，《遼史》，台北：鼎文書局，民國 64 年。

8. 脫脫，《宋史》，台北：鼎文書局，民國 67 年。

9. 高晦叟，《珍席放談》，收錄於《全宋筆記》第三編（一），鄭州：大象出版社，2008 年。

10. 陳襄，《神宗即位使遼語錄》，收錄於《遼史彙編》（六），台北：鼎文書局，民國 62 年。

11. 虞仲文，〈宥鑑墓誌銘〉，收錄於《全遼文》，台北：龍文出版社，民國 80 年。

12. 葉夢得，《石林燕語》，收錄於《唐宋史料筆記叢刊》，北京：中華書局，1984 年。

13. 趙彥衛，《雲麓漫鈔》，收錄於《唐宋史料筆記叢刊》，北京：中華書局，1996 年。

14. 蔡絛，《鐵圍山叢談》，收錄於《宋代筆記小說》，石家莊：河北教育出版社，1995 年。

二、近人著作

1. 陳述編，《全遼文》，台北：龍文出版社，民國 80 年。

2. 聶崇岐，《宋史叢考》，台北：華世出版社，民國 75 年。

3. 《宋代文化研究》,第七輯,成都市:巴蜀書社,1998 年。

三、論　文

1. 王水照,〈論北宋使遼詩的兩個問題〉,《山西師大學報》(社會科學版),第 19 卷第 2 期,1992 年。

2. 王曉波,〈宋太祖時期宋遼關係的變化〉,《宋代文化研究》,第七輯,1998 年。

3. 李裕民,〈宋太宗平北漢始末〉,《山西大學學報》,1982 年第 2 期。

4. 陶玉坤,〈遼宋和盟狀態下的新對抗——關于遼宋間諜戰略的分析〉,《黑龍江民族叢刊》,1998 年第 1 期。

5. 陶晉生,〈雄州與宋遼關係〉,《國際宋史研討會論文集》,民國 77 年。

6. 傅樂煥,〈宋遼聘使表稿〉,收錄於《遼史彙編》(八),台北:鼎文書局,民國 62 年。

7. 黃鳳岐,〈遼宋交聘及其有關制度〉,《社會科學輯刊》,1985 年第 2 期。

8. 賈玉英,〈宋遼交聘制度論略〉,《中州學刊》,2005 年 6 期,頁 169～172。

9. 賈玉英,〈宋遼交聘制度之管窺〉,收錄於張希清等人主編,《澶淵之盟新論》,上海:上海人民出版社,2007 年。

10. 蔣武雄,〈宋遼外交中的詩歌交往〉,《中國中古史研究》,第 1 期,民國 91 年。

11. 蔣武雄,〈宋對遼用諜幾個問題的探討〉,《東吳歷史學報》,第 10 期,民國 92 年。

12. 蔣武雄,〈宋滅北漢之前與遼的交聘活動〉,《東吳歷史學報》,第 11 期,民國 93 年。

13. 蔣武雄,〈宋臣在對遼外交中辱命與受罰的探討〉,《東吳歷史學報》,第 12 期,民國 93 年。

14. 蔣武雄,〈論宋真宗對建立與維護宋遼和平外交的心意〉,《東吳歷史學報》,第 15 期,民國 95 年。

15. 聶崇岐,〈宋遼交聘考〉,收錄於《宋史叢考》(下),台北:華世出版社,民國 75 年。

《東吳歷史學報》第 23 期(民國 99 年 6 月),頁 85～122。